Physica-Schriften zur Betriebswirtschaft

Physica-Schriften zur Betriebswirtschaft

Herausgegeben von

K. Bohr, Regensburg · W. Bühler, Mannheim · W. Dinkelbach, Saarbrücken · G. Franke, Konstanz · P. Hammann, Bochum · K.-P. Kistner, Bielefeld · H. Laux, Frankfurt O. Rosenberg, Paderborn · B. Rudolph, München

---

Informationen über die Bände 1-33 sendet Ihnen auf Anfrage gerne der Verlag.

Band 34:
Andreas Dieter Robrade
Dynamische Einprodukt-Lagerhaltungsmodelle bei periodischer Bestandsüberwachung

Band 35:
Rudolf Vetschera
Entscheidungsunterstützende Systeme für Gruppen

Band 36:
Heike Yasmin Schenk
Entscheidungshorizonte im deterministischen dynamischen Lagerhaltungsmodell

Band 37
Thomas Hartmann-Wendels
Rechnungslegung der Unternehmen und Kapitalmarkt aus informationsökonomischer Sicht

Band 38
Erich Keller
Entscheidungswirkungen von Bankbilanzen am Aktienmarkt

Band 39
Klaus B. Schebesch
Innovation, Wettbewerb und neue Marktmodelle

Band 40
Thomas Hamann
Simulation von Informationsprozessen auf idealtypischen Börsenmärkten

Band 41
Günter Lassak
Bewertung festverzinslicher Wertpapiere am deutschen Rentenmarkt

Band 42
Erwin Esser
Angebotspreisbestimmung für das kundenindividuelle Projektgeschäft

Band 43:
Renate Hecker
Informationsgehalt von Optionspreisen

Band 44:
Thomas Spengler
Lineare Entscheidungsmodelle zur Organisations- und Personalplanung

Band 45:
Christoph Kaserer
Optionsmärkte und Risikoallokation

Band 46:
Bernd Hempelmann
Qualitäts- und Kommunikationspolitik angesichts von Produktrisiken

Band 47
Stephan Schumacher
PPS-Systeme für Unternehmen der Klein- und Mittelserienfertigung

Band 48
Andreas Bölte
Modelle und Verfahren zur innerbetrieblichen Standortplanung

Band 49
Andrea Piro
Betriebswirtschaftliche Umweltkostenrechnung

Band 50
Hermann Jahnke
Produktion bei Unsicherheit

Band 51
Bernd Schäfer
Informationsverarbeitung und Preisbildung am Aktien- und Optionsmarkt

Band 52
Wolfgang Brüggemann
Ausgewählte Probleme der Produktionsplanung

Band 53
Andreas Kleine
Entscheidungstheoretische Aspekte der Principal-Agent-Theorie

Band 54
Alexander Kempf
Zum Preiszusammenhang zwischen Kassa- und Futuresmärkten

Jürgen Elsner

Chaos und Zufall am deutschen Aktienmarkt

Eine Studie über nichtlineare Dynamiken, Volatilität und Effizienz

Mit 144 Abbildungen

Physica-Verlag
Ein Unternehmen des
Springer-Verlags

Dr. Jürgen Elsner
Grüneburgweg 96
D-60323 Frankfurt/Main

ISBN-13: 978-3-7908-0915-2

Die Deutsche Bibliothek - CIP-Einheitsaufnahme
Elsner, Jürgen:
Chaos und Zufall am deutschen Aktienmarkt : eine Studie über nichtlineare Dynamiken, Volatilitäten und Effizienz / Jürgen Elsner. - Heidelberg : Physica-Verl., 1996
(Physica-Schriften zur Betriebswirtschaft; Bd. 55)
ISBN-13: 978-3-7908-0915-2 e-ISBN-13: 978-3-642-99786-0
DOI: 10.1007/978-3-642-99786-0
NE: GT

88/2202-5 4 3 2 1 0 - Gedruckt auf säurefreiem Papier

Für meine Familie

Danksagung

Die vorliegende Arbeit wurde am 03. Mai 1995 von der Fakultät für Wirtschaftswissenschaften der Universität Bielefeld als Dissertation angenommen. Sie entstand während meiner Tätigkeit als wissenschaftlicher Mitarbeiter am Lehrstuhl für Finanzwirtschaft der Universität Bielefeld und am Lehrstuhl für Finanzwirtschaft und Banken des Betriebswirtschaftszentrum der Universität Wien bei Prof. Dr. Engelbert J. Dockner. Meinem verehrten akademischen Lehrer gilt mein besonderer Dank für die intensive Betreuung meiner Arbeit sowie für die Freiheit, mit der ich meine Lehrstuhltätigkeit gestalten durfte. Er hat mein Interesse auf die vielfältigen Aspekte der Chaostheorie gelenkt und mich während der Erstellung der Arbeit stets mit wertvollen Anregungen und Ratschlägen unterstützt. Prof. Dr. Karl Inderfurth danke ich für die freundliche Übernahme des Koreferates.

Mein Dank gilt insbesondere auch Dr. Andrea Gaunersdorfer, Dr. Alexia Prskawetz und Dr. habil. Alois Geyer für die vielfältigen Diskussionen über theoretische und praktische Aspekte meiner Arbeit sowie ihre permanente Bereitschaft, mir mit Rat und Tat zur Seite zu stehen. Bei der Erstellung notwendiger Programme für die Darstellung diverser Grafiken sowie bei der Aufbereitung des Datenmaterials unterstützten mich Dipl.-Kfm. Stefan Wielenberg und Herr Peter Wöhrmann. Auch ihnen sei an dieser Stelle mein herzlicher Dank ausgesprochen.

Da jedoch nicht nur die fachlichen und technischen Voraussetzungen zum Gelingen einer Dissertation beitragen, möchte ich zuletzt die ideelle und materielle Unterstützung meiner Familie hervorheben, die mir stets Rückhalt gegeben hat und die ein Gelingen dieser Arbeit erst ermöglichte.

Jürgen Elsner

Inhaltsverzeichnis

Kapitel 1

Einleitung

Die Motivation der Finanzierungstheorie zur Analyse und Modellierung von Preisbildungsprozessen[1] besteht im wesentlichen in dem Ziel, Erkenntnisse über die diesen Prozessen zugrunde liegenden Strukturen zu gewinnen[2]. Ausgehend von der grundsätzlichen Voraussetzung, daß auf der Basis von Informationen die Preise entsprechend eines der Preisbildung zugrunde liegenden Gleichgewichtsmodells generiert werden, wird ein Markt nach *Fama*[3] als effizient bezeichnet, wenn „ ...security prices fully reflect all available information.“ Die Existenz eines effizienten Marktes führt damit zu der Konsequenz, daß die Preisänderungen an einem solchen Markt ausschließlich auf zukünftigen Informationen basieren, wobei die Zufälligkeit dieser Informationen in der klassischen finanzwirtschaftlichen Literatur zu der Modellierung der Preisänderungen als Realisationen einer unabhängig und identisch normalverteilten Zufallsvariable mit einem Erwartungswert von Null und konstanter Varianz geführt hat. Nach dieser Annahme ist der beste Prediktor für den zukünftigen Kurs eines Finanztitels dessen zuletzt verfügbarer Kurs. Vergangene Informationen enthalten keine Möglichkeit zur Prognosti-

[1]Die Begriffe Preis und Kurs werden in der vorliegenden Arbeit synonym verwendet. Sie bezeichnen die Notierung eines Finanztitels am Kapitalmarkt.

[2]Hinsichtlich der Motivation dieses Ziels ist im wissenschaftstheoretischen Kontext die von *Schmalenbach* vertretene Position der „angewandten" Betriebswirtschaftslehre und die von *Rieger* vertretene Position der „reinen" Betriebswirtschaftslehre zu unterscheiden. Im Sinne *Schmalenbach's* besteht das Ziel darin, die zukünftige Preisentwicklung prognostizieren und entsprechende Verhaltensempfehlungen im Sinne normativer Aussagen geben zu können. Im Sinne *Rieger's* beschränkt sich die Motivation auf das alleinige Ziel der Erkenntnisgewinnung. Vgl. hierzu *Raffée* [174].

[3]Vgl. *Fama* [73], S. 1575.

zierbarkeit der zukünftigen Preisentwicklung, der Markt ist effizient. Diese als Random–Walk bezeichnete Modellierung ist jedoch in zweifacher Hinsicht problematisch.

Einerseits widerspricht die Annahme einer stochastischen Generierung der Preisänderungen der Existenz von Gleichgewichtsmodellen, da diese die Preisbildung auf den Einfluß ökonomischer Fundamentaldaten zurückführen. Die aus einer gleichgewichtstheoretischen Erklärung resultierenden Preisänderungen können aber nicht gleichzeitig als ein von fundamentalen Faktoren unabhängiger Zufallsprozeß modelliert werden. Diese Inkompatibilität wird durch die alternative Modellierung der Preisänderungen als Martingal Differenzen aufgelöst[4]. Eine weitere Problematik des Random–Walk–Modells resultiert aus seiner Inkompatibilität mit empirischen Untersuchungsergebnissen, die verschiedene signifikante Abhängigkeiten nachweisen konnten. Derartige, wegen ihres Widerspruchs zur Random–Walk–Hypothese und zu den klassischen linearen Gleichgewichtsmodellen als Anomalien bezeichneten Abhängigkeiten sind periodisch wiederkehrende Zeitpunkte oder Zeiträume sowie firmenspezifische Effekte, für die jeweils identische Strukturen in der Renditeentwicklung auftreten[5]. Des weiteren widersprechen der empirische Nachweis sich im Zeitablauf verändernder Varianzen sowie die leptokurtische[6] Verteilung von Preisänderungen der Normalverteilungsannahme. Einhergehend mit diesen Widersprüchen zum klassischen Random–Walk–Modell unterstützen die empirisch nachweisbaren Erfolge charttechnischer Analyseverfahren, bei denen auf der Basis vergangener Strukturen im Preisbildungsprozeß eines Finanztitels Prognosen über dessen zukünftige Entwicklung erstellt werden, die Existenz von Abhängigkeiten. Die klassische Modellierung des Preisbildungsprozesses an Kapitalmärkten ist somit nicht kompatibel mit den empirischen Befunden. Die mittels linearer Gleichgewichtsmodelle erfol-

[4]Vgl. *Mills* [152], Kapitel 1 und *LeRoy* [129]. Zu einer ausführlichen Darstellung sowie zu einer empirischen Beurteilung der genannten Modellierungsmöglichkeiten vgl. die Abschnitte 2.1, S. 8ff., 5.2, S. 112ff. und 5.6, S. 141ff. dieser Arbeit.

[5]Es sei angemerkt, daß die genannten Anomalien auch mit der Modellierung der Preisänderungen als Martingal Differenzen nicht kompatibel sind. Zu den hieraus resultierenden Konsequenzen für die inhaltliche Abgrenzung des Begriffs effizienter Märkte vgl. LeRoy [129].

[6]Der Begriff leptokurtisch beschreibt die Konzentration der Beobachtungen um den Mittelwert und die Existenz breiter Enden in der Verteilung der Beobachtungen. Die statistische Beschreibung dieser Eigenschaften erfolgt durch das vierte Moment der Verteilung, der Kurtosis. Zu näherem vgl. Abschnitt 5.3, S. 117ff. dieser Arbeit.

gende Verarbeitung zufälliger Informationen zu gleichgewichtigen Preisen ist nicht in der Lage, wesentliche Verhaltenscharakteristika realer Kursverläufe abzubilden. Hieraus resultiert die Notwendigkeit einer entsprechenden Modifikation dieser Ansätze, die jedoch lange Zeit auf Variationen der klassischen linearen Erklärungsansätze begrenzt blieb.
Die Möglichkeit eines alternativen Modellierungsansatzes erfuhr die finanzwirtschaftliche Forschung mit der Anwendung chaostheoretischer Konzepte auf den Preisbildungsprozeß an Kapitalmärkten. Der Begriff Chaos basiert auf nichtlinearen deterministischen dynamischen Systemen und bezeichnet ein bestimmten Eigenschaften folgendes Instabilitätsverhalten dieser Systeme[7]. Das wesentliche Element dieser Eigenschaften ist ein zufällig aussehendes Systemverhalten im Zeitablauf, das trotz der Kenntnis des zugrunde liegenden deterministischen Systems langfristig nicht prognostizierbar ist. Die Kompatibilität der Verhaltenscharakteristika chaotisch generierter Zeitreihen mit den empirisch nachgewiesenen Eigenschaften der Preisentwicklung an Kapitalmärkten begründet das ausgeprägte Interesse der aktuellen Forschung auf diesem Gebiet. Die wesentlichen Implikationen dieser Neuorientierung liegen in einer Erweiterung der stochastischen Komponente der Preisbildung durch eine deterministische, prozeßorientierte Betrachtungsweise. Während der lineare Erklärungsansatz ohne Zweifel auf der richtigen Annahme einer Verarbeitung zufällig auftretender marktexterner Informationen basiert, erweitert der chaostheoretische Ansatz diese Sichtweise dahingehend, daß zusätzlich systemendogene Dynamiken berücksichtigt werden. Das Ziel dieser Vorgehensweise ist die Erklärung der empirisch nachgewiesenen Verhaltenscharakteristika in Preisbildungsprozessen mittels nichtlinearer dynamischer Systeme, wobei der Begriff Chaos zur Charakterisierung der resultierenden Verhaltensweise verwendet wird. Ein weiterer Aspekt der Bedeutung der Chaostheorie ist die durch sie induzierte Entwicklung neuer Verfahren zur Aufdeckung von Strukturen in Zeitreihen. Dies ermöglicht die Analyse stochastischer und deterministischer Abhängigkeiten in Preisbildungsprozessen, woraus sich entsprechende Aussagen über die zugrunde liegenden Dynamiken ableiten lassen.

[7]Hinsichtlich der im weiteren Verlauf dieser Arbeit verwendeten Begrifflichkeit ist eine Abgrenzung der Begriffe nichtlinearer deterministischer Systeme und Chaos notwendig. Während erstere eine generelle, durch nichtlineare Dynamiken generierte unregelmäßige Verhaltensweise beschreiben wird der Begriff Chaos verwendet, um auf bestimmte charakteristische Eigenschaften des Systemverhaltens hinzuweisen.

Die Anwendung dieser Verfahren auf verschiedene Zeitreihen deutscher Aktien und Aktienindices sowie die damit einhergehende Frage nach der Existenz stochastisch und deterministisch generierter Strukturen ist Inhalt der vorliegenden Untersuchung. Am Anfang steht in Kapitel 2 die inhaltliche Darstellung der Chaostheorie sowie eine Diskussion ihrer Bedeutung im Kontext finanzwirtschaftlicher Fragestellungen und empirischer Untersuchungsergebnisse. Wegen der besonderen Bedeutung chaostheoretischer Konzepte sowohl im finanzwirtschaftlichen als auch im allgemeinen wissenschaftlichen Kontext erfolgt in Kapitel 3 eine analytische Darstellung chaotischer Systeme und damit einhergehend eine Abgrenzung der entsprechenden Terminologie. Kapitel 4 beinhaltet die Herleitung der daraus resultierenden Testverfahren bezüglich deterministischer Strukturen. Im Anschluß hieran erfolgt die Anwendung dieser Verfahren auf die vorliegenden Datenreihen. Hierbei beinhaltet Kapitel 5 die Untersuchung auf Abhängigkeiten, die durch lineare und nichtlineare stochastische Modellierungen erklärbar sind. In Kapitel 6 werden die Residuen der stochastischen Modellierungen auf chaotisch generierte Abhängigkeiten getestet. Eine zusammenfassende Interpretation der Ergebnisse in Kapitel 7 beendet die Arbeit[8].

[8]Die im Zusammenhang mit der vorliegenden Untersuchung verwendete Software ist auf Seite 208f. dieser Arbeit angegeben.

Kapitel 2

Bedeutung und Inhalt der Chaostheorie

Seit Mitte der 80er Jahre gewinnt der Bereich deterministischer chaotischer Systeme für die Analyse des Kursbildungsprozesses an Kapitalmärkten zunehmend an Bedeutung. Mit der Bezeichnung „deterministisches Chaos" wird die auf den ersten Blick widersprüchliche Verhaltensweise chaotischer Systeme beschrieben, die einerseits auf bekannten, deterministischen Bildungsgesetzen beruhen, andererseits jedoch ein zufällig aussehendes, chaotisches Verhalten generieren, welches trotz der Kenntnis des zugrunde liegenden Systems langfristig nicht prognostizierbar ist. Da die wirtschaftswissenschaftliche Anwendung der Chaostheorie nur einen kleinen Ausschnitt ihrer Bedeutung wiederspiegelt, soll sie zunächst in ihren interdisziplinären und historischen Kontext eingebettet werden.
Die Geschichte der wissenschaftlichen Forschung hat ihre Ursprünge in der Analyse linearer Zusammenhänge. Die Untersuchung derartiger Systeme führte zu der Überzeugung, daß jeder beobachtbaren Wirkung eine Ursache zugrunde liegt, die gesetzmäßig erfaßt werden kann. Die Kenntnis dieser Gesetzmäßigkeit ermöglicht dann die perfekte Prognostizierbarkeit zukünftiger Ereignisse. Das radikale Ergebnis dieser Ausrichtung war der Laplace'sche Dämon[1], der besagt, daß durch die Kenntnis aller existierender Gesetzmäßigkeiten und der Position und Geschwindigkeit aller Moleküle im Universum die Zukunft perfekt prognostizierbar ist. Die sich daraus ergebene Ausrichtung der Forschung war die Suche nach deterministischen Systemen mit linearen

[1] Benannt nach dem französischen Mathematiker Simon de Laplace (1854–1912).

Abhängigkeiten. Beobachtete Abweichungen von linearen Verhaltensweisen wurden durch externe stochastische Einflüsse erklärt, deren Erforschung nicht lohnenswert erschien, da es sich hierbei lediglich um Störungen der zugrunde liegenden Gesetzmäßigkeiten handelte.

Die Abkehr von dieser rein linear ausgerichteten Forschungssicht und die Hinwendung zur Beachtung nichtlinearer Zusammenhänge wurde nach weitverbreiteter Ansicht iniziiert durch den französischen Mathematiker *Henri Poincaré*. Dessen Analyse naturwissenschaftlicher Problemstellungen offenbarte aufgrund der vorhandenen Nichtlinearitäten im Vergleich zu linearen Systemen wesentlich komplexere Verhaltensweisen, die mit den damaligen Mitteln der Mathematik nicht lösbar waren. Der Grund hierfür besteht darin, daß lineare Systeme im allgemeinen genau einen Fixpunkt haben, weshalb ihr lokales und globales Verhalten identisch ist. Die aus der Analyse linearer Gleichungen stammenden lokalen Analysemethoden waren somit nicht ohne weiteres auf nichtlineare Systeme zu übertragen, da diese ein lokal und global unterschiedliches und damit wesentlich komplexeres Verhalten generieren.

Die Entwicklung neuer mathematischer und technischer Verfahren, insbesondere der Computertechnologie, schaffte in den letzten Jahrzehnten die Grundlage für eine Verbesserung der Analyse- und Darstellungsmöglichkeiten dieser nichtlinearen Dynamiken. Die hierbei auftretenden Ergebnisse führten zu einem völlig neuen interdisziplinären Teilgebiet, der Chaos-Forschung.

Der Beginn der Chaos-Forschung geht zurück auf den Meteorologen *Lorenz*. Seine Untersuchungen nichtlinearer Gleichungssysteme, die ursprünglich zur Wettersimulation dienten, erbrachten als wesentliches Ergebnis, daß die Entwicklung dieser Systeme entscheidend abhängt von ihren Anfangsbedingungen[2]. Neben der Erkenntnis, daß eine exakte langfristige Wettervorhersage damit wegen der begrenzten Genauigkeit der Meßgeräte niemals möglich sein wird, implizierten diese Untersuchungsergebnisse auch die Entdeckung eines bis dahin unbekannten Bereiches nichtlinearer dynamischer Systeme, den chaotischen Systemen[3]. Die Ergebnisse derartiger Gleichungssysteme

[2] Vgl. *Lorenz* [136]. Dieser Effekt ist als Schmetterlingseffekt bekannt, nach einem Paper von Lorenz mit dem Titel „Can the flap of a butterfly's wing stir up a tornado in Texas?". Im wissenschaftlichen Sinn handelt es sich um eine wesentliche Eigenschaft chaotischen Verhaltens, der sensitiven Abhängigkeit chaotischer Systeme von ihren Anfangsbedingungen.

[3] Zur Geschichte der Chaostheorie vgl. insbesondere *Gleick* [90]. Für eine populärwissenschaftliche Darstellung chaotischer Verhaltensweisen vgl. *Stewart* [205] und *Briggs/*

erscheinen sowohl dem Betrachter als auch vielen statistischen Testverfahren als rein zufällig generiert, obwohl sie auf deterministischen Bildungsgesetzen beruhen. Die Eigenschaften chaotischen Verhaltens[4] führen dazu, daß die bislang existierende Zustandsunterteilung in Ordnung und Unordnung – Unordnung im Sinne von unvorhersagbar – durch eine Art „Allgemeinzustand" zusammengefaßt wird. Dieser wird als deterministisches Chaos bezeichnet und generiert für dasselbe System sowohl Ordnungs- als auch Unordnungszustände. Die Forschung auf diesem Gebiet hat weitreichende Bedeutung für nahezu alle wissenschaftlichen Bereiche. Die bislang auf chaostheoretischer Basis erlangten Erkenntnisse sind derart beeindruckend[5], daß im Zusammenhang mit ihr nicht nur von einem neuen wissenschaftlichen Forschungsgebiet gesprochen wird, sondern sie häufig einem Paradigmawechsel gleichgesetzt wird[6]. Paradigmawechsel insofern, als daß die oben beschriebene Ausrichtung der Forschung sich bislang darauf konzentrierte, Ordnungszustände zu untersuchen bzw. Systeme, die diese generieren. Hierbei auftretende Störungen wurden als extern verursacht vernachlässigt. Mit der Aufdeckung der Eigenschaften nichtlinearer deterministischer Bildungsgesetze beginnt sich diese Anschauung umzukehren. Es werden nun Unordnungszustände daraufhin untersucht, ob diese aus Bildungsgesetzen hervorgehen, die ebenso wie chaotische Zustände auch Zustände der Ordnung generieren können. Damit einhergehend ändert sich auch die Betrachtung des Untersuchungsgegenstandes. Es sind nicht mehr Zustände, die die Wissenschaft zu erklären versucht, sondern die Prozesse, die diese Zustände generieren. Die lange Zeit als externe Störungen vernachlässigten destabilisierenden Einflüsse werden somit durch die Chaostheorie systemendogen zu erklären versucht.

Peat [22]. Entsprechend ihrer Bedeutung existiert ein umfassendes literarisches Werk über die Chaostheorie. Einen Überblick hierüber geben *Cvitanovic* [43] und *Bai-Lin* [7].

[4]Vgl. Abschnitt 3.1.3, S. 26ff. dieser Arbeit.

[5]Als Beispiele für die interdisziplinäre Bedeutung der Chaostheorie seien hier die Simulation der Bildungprozesse von Bäumen, Schneeflocken und dem menschlichen Blutadersystem durch nichtlineare deterministische Systeme genannt. Für einen Überblick siehe *Gleick* [90].

[6]Zur Diskussion hierüber vgl. *Gleick* [90] und *Rojas* [181]. Eine umfassende Darstellung der inhaltlichen Bedeutung der Chaostheorie im populärwissenschaftlichen Kontext bieten *Prigogine/Stengers* [171] und [172].

2.1 Chaos in der klassischen Finanzierungstheorie

Aus der vorstehenden inhaltlichen Darstellung chaotischen Verhaltens läßt sich der Zusammenhang zwischen der Chaostheorie und dem Kursbildungsprozeß an Kapitalmärkten herleiten[7]. Der vorherrschende stochastische Erklärungsansatz zur Kursbildung setzt voraus, daß Gleichgewichtskurse für Finanztitel existieren, die sich auf der Basis aktuell verfügbarer Informationen bilden. Die bekannten Gleichgewichtsmodelle sind lineare Modelle[8], die die Änderung des aktuellen Kurses durch neu auf den Markt treffende Informationen erklären. Abweichungen von dem theoretischen Gleichgewichtskurs werden durch stochastische Einflüsse begründet, die die externen Störungen des Systems darstellen. Der chaostheoretische Erklärungsansatz geht im Gegensatz dazu davon aus, daß diese Störungen nicht exogen sondern modellendogen generiert werden.
Um die Bedeutung dieser Sichtweise für die finanzwirtschaftliche Theoriebildung zu verstehen, seien zunächst die klassischen Annahmen über den Preisbildungsprozeß an Kapitalmärkten diskutiert. Die Grundidee der Preisbildung ist die Verarbeitung von Informationen mittels eines die Realität approximierenden Gleichgewichtsmodells. Die Anwendung von Gleichgewichtsmodellen zur Erklärung der Preisbildung an Kapitalmärkten führt zu der Frage, wie schnell ein Markt Informationen in gleichgewichtige Preise umsetzt, also wie effizient ein Markt arbeitet. Basierend auf der Verfügbarkeit dieser Informationen und der Verarbeitungsgeschwindigkeit wird die Effizienz eines Marktes nach *Fama*[9] in schwach, halbstreng und streng unterteilt. Schwache Informationseffizienz bedeutet, daß durch die Kenntnis vergangener Daten keine Überrenditen erzielbar sind. Bei halbstrenger bzw. strenger Informationseffizienz sind durch die Kenntnis aktueller, öffentlich verfügbarer Daten

[7]Es sei an dieser Stelle noch einmal betont, daß der Begriff chaotischen Verhaltens ein Instabilitätsverhalten eines nichtlinearen deterministischen Systems beschreibt, das bestimmte charakteristische Eigenschaften aufweist. Da die Grundlage für Chaos somit nichtlineare deterministische Systeme sind, wird der Begriff Chaos im folgenden verwendet, um diese Eigenschaften zu betonen. Die allgemeinere Begrifflichkeit nichtlinearer deterministischer Systeme wird zur Beschreibung genereller nichtlinearer Dynamiken verwendet.

[8]Vgl. zur Arbitrage Pricing Theory *Ross* [183], zum Marktmodell *Sharpe* [199] und zum Capital Asset Pricing Model *Sharpe* [200], *Lintner* [131] und *Mossin* [157].

[9]Vgl. *Fama* [73].

bzw. durch Insiderinformationen keine Überrenditen erzielbar. Basierend auf den unterschiedlichen Vorgehensweisen der empirischen Überprüfung modifizierte *Fama* diese Kategorisierung nach der inhaltlichen Ausgestaltung der zugrunde liegenden Testverfahren. Während unter schwacher Informationseffizienz ursprünglich die Relevanz vergangener Kurse für die Prognose zukünftiger Kurse verstanden wurde, verallgemeinert *Fama*[10] diese Kategorisierung auf alle prognoserelevanten Informationen. Entsprechend modifiziert er die obige Begrifflichkeit der Kategorisierung anhand der Testinhalte in

- Tests auf die Prognostizierbarkeit zukünftiger Kurse im Hinblick auf den Einfluß jeglicher vergangener Informationen,
- Ereignisanalyse im Hinblick auf die Verarbeitung aktueller, öffentlich verfügbarer Informationen und
- Tests auf private Informationen im Hinblick auf Insiderinformationen[11].

Die Existenz eines effizienten Marktes impliziert somit eine unendlich schnelle Umsetzung aktueller Informationen in gleichgewichtige Preise. Aufgrund der Zufälligkeit zukünftiger Informationen bewirkt damit die im Sinne *Fama's* definierte Effizienz eines Marktes die Zufälligkeit von Preisänderungen. Aus dieser Überlegung resultiert in der klassischen finanzwirtschaftlichen Literatur die Modellierung der Preisänderungen als Random-Walk. Dieser Modellierungsansatz besagt, daß eine Abhängigkeit zukünftiger Kurse von vergangenen Kursen nicht existiert, der beste Prediktor des morgigen Preises also der heutige Preis ist. Die formale Modellierung des Random-Walk-Modells führt zu[12]:

$$P_{t+1} = P_t + \epsilon_t$$

wobei

$$E[\epsilon_t] = 0$$

$$\mathrm{Var}[\epsilon_t] = \sigma^2$$

$$Cov[\epsilon_t, \epsilon_{t-s}] = 0 \quad \text{für } s \neq 0$$

[10]Vgl. *Fama* [74].

[11]Zu einer ausführlichen Diskussion der Effizienzmarkthypothese sowie zu den damit verbundenen empirischen Untersuchungen vgl. *Fama* [74] und *LeRoy* [129].

[12]Vgl. u.a. *Mills* [152]. Zu einer ausführlichen Darstellung des Random-Walk-Modells vgl. Abschnitt 5.2, S. 112ff. dieser Arbeit.

mit P_t als Kurs eines Finanztitels zum Zeitpunkt t. Die Modellierung der Preisänderungen ϵ_t erfolgt hierbei als strict white noise, was bedeutet, daß sie als Realisationen einer unabhängig und identisch verteilten Zufallsvariable mit einem Erwartungswert von Null und konstanter Varianz dargestellt werden. Diese Darstellungsweise impliziert damit die Unabhängigkeit aller Momente der Verteilung der Preisänderungen. Im Umkehrschluß folgt aus dieser Überlegung, daß ein Markt als effizient zu charakterisieren ist, wenn die Preisänderungen der an ihm gehandelten Werte einem Random-Walk folgen. Die hieraus resultierende formale Definition eines effizienten Marktes über die Random-Walk Eigenschaft der Preisänderungen ist jedoch mit einer gleichgewichtstheoretischen Betrachtung der Preisänderungen nicht kompatibel. Während der gleichgewichtstheoretische Ansatz die Preisänderungen durch fundamentale Einflußfaktoren erklärt, die entsprechend einem zugrunde liegenden Gleichgewichtsmodell zu Preisen verarbeitet werden, modelliert die Random-Walk-Hypothese Preisänderungen als ein zufälliges Ziehen aus einer fixen Verteilung und ignoriert damit den Einfluß jeglicher fundamentaler Faktoren auf die Preisbildung. Diese Inkompatibilität wird weitgehend aufgelöst durch die alternative Modellierung der Preisänderungen als Martingal Differenzen[13].

Zusammenfassend sind die Basiselemente der Preisentwicklung an einem Kapitalmarkt somit das zugrunde liegende Preisbildungsmodell sowie die grundsätzliche Annahme, daß die Preise sich auf der Basis marktexterner Informationen bilden. Diese Aspekte sollen nachfolgend näher betrachtet werden.

- Die Frage nach der Effizienz eines Marktes läßt sich nur durch gleichzeitige Anwendung eines der Preisbildung zugrunde liegenden Gleichgewichtsmodells testen. Es stellt sich somit das Problem der „joint hypothesis". Dies bedeutet, daß die Testergebnisse sowohl auf die Effizienz oder Ineffizienz eines Marktes als auch auf die Gültigkeit oder Ungültigkeit des angenommenen Preisbildungsmodells zurückgeführt werden können. Eine empirische Verifizierung ist damit für keine der beiden Bereiche möglich. Hieraus resultiert die Notwendigkeit, als Maßstab für die Güte der Modellierung eines Preisbildungsprozesses dessen

[13] Zu einer Darstellung des Zusammenhangs zwischen Random-Walk, Martingal und Effizienz vgl. die Abschnitte 5.2, S. 112ff. und 5.6, S. 141ff. dieser Arbeit. Im weiteren Verlauf dieses Abschnitts wird der Begriff der Effizienz im intuitiven Sinne einer Unabhängigkeit aktueller Kurse von vergangenen Kursen verwendet.

reale Verhaltensweise heranzuziehen.
In diesem Zusammenhang sind hinsichtlich der bislang entwickelten Gleichgewichtsmodelle im wesentlichen zwei besondere Charakteristika zu beachten. Zum einen basieren alle bekannten Modelle ausschließlich auf einem linearen Ansatz. Die Existenz nichtlinearer Eigenschaften wird damit von vornherein ausgeschlossen, obwohl die Kursentwicklung von Finanztiteln nichtlineare Verhaltensweisen aufweist. Zum anderen liegt diesen Gleichgewichtsmodellen die Grundannahme der Unabhängigkeit der Kursentwicklung von vergangenen Informationen zugrunde.
Beiden Charakteristika ist gemeinsam, daß sie empirisch nicht haltbar sind. Es bedarf somit einer Erweiterung der bisherigen Modellansätze insbesondere hinsichtlich der Berücksichtigung nichtlinearer dynamischer Verhaltensweisen.

- Die klassischen Gleichgewichtsmodelle gehen implizit von der Grundvoraussetzung aus, daß sich Kurse ausschließlich auf der Basis marktexterner Informationen bilden. Dies schließt per Definition die Existenz jeglichen dynamischen Systems aus, durch das aus sich selbst heraus Abhängigkeiten im Preisbildungsprozeß generiert werden könnten. Eine derartige Dynamik wird in zweierlei Hinsicht ausgeschlossen. Zum einen in sofern, als daß die auf den Markt treffenden Informationen zufällig sind und nicht durch ein diesen Informationen zugrunde liegendes dynamisches System generiert werden. Zum anderen in sofern, als daß Marktaktivitäten an sich keine marktendogene Dynamik generieren, wie dies z.B. durch systematische Verhaltensweisen verschiedener Anlegergruppen denkbar wäre. Der Ausschluß derartiger Dynamiken findet sein Analogon in der eingangs erwähnten Modellierung des Preisbildungsprozesses als Random-Walk.

Die genannten Konzepte bilden die klassische Vorgehensweise zur Beschreibung der Preisbildung an Kapitalmärkten. Auf der Basis linearer Gleichgewichtsmodelle werden zufällig auftretende marktexterne Informationen zu gleichgewichtigen Preisen verarbeitet.
Empirische Untersuchungen hingegen belegen, daß die grundsätzliche Annahme einer von vergangenen Informationen unabhängigen Kursbildung nicht der Realität entspricht. Die Ergebnisse dieser Untersuchungen lassen sich im

wesentlichen in drei Bereiche unterteilen:

- Die Annahme der Normalverteilung und konstanten Varianz muß abgelehnt werden. Die Verteilung von Preisänderungen weist im Gegensatz zu dieser Annahme eine leptokurtische Verteilung mit einer höheren Konzentration der Renditen um den Mittelwert und breiteren Enden auf als bei Normalverteilung zu erwarten wäre. Es kommt also zu einer Häufung kleiner und großer Preisänderungen, was durch den Nachweis einer heteroskedastischen Varianz für finanzwirtschaftliche Zeitreihen bestätigt wird[14].

- Der Preisbildungsprozeß an Kapitalmärkten weist periodisch wiederkehrende Zeitpunkte oder Zeiträume sowie firmenspezifische Effekte auf, die zu wiederkehrenden Renditeentwicklungen führen. Diese als Anomalien bezeichneten Muster offenbaren ebenfalls Abhängigkeiten im Preisbildungsprozeß. Für den deutschen Markt konnten im einzelnen eine signifikant negative Rendite an Montagen und eine signifikant positive Rendite nach Feiertagen nachgewiesen werden. Hinsichtlich eines Firm–Size–Effektes am deutschen Aktienmarkt ist eine Abhängigkeit von der Gesamtmarktbewegung festzustellen. In Abwärtstrends dominiert die Performance kleiner Unternehmen die der großen Firmen, in Aufwärtstrends ist eine entgegengesetzte Dominanz zu beobachten[15].

- Ein dritter Bereich beinhaltet die empirisch nachgewiesenen Erfolge charttechnischer Verfahren[16]. Hierbei wird auf der Basis von Mustern in der vergangenen Kursentwicklung die zukünftige Kursentwicklung prognostiziert. Ein theoretischer Ansatz zur Erklärung dieser Erfolge existiert bislang nicht. Die gängigen Erklärungsansätze sind die Psychologie der Marktteilnehmer, die in ähnlichen Situationen ähnliche

[14]Der Begriff der Heteroskedastizität beschreibt im wesentlichen eine nicht vorhandene Konstanz der Varianz einer Folge von Zufallszahlen. Vgl. u.a. *Engle* [67], *Akgiray/Booth/Loistl* [4] sowie *Hsieh* [111], [112] und [113]. Für einen ausführlichen Überblick vgl. *Geyer* [87].

[15]Vgl. für den deutschen Aktienmarkt zum Montagseffekt *Frantzmann* [85] und *Krämer/Runde* [118], [119], zum Feiertagseffekt *Krämer/Runde* [119] und zum Firm–Size–Effekt *Oertmann* [162]. Für den amerikanischen Aktienmarkt vgl. *Rozeff/Kinney* [184] für jahresbezogene, *Ariel* [6] für monatsbezogene und *French* [86] für tagesbezogene Anomalien. Zum Firm–Size– und Januar–Effekt vgl. *Roll* [182].

[16]Vgl. *Brock/Lakonishok/LeBaron* [35].

Verhaltensweisen generieren; die durch die Anwendung charttechnischer Regeln bewirkte inhärente Marktdynamik, die analog einer „selffullfilling prophecy" zu Erfolgen führt sowie die reine Zufälligkeit solcher Erfolge.

Den genannten empirischen Befunden ist gemeinsam, daß sie auf Abhängigkeiten im Kursbildungsprozeß hinweisen. Es scheinen damit Strukturen im Preisbildungsprozeß zu existieren, die mittels der bekannten Gleichgewichtsmodelle nicht erklärt werden können.
An dieser Stelle setzt die Chaostheorie in mehrfacher Hinsicht an.

- Auf der Basis nichtlinearer deterministischer Ansätze wurden Testverfahren entwickelt, die in der Lage sind, Strukturen zu erkennen, die für klassische, lineare ökonometrische Verfahren verborgen bleiben. Die Anwendung dieser Verfahren bietet damit die Möglichkeit, sowohl lineare als auch nichtlineare Strukturen im Preisbildungsprozeß nachzuweisen, so daß hierdurch insbesondere der bislang vernachlässigte Bereich nichtlinearer Abhängigkeiten in den Mittelpunkt des wissenschaftlichen Interesses rückt.

- Analog hierzu bieten diese Verfahren die Möglichkeit, die Spezifikation verwendeter Modelle anhand verbleibender Strukturen in deren Residuen zu beurteilen. Die Entwicklung derartiger parameterfreier Spezifikationstests erlaubt die Beurteilung verschiedener Modellvarianten und ermöglicht dadurch eine verbesserte Beurteilung der verwendeten Modellansätze.

- Die Existenz eines dem Preisbildungsprozeß zugrunde liegenden chaotischen Systems bietet aufgrund seiner Verhaltenscharakteristika die theoretische Möglichkeit, die empirisch nachgewiesenen Eigenschaften im Preisbildungsprozeß an Kapitalmärkten zu erklären. Einerseits kann das auf nichtlinearen Abhängigkeiten basierende Verhalten erklären, weshalb lineare Testverfahren derartige Strukturen nicht entdecken können und die analysierten Datenreihen damit als stochastisch beurteilen. Andererseits generieren derartige Systeme Strukturen und Periodizitäten, durch die die nachgewiesenen Anomalien zumindest konzeptionell erklärbar werden.

Die Kompatibilität der Verhaltenscharakteristika chaotischer Systeme mit den empirischen Befunden für den Preisbildungsprozeß an Kapitalmärkten ist die wesentliche Ursache für das zunehmende Interesse in diesem Bereich. Die Existenz einer deterministischen Gesetzmäßigkeit als mögliche Grundlage des Preisbildungsprozesses ist ein völlig neuer Ansatz für dessen theoretische Modellierung. Statt externer Schocks als Begründung für Abweichungen von Gleichgewichtskursen sind systeminhärente Dynamiken die Erklärung. Statt Periodizitäten als Anomalien zu bezeichnen, sind sie essentieller Bestandteil eines chaotischen Systemverhaltens. Statt die Erfolge der Charttechnik als Zufallsprodukt zu ignorieren, steht die Psychologie und Systematik im Anlegerverhalten als eine mögliche Erklärung für die Entstehung eines dynamischen Systems im Mittelpunkt des Interesses. Die Einbeziehung chaostheoretischer Ansätze in die Modellierung von Preisbildungsprozessen führt damit weg von einer statischen, zeitpunktbezogenen Betrachtung der Umsetzung von aktuellen Informationen in Preise und hin zu der Suche nach einer Dynamik, die einen empirisch charakterisierten Preisbildungsprozeß mittels systemendogener Dynamiken generiert. Damit einhergehend eröffnet ein Nachweis deterministischer Bildungsgesetze bislang nicht berücksichtigte Möglichkeiten zur Prognose zukünftiger Kursbewegungen.
Den vorstehend erläuterten konzeptionellen Zusammenhang zwischen chaostheoretischen Eigenschaften und realen Kursverläufen verdeutlichen die nachfolgenden Abbildungen 2.1 und 2.2.

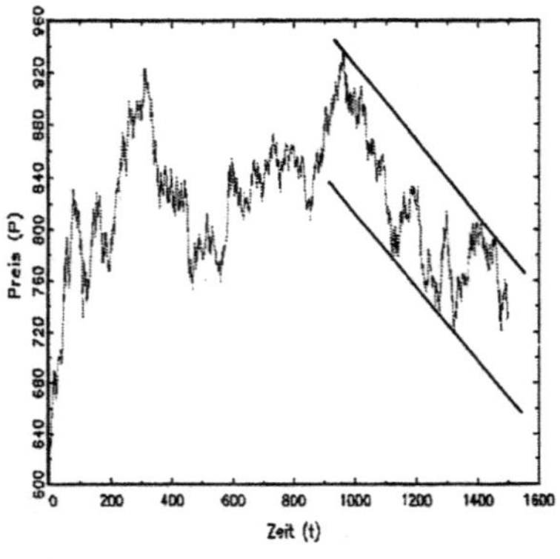

Abb. 2.1: Realer Kursverlauf des DAX

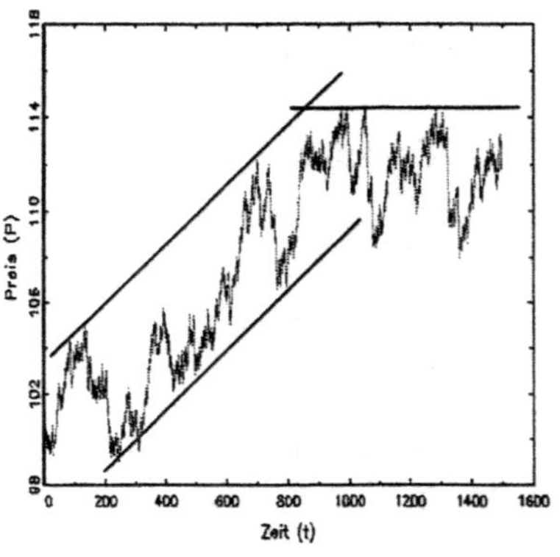

Abb. 2.2: Chaotisch generierte Zeitreihe

Während Abbildung 2.1 die Kursentwicklung des DAX für einen Zeitraum von etwa 7 Jahren darstellt, basiert die in Abbildung 2.2 dargestellte Zeitreihe auf einem deterministischen chaotischen System[17]. Es ist deutlich die Analogie im Verhalten beider Zeitreihen zu erkennen, woraus die Frage resultiert, inwieweit deterministische Gesetzmäßigkeiten für das Entstehen realer Kursverläufe verantwortlich sind. Eine zusätzliche Unterstützung erhält diese Analogie durch die für beide Zeitreihen gegebene Möglichkeit einer charttechnischen Interpretation. Die Existenz charttechnischer Muster, wie die in obigen Grafiken skizzierten Auf- und Abwärtstrends sowie Widerstands- und Unterstützungslinien, sind sowohl für den DAX als auch für die chaotisch generierte Zeitreihe zu erkennen.
Trotz der konzeptionellen Übertragbarkeit der Chaostheorie auf den Kursbildungsprozeß an Kapitalmärkten kann bereits vor Beginn der Untersuchung eindeutig festgestellt werden, daß ein chaotisches System nicht ausschließlich für den Kursbildungsprozeß verantwortlich sein kann. Stochastische Einflüsse, wie z.B. der Gorbatschow-Crash, sind ohne jeden Zweifel bei der Erklärung des Kursverlaufes zu berücksichtigen. Diesen Einflüssen wird in der vorliegenden Arbeit durch lineare und nichtlineare stochastische Modellansätze Rechnung getragen. Ein Nachweis verbleibender Strukturen in den zu analysierenden Residuen dieser Modellierungen wäre ein gewichtiger Hinweis auf die neben stochastischen Einflüssen vorhandene Existenz nichtlinearer deterministischer Strukturen. Ein Nachweis derartiger Einflüsse auf den deutschen Aktienmarkt könnte somit die stochastische Komponente des Kursbildungsprozesses nicht widerlegen, sondern ergänzen. Hinsichtlich der Art einer solchen Ergänzung sei an dieser Stelle dem Mißverständnis vorgebeugt, daß ein deterministisches System gesucht wird, das den beobachtbaren Preisprozeß generiert. Es erscheint sowohl aus theoretischer Sicht als auch aus Gründen der Kapitalmarkteffizienz ausgeschlossen, ein derartiges „alles erklärendes" System zu finden. Vielmehr ist unter einer Ergänzung die oben genannte Modifikation der Sichtweise zu verstehen, die Preisbildung an Kapitalmärkten unter Einbeziehung systeminhärenter Dynamiken zu analysieren und zu modellieren.

---

[17]Die Generierung dieser „Chaosreihe" erfolgte unter Einbeziehung der logistischen Gleichung $x_{t+1} = ax_t(1 - x_t)$ mit $a = 4$ und der Anfangsbedingung $x_0 = 0.3$. Zu einer ausführlichen Darstellung der zugrunde liegenden Gesetzmäßigkeit sowie zu einer Analyse der daraus resultierenden Zeitreihe vgl. Kapitel 4, S. 86ff. dieser Arbeit.

2.2 Chaos in der empirischen Kapitalmarktforschung

Die vorstehend genannten konzeptionellen Zusammenhänge zwischen chaotischem Verhalten und realen Kursverläufen von Finanztiteln haben zu einem entsprechend umfangreichen Werk in der finanzwirtschaftlichen Literatur geführt. Dieses läßt sich unterteilen in den Bereich empirischer Untersuchungen hinsichtlich der Existenz chaotischen Verhaltens in verschiedenen Finanzzeitreihen und in den Bereich der Modellierung chaotischer Verhaltensweisen. Zur Einordnung der vorliegenden Untersuchung wird nachfolgend ein Überblick über die dem Autor bekannten Publikationen im Bereich empirischer Untersuchungen gegeben sowie deren Ergebnisse kurz zusammengefaßt[18]. Für den Bereich der Modellierung chaotischer Verhaltensweisen sei auf Abschnitt 3.4 auf Seite 81ff. dieser Arbeit verwiesen.
Die empirischen Untersuchungen über die Existenz deterministischer Gesetzmäßigkeiten lassen sich unter verfahrenstechnischen Gesichtspunkten unterteilen in

- die Schätzung der Korrelationsdimension, wobei durch eine endliche Korrelationsdimension die Zufälligkeit der Datengenerierung abgelehnt und die Existenz von Abhängigkeiten nachgewiesen wird[19],
- die Berechnung des größten Lyapunov Exponenten, wobei ein positiver Lyapunov Exponent die für chaotische Systeme charakeristische Sensitivitätseigenschaft einer Datenreihe nachweist[20] und
- die Analyse der Datenreihen mittels der BDS–Statistik, durch die die Existenz von Abhängigkeiten nachgewiesen werden kann[21].

Die Ergebnisse der bisherigen Untersuchungen auf diesem Gebiet sind nicht eindeutig und lassen sich wie folgt zusammenfassen.

[18]Zu weiteren zusammenfassenden Darstellungen der aktuellen Literatur auf diesem Gebiet vgl. *Brock/Hsieh/LeBaron* [34] und *Lux* [140].

[19]Vgl. zu näherem die Abschnitte 3.1.4, S. 35ff. und 4.1.1, S. 89ff. dieser Arbeit.

[20]Vgl. zu näherem die Abschnitte 3.1.3.3, S. 30ff. und 4.3, S. 103ff. dieser Arbeit.

[21]Vgl. zu näherem Abschnitt 4.2, S. 97ff. dieser Arbeit.

Hinsichtlich der Schätzung der Korrelationsdimension ist die empirische Evidenz für niedrigdimensionales chaotisches Verhalten bei Aktienkurszeitreihen nur sehr schwach, bei Wechselkurszeitreihen hingegen relativ eindeutig ausgeprägt. Im einzelnen wurden von *Scheinkman/LeBaron*[22], *Brock*[23] und *Liu/Granger/Heller*[24] verschiedene amerikanische Indizes auf täglicher, wöchentlicher und monatlicher Basis analysiert, wobei als Ergebnis im allgemeinen eine endliche Korrelationsdimension im Bereich von 6 festgestellt wurde. Eine weitere von *Peters*[25] angestellte Untersuchung für verschiedene internationale Indizes auf monatlicher Basis führt zu geringeren Dimensionsschätzungen im Bereich von 3, wobei hierbei auf die extrem geringe Datenanzahl hingewiesen werden muß. Die Problematik einer endlichen Dimensionalität in Verbindung mit einer stark begrenzten Datenanzahl wurde von *Ruelle*[26] dargestellt, wonach bei einer geringen Datenmenge das Verfahren der Korrelationsdimensionsschätzung zu exakt den oben genannten Werten führt, auch wenn die analysierten Daten einem reinen white noise Prozeß entstammen. Die obigen Ergebnisse resultieren daher wahrscheinlich eher aus verfahrenstechnischen Mängeln denn aus einer tatsächlichen endlichen Dimensionalität. Unterstützt wird diese Schlußfolgerung durch die Analyse von Einzelwerten des deutschen Aktienmarktes auf täglicher Basis durch *Reiner/Ginter/Schnabl*[27], die eine endliche Dimensionalität der Korrelationsdimension nicht feststellen können. Ebenso führt eine von *Dockner/Elsner/Geyer/Prskawetz*[28] durchgeführte Untersuchung für den österreichischen Aktienmarkt zu einer Ablehnung deterministischer Gesetzmäßigkeiten für den Gesamtmarkt, für Einzelwerte bleibt hingegen die Möglichkeit derartiger Gesetzmäßigkeiten bestehen. Im Gegensatz zu den Untersuchungsergebnissen für Aktienkurszeitreihen sind die Ergebnisse für Wechselkurszeitreihen relativ eindeutig. Die verschiedenen Untersuchungen analysieren hierbei jeweils verschiedene Währungen in Relation zum Dollarkurs und kommen nahezu ausnahmslos zu dem Ergebnis einer endlichen Dimensionalität von 2 bis 3. Die vorstehend genannte verfahrenstechnische Kritik

---

[22]Vgl. *Scheinkman/LeBaron* [194].

[23]Vgl. *Brock* [24].

[24]Vgl. *Liu/Granger/Heller* [132].

[25]Vgl. *Peters* [170].

[26]Vgl. *Ruelle* [187]. Zu näherem vgl. Abschnitt 6.1, S. 157ff. dieser Arbeit.

[27]Vgl. *Reiner/Ginter/Schnabl* [177].

[28]Vgl. *Dockner/Elsner/Geyer/Prskawetz* [59].

von *Ruelle* kann hierbei nicht angewendet werden, so daß diese Ergebnisse als relativ eindeutig bezeichnet werden müssen. Im einzelnen wurden von *Larsen/Lam*[29] die Wechselkurse Schweizer Franken/$, Yen/$ und Französischer Franc/$, von *Medio*[30] der Wechselkurs DM/$, von *DeGrauwe/Dewachter/Embrechts*[31] die Wechselkurse DM/$, Englisches Pfund/$ und Yen/$ und von *Bajo-Rubio/Fernandez-Rodriguez/Sosvilla-Rivero*[32] der Wechselkurs Spanische Peseta/$, jeweils auf täglicher Beobachtungsbasis, analysiert. Hinsichtlich der zweiten Verfahrensweise, der Berechnung des größten Lyapunov Exponenten, ist mit einer Ausnahme als Ergebnis die Positivität des Lyapunov Exponenten sowohl für Aktienkurs- als auch für Wechselkurszeitreihen festzustellen. Hierbei wurden verschiedene internationale Aktienindizes auf wöchentlicher und monatlicher Basis von *Eckmann/Kamphorst/Ruelle/Scheinkman*[33] und *Peters*[34] analysiert. Verschiedene Wechselkursrelationen wurden von *Medio*[35], *Dechert/Gencay*[36] und von *Bajo-Rubio/Fernandez-Rodriguez/Sosvilla-Rivero*[37] analysiert. Mit Ausnahme der Untersuchung von *Dechert/Gencay* liegen die ermittelten Werte für den größten Lyapunov Exponenten in der Größenordnung von 0.02 bis 0.15 und damit durchgängig im positiven Bereich. Auf der Basis dieser Ergebnisse kann damit von einer Existenz der für chaotische Systeme charakteristischen Sensitivitätseigenschaft gesprochen werden. Es muß jedoch einerseits darauf hingewiesen werden, daß diese Ergebnisse mit unterschiedlichen Algorithmen ermittelt wurden und andererseits, daß aus der alleinigen Positivität des Lyapunov Exponenten nicht zwangsläufig auf eine deterministische Gesetzmäßigkeit gefolgert werden kann[38].

Eine weitere Vorgehensweise zum Nachweis deterministischer Gesetzmäßigkeiten wird von *Hsieh*[39] angewendet. Mittels der BDS-Statistik beurteilt die-

[29] Vgl. *Larsen/Lam* [126].
[30] Vgl. *Medio* [150].
[31] Vgl. *DeGrauwe/Dewachter/Embrechts* [51].
[32] Vgl. *Bajo-Rubio/Fernandez-Rodriguez/Sosvilla-Rivero* [8].
[33] Vgl. *Eckmann/Kamphorst/Ruelle/Scheinkman* [64].
[34] Vgl. *Peters* [170].
[35] Vgl. *Medio* [150].
[36] Vgl. *Dechert/Gencay* [50].
[37] Vgl. *Bajo-Rubio/Fernandez-Rodriguez/Sosvilla-Rivero* [8].
[38] Zu näherem vgl. Abschnitt 6.2, S. 162ff. dieser Arbeit.
[39] Vgl. *Hsieh* [113].

ser die Existenz deterministischer Gesetzmäßigkeiten für verschiedene amerikanische Aktienportfolios, wobei er als alternative Erklärungsmöglichkeit für die nachgewiesenen Abhängigkeiten die Existenz einer heteroskedastischen Varianz der Datenreihen berücksichtigt. *Hsieh* kommt hierbei zu dem Ergebnis, daß eine heteroskedastische Varianz in den analysierten Daten für die gefundenen Abhängigkeiten verantwortlich ist. Zu demselben Ergebnis gelangen *Brock/Hsieh/LeBaron*[40] für verschiedene Aktienindex- und Wechselkurszeitreihen, wobei hierbei jedoch eine exakte Modellierung der heteroskedastischen Varianz der Daten nicht gelingt. Dieselbe Vorgehensweise wenden *Kugler/Lenz*[41] und *Kugler*[42] für verschiedene Wechselkursrelationen an, wobei ihre Ergebnisse uneinheitlich sind. Während die Abhängigkeiten in einzelnen Wechselkursrelationen analog den Ergebnissen einer weiteren Untersuchung von *Hsieh*[43] durch eine heteroskedastische Varianz erklärbar sind, bleibt für andere Relationen die Möglichkeit chaotischer Gesetzmäßigkeiten bestehen.
Zusammenfassend kann hinsichtlich der empirischen Evidenz für chaotisches Verhalten von Finanzmarktzeitreihen folgendes festgehalten werden:

- In Relation zu der Bedeutung chaostheoretischer Ansätze in der finanzwirtschaftlichen Literatur existiert eine relativ geringe Anzahl empirischer Studien über die Existenz deterministischer Gesetzmäßigkeiten in finanzwirtschaftlichen Zeitreihen.

- Die Untersuchungen unterscheiden sich hinsichtlich der verwendeten Algorithmen und Vorgehensweisen, so daß eine Vergleichbarkeit der Ergebnisse nicht oder nur eingeschränkt möglich ist. Die teilweise geringen Datenmengen erschweren zusätzlich die Beurteilung dieser Ergebnisse.

- Die vorhandenen Untersuchungen beziehen sich überwiegend auf amerikanische Zeitreihen.

- Sämtliche Untersuchungen weisen die Existenz nichtlinearer Abhängigkeiten nach. Hinsichtlich der Begründung für die Existenz dieser Ab-

[40] Vgl. *Brock/Hsieh/LeBaron* [34], Kapitel 3 und 4.

[41] Vgl. *Kugler/Lenz* [121].

[42] Vgl. *Kugler* [120].

[43] Vgl. *Hsieh* [112].

hängigkeiten lassen sich keine allgemeingültigen Aussagen aus den Untersuchungsergebnissen ableiten.

- Die Ergebnisse dieser Untersuchungen deuten für Aktienkurszeitreihen auf eine Ablehnung deterministischer Gesetzmäßigkeiten und auf eine heteroskedastische Varianz als Ursache für die entdeckten Abhängigkeiten hin. Für Wechselkurszeitreihen ist eine eindeutige Aussage nicht möglich. Die Ergebnisse lassen hierbei je nach Untersuchung sowohl die Existenz deterministischer Gesetzmäßigkeiten als auch die Heteroskedastizität der Varianz als Ursache für die entdeckten Abhängigkeiten zu.

Kapitel 3

Chaostheorie

Im Anschluß an die im vorstehenden Kapitel erfolgte inhaltliche Darstellung chaostheoretischer Konzepte sowie deren Anwendbarkeit im Rahmen der Finanzwirtschaft erfolgt im vorliegenden Kapitel eine analytische Einführung in die Theorie chaotischer Systeme. Hierzu ist es einleitend erforderlich, die Begrifflichkeit, die zur Analyse derartiger Systeme notwendig ist, darzustellen.

3.1 Begriffserklärungen

3.1.1 Dynamische Systeme

Es sind kontinuierliche und diskrete dynamische Systeme zu unterscheiden[1]. Ein kontinuierliches dynamisches System ist charakterisiert durch ein n-dimensionales Differentialgleichungssystem der Form

$$\dot{x} = G(x(t)) \quad \text{mit } x \in W \subset \mathbb{R}^n \tag{3.1}$$

Hierbei bezeichnet W eine offene Teilmenge des $\mathbb{R}^n$ und $\dot{x} := dx(t)/dt$ die zeitliche Veränderung der Variablen x. Die Funktion G beschreibt die Bewegung von $x(t)$ im Zeitablauf.
Im Gegensatz zum kontinuierlichen System sind die Zeitpunkte eines diskreten dynamischen Systems separierbar. Die Entwicklung eines solchen Sy-

[1] Vgl. *Hofbauer/Sigmund* [109].

stems erfolgt durch Iteration. Es wird dargestellt durch Differenzengleichungen in der Form

$$x_{n+1} = f(x_n) \quad \text{mit } x_t \in X \subset \mathbb{R}^n \tag{3.2}$$

Die Abbildung $f^n : X \to X$, die durch n–fache Iteration der Funktion f entsteht, ist definiert durch $f^0(x) \equiv x$ und $f^n(x) = f \circ f^{n-1}(x)$ mit $n = 1, 2, \ldots$.

3.1.2 Graphische Analyseverfahren

Bei der Analyse dynamischer Systeme ist es von Interesse, welches Verhalten diese für beliebige Startwerte im Zeitablauf generieren. Die Menge der Punkte $\{f^n(x_0) | n \geq 0\}$, die sich durch n–fache Iteration eines beliebigen Anfangswertes x_0 ergibt, wird als Orbit oder Trajektorie des Anfangszustandes x_0 bezeichnet. Die Analyse der Orbits dynamischer Systeme führt zu dem Problem, daß die numerischen Möglichkeiten wegen der sich aus dem Iterationsprozeß ergebenen Komplexität nichtlinearer Systeme an ihre Grenzen stoßen. Aus diesem Grund muß auf verschiedene graphische Verfahren zurückgegriffen werden, die die Entwicklung dynamischer Systeme im Zeitablauf veranschaulichen. Der Einsatz dieser Verfahren ist von der Dimensionalität des betrachteten Systems abhängig und von dessen Zeitbezug als kontinuierlichem oder diskretem System. Zur Darstellung der möglichen Verfahren wird daher im folgenden sowohl ein mehrdimensionales kontinuierliches System als auch ein eindimensionales diskretes System verwendet. Die Begründung für diese Unterteilung liegt in dem Untersuchungsgegenstand der vorliegenden Arbeit. Die Analyse des Kursbildungsprozesses am deutschen Aktienmarkt entspricht der Frage nach der Existenz eines eindimensionalen diskreten dynamischen Systems. Das diesbezüglich geeignetste Verfahren ist die graphische Analyse, die im folgenden Abschnitt vorgestellt wird. Zur Vervollständigung der Darstellung graphischer Analysemethoden für dynamische Systeme werden anschließend zusätzlich die für mehrdimensionale kontinuierliche Systeme geeigneten Verfahren dargestellt.

3.1.2.1 Graphische Analyse

Eine anschauliche Darstellungsart der Systementwicklung eindimensionaler diskreter Systeme bietet die graphische Analyse[2]. Hierbei wird ausgehend von einem Startpunkt x_0 eine vertikale Linie bis zu der vorher gezeichneten Abbildung der zugrunde liegenden Funktion gezeichnet. Von dort aus wird eine horizontale Linie bis zur Winkelhalbierenden gezogen, von wo aus wiederum die nächste vertikale Linie bis zur Kurve gezeichnet wird usw. Diese Vorgehensweise generiert eine Vorstellung von dem Stabilitätsverhalten des betrachteten Systems. Es offenbart stabiles, periodisches sowie instabiles Verhalten. Die Zulässigkeit dieses Verfahrens basiert darauf, daß die Winkelhalbierende sich durch $x_{t+1} = x_t$ ergibt, so daß das Ziehen der horizontalen Linie einer Transformation des Wertes x_{t+1} in den Wert x_t der folgenden Iteration entspricht. Die nachfolgende Grafik bietet ein Beispiel für die graphische Analyse auf der Basis der logistischen Gleichung $x_{t+1} = ax_t(1 - x_t)$ mit $a = 1.5$ und dem Startwert $x_0 = 0.1$.

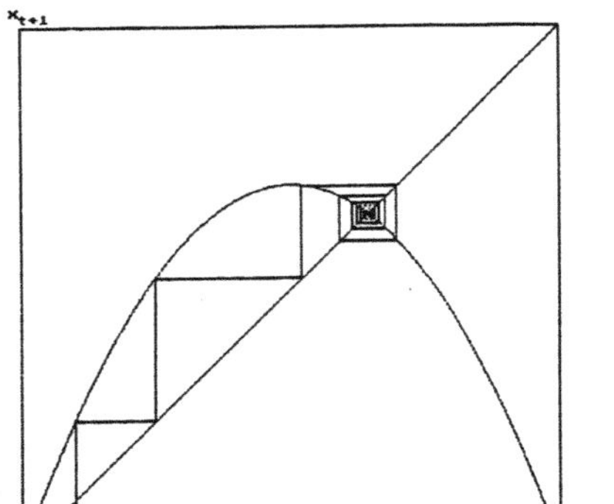

Abb. 3.1: Graphische Analyse der logistischen Gleichung

3.1.2.2 Phasendiagramm und Poincaré–Abbildung

Die Darstellung verschiedener graphischer Analyseverfahren für mehrdimensionale kontinuierliche Systeme erfolgt an dem Beispiel des Roessler Attraktors[3], der auf dem folgenden Differentialgleichungssystem basiert:

[2]Zur graphischen Analyse vgl. u.a. *Peitgen/Jürgens/Saupe* [167], S. 57ff.

[3]Zum Begriff des Attraktors vgl. Abschnitt 3.1.5, S. 42ff. dieser Arbeit.

$$\begin{aligned}\dot{x}(t) &= -(y(t)+z(t))\\ \dot{y}(t) &= x(t)+ay(t)\\ \dot{z}(t) &= b+x(t)z(t)-cz(t)\end{aligned}$$

Die Darstellung der Entwicklung der Systemvariablen kann in einem ersten Schritt separat für jede einzelne Variable in Abhängigkeit von der Zeit erfolgen, was für $a = b = 0.2$, $c = 3.4$ und die Anfangsbedingungen $x(0) = y(0) = z(0) = 0.5$ zu den Graphiken 3.2 bis 3.4 führt. Als Zeitperiode werden die Iterationen 100 bis 300 dargestellt, um die Periodizität des Systems für die gewählten Bedingungen zu verdeutlichen.

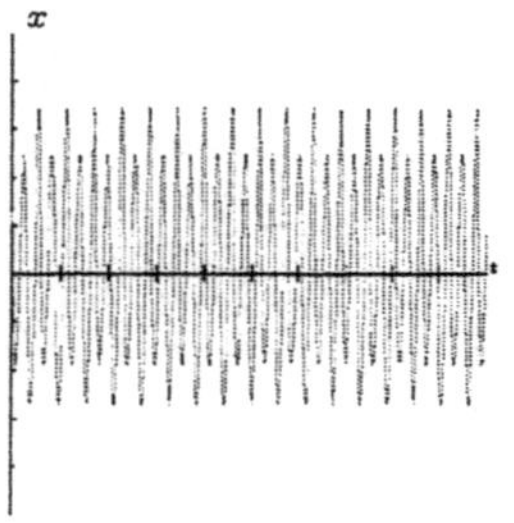

Abb. 3.2: $x(t)$

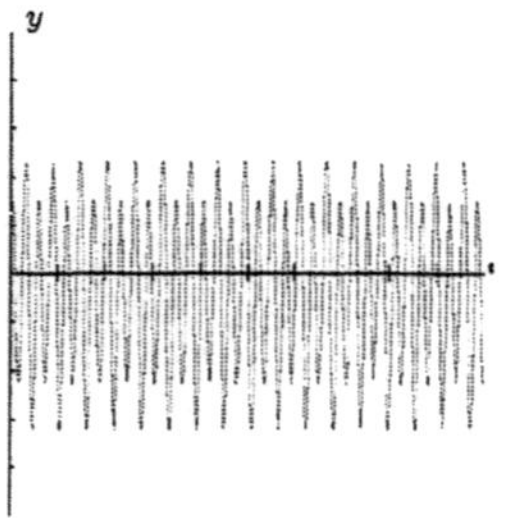

Abb. 3.3: $y(t)$

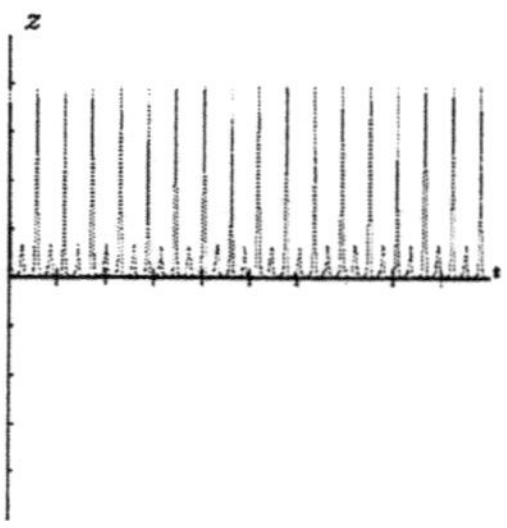

Abb. 3.4: $z(t)$

Darauf aufbauend stellt sich die Frage nach dem gemeinsamen Verhalten der Systemvariablen im Zeitablauf. Ausgehend von beliebigen Anfangswerten x_0 generieren dynamische Systeme eine endliche oder unendliche Anzahl an unterschiedlichen Systemzuständen. Die Menge aller möglichen Zustände eines dynamischen Systems wird als Phasenraum[4] bezeichnet. Zur Analyse des Systemverhaltens werden diese Zustände graphisch dargestellt. Für jeden Zeitpunkt wird der Zustand der Systemvariablen in einem Koordinatensystem abgetragen, wobei die Dimensionalität des Systems die Anzahl der Achsen determiniert. Anhand dieser Darstellungsart läßt sich das Verhalten des Systems im Zeitablauf ablesen, was ausgehend von der obigen Spezifikation der Parameter und Anfangsbedingungen zu dem in Abbildung 3.5 dargestellten Phasendiagramm für den Roessler Attraktor führt.

Eine aus dem Phasendiagramm abgeleitete Möglichkeit zur Darstellung der

[4]Zum Phasenraum und -diagramm vgl. *Baker/Gollub* [9], S. 7ff. und *Devaney* [52], S. 20.

Systemdynamiken ist das Verfahren der Poincaré–Abbildung. Sie wird erzeugt, indem eine (N-1)-dimensionale Hyperebene in einen N–dimensionalen Phasenraum geschoben wird. Es werden die Punkte markiert, an denen die Trajektorie des Phasendiagramms, aus einer vorgegebenen Richtung kommend, die Ebene durchquert. Die Menge der Schnittpunkte wird Poincaré–Schnitt genannt. Auf der Basis des Poincaré–Schnitts können die Dynamiken eines Systems mittels einer Funktion, der Poincaré–Funktion, beschrieben werden. Hierzu wird eine Transformation $T : X \rightarrow X; x_t \rightarrow x_{t+1}$ mit $x \in X \subset \mathbb{R}^n$ entwickelt, die ausgehend von der Markierung x_t die nachfolgende Markierung $T(x_t)$ generiert[5]. Die Technik der Poincaré–Abbildung transformiert damit das analysierte zeitkontinuierliche System in ein diskretes System und reduziert dessen Dimensionalität um eine Dimension.

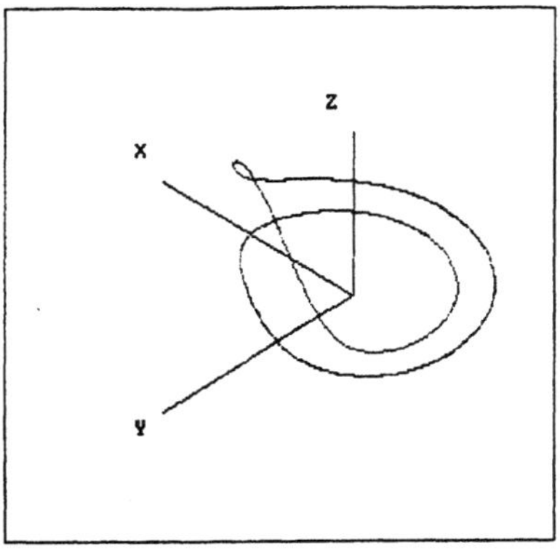

Abb. 3.5: Phasendiagramm des Roessler Attraktors der Periode 2

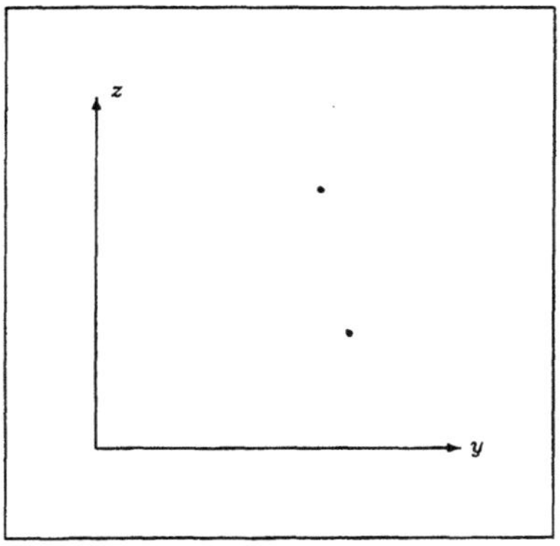

Abb. 3.6: Poincaré–Abbildung

Das vorstehende Beispiel illustriert die Technik der Poincaré–Abbildung durch ihre Anwendung auf den Roessler Attraktor. Das Phasendiagramm des Attraktors in Abbildung 3.5 zeigt die Periodizität des Systems. Abbildung 3.6 zeigt die Poincaré–Abbildung. Hierzu wurde die (y,z)–Ebene gewählt und die Abbildung um die z–Achse gedreht, so daß eine Aufsicht auf die (y,z)–Ebene möglich wird. Die abgebildeten Punkte markieren die Stellen, an denen die Trajektorie die Ebene „von hinten nach vorne" durchstößt. Der bei 200facher Iteration aus zwei Elementen bestehende Poincaré–Schnitt offenbart hierbei die Periodizität 2 des analysierten Systems.

[5]Zur Poincaré–Abbildung und -Funktion vgl. u.a. *Medio* [150], S. 87ff., *Eckmann/Ruelle* [62], S. 627, *Kunick/Steeb* [123], S. 18ff., *Baker/Gollub* [9], S. 23ff. und *Moon* [156].

3.1.3 Chaotische Systeme

Eine allgemein anerkannte Definition chaotischen Verhaltens existiert nicht. Die verschiedenen Definitionen unterscheiden sich hinsichtlich kontinuierlicher und diskreter Systeme, wobei die nachfolgend dargestellten Definitionen entsprechend dem Untersuchungsgegenstand der vorliegenden Arbeit für zeitdiskrete Systeme gelten[6].

3.1.3.1 Topologische Definition

Die aus der Topologie stammende Definition des Begriffs Chaos gilt für diskrete dynamische Systeme und basiert auf der Existenz notwendiger Eigenschaften, die durch das analysierte deterministische System erfüllt werden müssen[7]. Danach wird eine Abbildung $F : M \to M$, wobei M ein metrischer Raum[8] ist, als chaotisch definiert, wenn sie die folgenden drei Eigenschaften erfüllt.

I Sensitivität

Ausgehend von einem beliebigen Startwert ist die Entwicklung eines chaotischen Systems unvorhersagbar in dem Sinne, daß dessen Verhalten entscheidend abhängt von den Anfangsbedingungen des Systems. Bereits eine infinitisimale Änderung der Anfangsbedingungen führt zu einer dramatischen, nicht prognostizierbaren Änderung der Folgezustände. Eine langfristige Vorhersage des Systemverhaltens ist somit wegen der eingeschränkten Möglichkeiten zur exakten Bestimmung der Anfangszustände sowie einer begrenzten Rechengenauigkeit unmöglich. Eine derartige, rein qualitative Eigenschaft differenziert jedoch nur unzureichend zwischen chaotischen und nicht–chaotischen Systemen, da es sich lediglich um eine notwendige, nicht aber hinreichende Bedingung handelt. Die Gleichung $x_{t+1} = sx_t$ mit $s > 1$ ist beispielsweise ein System, das sensitiv auf Fehler bei den Anfangsbedingungen reagiert,

[6] Für eine zusammenfassende Darstellung der Definitionen für diskrete und kontinuierliche chaotische Systeme vgl. *Loistl/Betz* [135], S. 37ff.

[7] Zu der folgenden Definition vgl. *Devaney* [52], S. 48ff.

[8] Eine Metrik ist definiert als eine Funktion $d : X \times X \to \mathbb{R}$ mit den Eigenschaften a) $d(x,y) \geq 0$, b) $d(x,y) = 0$ dann und nur dann, wenn $x = y$, c) $d(x,y) = d(y,x)$ und d) $d(x,y) \leq d(x,z) + d(z,y)$ (Dreiecksungleichung). Ein Raum in Verbindung mit einer Metrik wird als metrischer Raum bezeichnet. Vgl. *Peitgen/Jürgens/Saupe* [167], S. 263ff.

obwohl es nicht chaotisch ist. Ein Fehler ϵ wüchse nach n Iterationen auf einen Wert $s^n\epsilon$ an. Es ist somit erforderlich, das Fehlerverhalten im Zeitablauf zu quantifizieren, was durch die Berechnung des größten Lyapunov Exponenten erfolgt[9]. Die Definition der Sensitivitätseigenschaft chaotischer Systeme lautet:
Eine Funktion $f : M \to M$ ist sensitiv abhängig von ihren Anfangsbedingungen, wenn für alle $\vartheta > 0$ ein beliebiges $\delta > 0$ existiert, so daß für jedes $x \in M$ ein y mit $|x - y| < \delta$ existiert, so daß gilt: $|f^n(x) - f^n(y)| > \vartheta$ mit $n \geq 0$.

II Mixing

Chaotische Systeme füllen, ausgehend von einer Startbedingung x_0, den gesamten ihnen zur Verfügung stehenden Wertebereich aus[10]. Diese Eigenschaft wird als Mixing oder topologische Transitivität bezeichnet. Sie besagt, daß ausgehend von einem Startwert eines beliebig gewählten Intervalls im Definitionsbereich, das System im Zeitablauf jedes andere beliebige Intervall trifft. Die daraus abgeleitete Definition der Mixing–Eigenschaft lautet:
Eine Funktion $f : M \to M$ beinhaltet die Mixing Eigenschaft, wenn für jedes Paar offener Mengen $U, V \subset M$ ein $k > 0$ existiert, so daß gilt: $f^k(U) \cap V \neq \emptyset$.
Der Definition der Mixing–Eigenschaft sehr ähnlich ist die Begrifflichkeit des ergodischen Verhaltens. Ergodisches Verhalten bedeutet, daß bei der Iteration eines zufällig ausgesuchten Startwertes x_0 das System mit nahezu sicherer Wahrscheinlichkeit jedem beliebigen Punkt seines Wertebereichs beliebig nahe kommt[11]. Die Einschränkung auf „nahezu sicher" resultiert aus der Periodizitätseigenschaft chaotischer Systeme.

III Periodizität

Chaotische Systeme sind periodisch. Es ist hierbei ausreichend, daß diese Anforderung lediglich für einige, nicht aber für alle Anfangsbe-

---

[9] Vgl. zum Lyapunov Exponenten die Abschnitte 3.1.3.3, S. 30ff. und 4.3, S. 103ff. dieser Arbeit.

[10] Dies führt dazu, daß die Autokovarianzen in chaotischen Systemen Werte im Bereich von Null annehmen. Statistische Testverfahren, die die Zufälligkeit eines Systems auf der Basis von Autokorrelationen untersuchen, können somit chaotische Systeme nicht von reinem Zufall unterscheiden.

[11] Vgl. *Peitgen/Jürgens/Saupe* [167], S. 525ff.

dingungen gilt. Formal dargestellt lautet die Periodizitätseigenschaft: Für eine Funktion $f : M \to M$ heißt ein Punkt $x \in M$ periodischer Punkt der Periode n, wenn für ihn gilt: $f^n(x) = x$.
Diese Periodizitätseigenschaft ist der Grund für die obige Einschränkung der Wahrscheinlichkeit auf „nahezu sicher". Es versteht sich von selbst, daß Startwerte, die periodisches Verhalten hervorrufen, nicht gleichzeitig ergodisches Verhalten generieren können. Hierin liegt auch die Begründung für die Definition der Mixing–Eigenschaft auf der Basis von Intervallen. Eine Definition auf der Basis einzelner Werte berücksichtigt auch periodische Anfangswerte, die jedoch die Mixing–Eigenschaft nicht erfüllen.

Zusammenfassend charakterisieren die vorstehenden drei Eigenschaften chaotische Systeme als unvorhersagbar wegen ihrer Sensitivität von den Anfangsbedingungen, als unzerlegbar wegen ihrer Mixing–Eigenschaft und als teilweise geordnet wegen ihrer Periodizitätseigenschaft.
Anhand dieser intuitiven Definition chaotischen Verhaltens läßt sich der inhaltliche Zusammenhang von chaotischem Verhalten und dem Preisbildungsprozeß an Kapitalmärkten veranschaulichen. Die Mixing–Eigenschaft chaotischer Systeme stellt faktisch die Grundvorausetzung für ein stochastisch aussehendes Verhalten der Kursentwicklung dar, da ein eventuell dem Preisbildungsprozeß zugrunde liegendes deterministisches System damit seinen gesamten Wertebereich ausfüllt. Aus der Sensitivität läßt sich folgern, daß eine längerfristige Prognose des Kursverlaufes nicht möglich ist. Die Periodizität entspräche inhaltlich einer Musterbildung im Kursverlauf, die sowohl die Grundlage für die charttechnische Analyse als auch eine mögliche Erklärung periodisch wiederkehrender Anomalien sein könnte. Die Eigenschaften chaotischer Systeme sind damit kompatibel mit den empirisch nachgewiesenen Eigenschaften des Preisbildungsprozesses am deutschen Aktienmarkt.

3.1.3.2 Li/Yorke–Theorem

Der qualitativen Definition chaotischen Verhaltens von *Devaney* entspricht das Li/Yorke–Theorem[12] zum analytischen Nachweis chaotischen Verhaltens. Sei J ein Intervall in $\mathbb{R}$ und $f : J \to J \subset \mathbb{R}$ eine stetige, diskrete Funktion

[12]Vgl. *Li/Yorke* [130]. Ebenso *Day* [46], S. 25f. und *Baumol/Benhabib* [15], S. 96.

für die gilt $x_{t+1} = f(x_t)$. Existiert ein Punkt $x \in J$ derart, daß gilt

$$f^3(x) \leq x < f(x) < f^2(x) \quad \vee \quad f^3(x) \geq x > f(x) > f^2(x)$$

dann folgt aus dieser Periodizität der Periode 3:

- Für jedes $k = 1, 2, 3, \ldots$ existiert eine k–periodische Trajektorie in J.
- Die Funktion f ist chaotisch auf einer überabzählbaren Menge $S \subset J$ in dem Sinne, daß die Elemente der Menge S den folgenden Eigenschaften genügen, wobei S keine periodischen Punkte enthält:

  (A) Für alle $p, q \in S$ mit $p \neq q$ gilt

  $$\lim_{n \to \infty} \sup |f^n(p) - f^n(q)| > 0$$

  und

  $$\lim_{n \to \infty} \inf |f^n(p) - f^n(q)| = 0$$

  Dies bedeutet für aperiodische Trajektorien, daß sie sich beliebig nahe kommen können, ohne daß ihre Bahnen identisch werden.

  (B) Für alle $p \in S$ und periodischen Punkte $q \in J$ gilt

  $$\lim_{n \to \infty} \sup |f^n(p) - f^n(q)| > 0$$

  Dies bedeutet für aperiodische Trajektorien, daß sie nicht in periodische Trajektorien übergehen können.

Die Bedeutung der Periode $k = 3$ wird durch das Sarkovskii–Theorem begründet[13]. Dieses besagt, daß wenn die Funktion $f : \mathbb{R} \to \mathbb{R}$ stetig ist und einen periodischen Punkt der Ordnung k besitzt, diese Funktion auch einen periodischen Punkt der Ordnung p mit $k \rhd p$ besitzt. Die Beziehung $\rhd$ symbolisiert hierbei die Sarkovskii Ordnung:

$$3 \rhd 5 \rhd 7 \rhd \ldots \rhd 2 \cdot 3 \rhd 2 \cdot 5 \rhd \ldots \rhd 2^k \cdot 3$$

$$\rhd 2^k \cdot 5 \rhd \ldots \rhd 2^{k+1} \rhd 2^k \rhd \ldots \rhd 4 \rhd 2 \rhd 1$$

[13]Vgl. ***Sarkovskii*** [189] sowie ***Devaney*** [52], S. 60ff. Eine Vereinfachung des Theorems wurde von Butler und Pianigiani entwickelt, wonach bereits aus der Existenz einer Periodizität ungleich der Periode 2^n auf chaotisches Verhalten geschlossen werden kann. Vgl. ***Butler/Pianigiani*** [36].

Diese Ordnung besagt, daß sofern ein Zyklus der Periode 3 auftritt, diesem System periodische Punkte beliebiger Ordnung innewohnen. Die Handhabung dieser Definition ist damit entsprechend einfach, da zum Nachweis chaotischen Verhaltens lediglich eine Anfangsbedingung gefunden werden muß, die einen Zyklus der Periode 3 generiert. Eine wesentliche Einschränkung erfährt das Li/Yorke–Theorem jedoch durch seine auf skalare Systeme begrenzte Anwendbarkeit.
Beide bislang vorgestellten Definitionen gelten für diskrete Systeme, wobei das Li/Yorke–Theorem auf eindimensionale Systeme begrenzt ist. Hinsichtlich der vorliegenden Untersuchung sind jedoch beide Definitionen unbefriedigend. Die topologische Definition beschreibt notwendige Eigenschaften ohne eine Möglichkeit aufzuzeigen, die Existenz dieser Eigenschaften zu überprüfen. Das Li/Yorke–Theorem bietet diese Möglichkeit, jedoch ist hierzu die Kenntnis des entsprechenden Systems notwendig. Die Analyse einer Zeitreihe ist somit mittels dieser Definitionen nicht möglich. Dieser Mangel wird durch eine weitere Definition chaotischen Verhaltens behoben, dem größten Lyapunov Exponenten.

3.1.3.3 Lyapunov Exponent

Der Lyapunov Exponent[14], im folgenden mit λ bezeichnet, ist eine Maßzahl zur Charakterisierung des durchschnittlichen Divergenz– bzw. Kontraktionsverhaltens eines Systems. Er basiert auf der Sensitivitätseigenschaft chaotischer Systeme und stellt eine quantitative Beschreibung der durchschnittlichen Intensität der Wachstumsrate eines infinitisimalen Fehlers E_0 in der Anfangsbedingung eines Systems dar[15]. In einem linearen System der Form $x_{t+1} = sx_t$ wüchse ein solcher Fehler mit dem Faktor s, so daß sich als relativer Fehler nach n Iterationen ergäbe:

$$\left|\frac{E_n}{E_0}\right| = s^n \tag{3.3}$$

[14] Vgl. zur Definition chaotischer Systeme durch den Lyapunov Exponenten *Brock* [23], Definition 2.2 und *Farmer/Ott/Yorke* [78], S. 161.

[15] Eine äquivalente Interpretation ist die der durchschnittlichen Divergenz bzw. Kontraktion zweier eng benachbarter Trajektorien im Zeitablauf. Zur folgenden Herleitung vgl. *Peitgen/Jürgens/Saupe* [167], S.518f. Zum Lyapunov Exponenten vgl. ebenso *Moon* [156], S. 307ff. und *Falconer* [70], S. 191ff.

Die Geschwindigkeit der Fehlerentwicklung ist damit abhängig von dem Faktor s, der sich nach logarithmieren von Gleichung 3.3 zu

$$n \ln s = \ln \left| \frac{E_n}{E_0} \right|$$

$$\Leftrightarrow \quad \ln s = \frac{1}{n} \ln \left| \frac{E_n}{E_0} \right| \tag{3.4}$$

ergibt. Aus der Analyse chaotischer Systeme ist bekannt, daß die Fehlerentwicklung nicht linear erfolgt sondern sich aufgrund des Dehnungs– und Faltungsprozesses chaotischer Systeme unregelmäßig entwickelt[16]. Es ist daher notwendig, eine durchschnittliche Wachstumsrate der Fehlerentwicklung über alle Iterationsschritte zu berechnen, was durch den Lyapunov Exponenten erfolgt. Hierzu muß der relative Fehler nach n Iterationen umgeschrieben werden in

$$\left| \frac{E_n}{E_0} \right| = \left| \frac{E_n}{E_{n-1}} \right| \cdot \left| \frac{E_{n-1}}{E_{n-2}} \right| \cdot \ldots \cdot \left| \frac{E_1}{E_0} \right| ,$$

um die Fehlerentwicklung in jedem Iterationsschritt erfassen zu können. Es ergibt sich so aus Gleichung 3.4:

$$\ln s = \frac{1}{n} \ln \left| \frac{E_n}{E_0} \right| = \frac{1}{n} \ln \left| \frac{E_n}{E_{n-1}} \cdot \frac{E_{n-1}}{E_{n-2}} \cdot \ldots \cdot \frac{E_1}{E_0} \right| =$$

$$= \frac{1}{n} \sum_{k=1}^{n} \ln \left| \frac{E_k}{E_{k-1}} \right| \tag{3.5}$$

Auf Gleichung 3.5 basierend gilt es nun die Fehlerentwicklung $\left| \frac{E_k}{E_{k-1}} \right|$ in jedem einzelnen Iterationsschritt zu quantifizieren. Die Darstellung der Fehlerentwicklung erfolgt durch

$$\frac{E_k}{E_{k-1}} = \frac{f(x_{k-1} + E_{k-1}) - f(x_{k-1})}{E_{k-1}}$$

woraus sich aus der Differentialrechnung für $E_0 \rightarrow 0$

$$\lim_{E_0 \rightarrow 0} \frac{E_k}{E_{k-1}} = f'(x_{k-1}) \tag{3.6}$$

[16] Vgl. hierzu die Darstellung der tent– und saw–tooth–map in Abschnitt 3.2.1, S. 48ff. dieser Arbeit.

ergibt[17]. Als Grundlage zur Quantifizierung der durchschnittlichen Fehlerentwicklung erhält man so

$$\lim_{E_0 \to 0} \frac{1}{n} \sum_{k=1}^{n} \ln \left| \frac{E_k}{E_{k-1}} \right| = \frac{1}{n} \sum_{k=1}^{n} \ln |f'(x_{k-1})|$$

Hieraus ergibt sich für $n \to \infty$ der Lyapunov Exponent $\lambda(x_0)$ zu

$$\lambda(x_0) = \lim_{n \to \infty} \frac{1}{n} \sum_{k=1}^{n} \ln |f'(x_{k-1})| \tag{3.7}$$

Infinitisimale Abweichungen werden im Durchschnitt nach n Iterationen um den als Lyapunov–Zahl bezeichneten Faktor $e^{\lambda n}$ verstärkt[18]. Positive Lyapunov Exponenten bedeuten demnach, daß dicht beieinander liegende Trajektorien im Zeitablauf divergieren. Die Systementwicklung ist damit sensitiv abhängig von den Anfangsbedingungen und weist ein chaotisches Verhalten auf[19]. Negative Exponenten offenbaren ein kontraktierendes und damit nicht chaotisches Systemverhalten. Die Menge aller Lyapunov Exponenten wird als Lyapunov Spektrum bezeichnet. Für das Beispiel der logistischen Gleichung[20] mit $0 \leq a \leq 4$ ergibt sich dieses zu Abbildung 3.7.
Es ist deutlich zu erkennen, wie der Lyapunov Exponent λ der logistischen Gleichung in Abhängigkeit vom Parameter a zwischen positiven und negativen Werten variiert, wodurch die chaotischen Bereiche der logistischen Gleichung erkennbar werden.

---

[17]Die obige Minimierung des Anfangsfehlers E_0 läßt sich dahingehend verallgemeinern, daß in jedem Iterationsschritt k der Fehler E_k neu minimiert werden kann. Diese Möglichkeit legt die Grundlage für den in Abschnitt 4.3, S. 103ff. dieser Arbeit vorzustellenden Algorithmus zur Berechnung des Lyapunov Exponenten. Vgl. hierzu *Peitgen/Jürgens/Saupe* [167], S. 517.

[18]Es läßt sich experimentell nachweisen, daß die in Gleichung 3.7 vorhandene Abhängigkeit des Lyapunov Exponenten von dem Anfangswert x_0 unbedeutend ist. Vgl. hierzu *Peitgen/Jürgens/Saupe* [167], S. 712. Die Existenz des Grenzwertes basiert auf dem multiplikativen Ergodentheorem von Oseledec. Vgl. hierzu *Oseledec* [163] und *Eckmann/Ruelle* [62], S. 629f.

[19]Es sei an dieser Stelle darauf hingewiesen, daß dieses Divergenzverhalten als Durchschnittswert berechnet ist. Da die Analyse der Systemdynamiken auf einem begrenzten Attraktor erfolgt, ist ein unendlich lange andauernder Divergenzprozeß hiermit nicht vereinbar. Ein positiver Lyapunov Exponent impliziert somit zugleich einen Faltungsprozeß des Systems.

[20]Zur logistischen Gleichung vgl. Abschnitt 3.2.2, S. 51ff. dieser Arbeit.

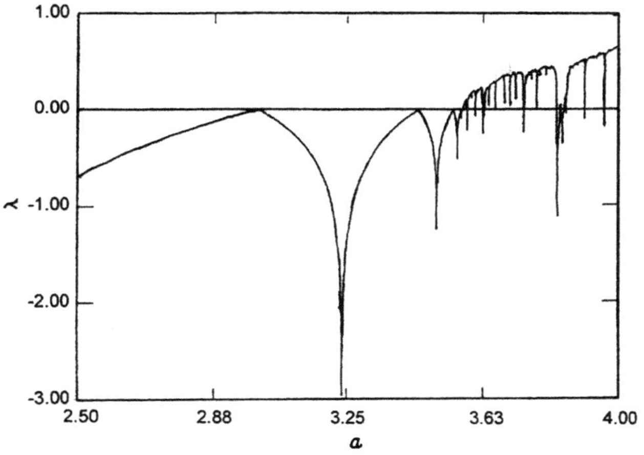

Abb. 3.7: Lyapunov Spektrum der logistischen Gleichung

Die vorstehende Herleitung bezieht sich auf eindimensionale diskrete Systeme. Mehrdimensionale Systeme implizieren die Notwendigkeit, die Systemdynamiken bezüglich jeder Richtung des Systems zu analysieren. Die Anzahl der Lyapunov Exponenten entspricht somit der Dimension des zugrunde liegenden Systems[21]. Bezüglich der Darstellung der Fehlerentwicklung in einem mehrdimensionalen System sei das zweidimensionale Beispiel eines Kreises mit dem Radius ϵ betrachtet.

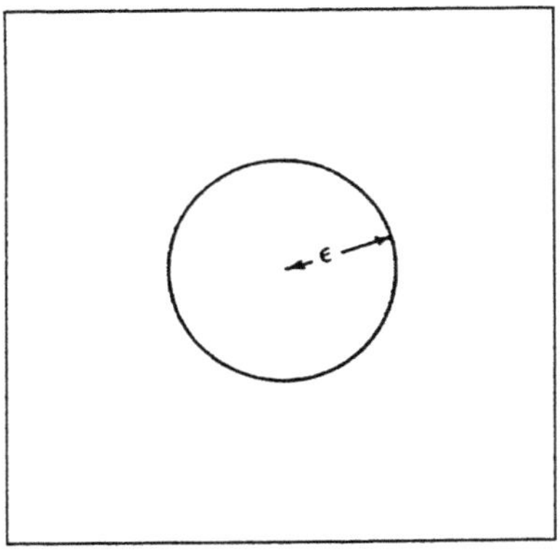

Abb. 3.8: Kreis mit Radius ϵ

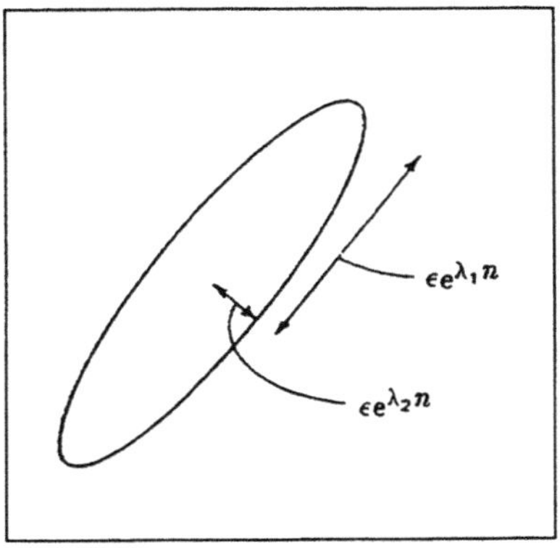

Abb. 3.9: Ellipse

[21]Zur Berechnung der Lyapunov Exponenten bei mehrdimensionalen diskreten und kontinuierlichen Systemen vgl. *Peitgen/Jürgens/Saupe* [167], S. 714ff. und *Baker/Gollub* [9], S. 120ff. Für Algorithmen vgl. *Parker/Chua* [164] und *Benettin/Galgani/Giorgilli/Strelcyn* [16].

Die Anwendung einer chaotischen Abbildung auf diesen Kreis führt zu einer ellipsenähnlichen Verformung[22], wobei sich die Halblängen der Hauptachsen zu $\epsilon e^{\lambda_1 n}$ und $\epsilon e^{\lambda_2 n}$ mit n als Anzahl der Iterationsschritte ergeben. Hierbei entspricht die längere Hauptachse der fehlerverstärkenden Wirkung, da sie die maximale Divergenz zweier innerhalb des Kreises liegender Punkte während eines Itertionsschrittes wiedergibt. Die kürzere Hauptachse entspricht der maximalen Kontraktion zweier Punkte innerhalb einer Iteration. Wie bereits bei eindimensionalen Systemen ausgeführt, ist die Divergenz- und Kontraktionseigenschaft auf einem Attraktor eine dynamische lokale Eigenschaft chaotischer Systeme. Es ist daher notwendig, die Entwicklung des Systems in jedem Zeitpunkt zu betrachten, so daß für ein k–dimensionales System der i–te Lyapunov Exponent der i–ten Hauptachse mit $i = 1, \ldots, k$ definiert ist als

$$\lambda_i = \lim_{n \to \infty} \frac{1}{n} \ln \frac{L_i(n)}{L_i(0)}. \tag{3.8}$$

Hierbei bezeichnet $L_i(t)$ den Radius der i–ten Hauptachse der Ellipse zum Zeitpunkt t. Die λ_i werden ihrer Größe nach geordnet, wobei der größte positive Exponent λ_1 die Wachstumsrate $e^{\lambda_1 n}$ der Ellipse in linearer Richtung angibt. Die Wachstumsrate der Fläche wird durch $e^{(\lambda_1+\lambda_2)n}$ ausgedrückt, die Wachstumsrate des Volumens durch $e^{(\lambda_1+\lambda_2+\lambda_3)n}$ etc.

Eine alternative Möglichkeit zur Bestimmung der Lyapunov Exponenten eines mehrdimensionalen Systems ist die Bestimmung der Eigenwerte Λ_i^n des Produktes der Jacobimatrizen des Systems, wobei n die Anzahl der Iterationsschritte angibt. Die Lyapunov Exponenten ergeben sich hieraus zu[23]

$$\lambda_i = \lim_{n \to \infty} \frac{1}{n} \ln \Lambda_i^n. \tag{3.9}$$

Diese Vorgehensweise setzt jedoch die Kenntnis des zu untersuchenden Systems voraus. Da dieses in der vorliegenden Arbeit unbekannt ist, wird im weiteren Verlauf der Untersuchung die einleitend dargestellte Idee der Entwicklung eines infinitisimalen Fehlers in der Anfangsbedingung für die Berechnung des Lyapunov Exponenten herangezogen[24].

Die Definition chaotischen Verhaltens über die Berechnung des größten Lyapu-

---

[22]Vgl. hierzu u.a. *Peitgen/Jürgens/Saupe* [167], S. 714, *Baker/Gollub* [9], S. 120f. und *Falconer* [70], S.192f.

[23]Vgl. hierzu *Wolf/Swift/Swinney/Vastano* [215], S. 291f., *Eckmann/Ruelle* [62], S. 629ff. und *Rasband* [176], S. 187ff.

[24]Vgl. Abschnitt 4.3, S. 103ff. dieser Arbeit.

nov Exponenten bietet als einzige der vorgestellten Definitionen die Möglichkeit, eine Zeitreihe ohne die Kenntnis des zugrunde liegenden Systems auf chaotisches Verhalten zu untersuchen. Die mit dieser Definition einhergehende Problematik liegt darin, daß mit dem Nachweis der Sensitivitätseigenschaft durch einen positiven Lyapunov Exponenten noch keine Aussage über die Existenz eines deterministischen Systems selbst gemacht werden kann. Die auf einem positiven Lyapunov Exponenten basierende Definition chaotischer Systeme setzt implizit voraus, daß die analysierte Zeitreihe auch tatsächlich durch ein dynamisches deterministisches System generiert wurde, welches dann als chaotisch charakterisiert wird. Die Möglichkeit des Nachweises der Existenz eines solchen Systems ist abhängig von dessen Dimensionalität und der verfügbaren Datenmenge. Kann aufgrund der sehr hohen Dimensionalität eines Systems oder einer begrenzten Datenmenge der Nachweis für dessen Existenz nicht erbracht werden, so kann entsprechend nicht auf chaotische Gesetzmäßigkeiten gefolgert werden. Die nachgewiesene Sensitivitätseigenschaft ist dann lediglich ein charakteristisches Merkmal der analysierten Datenreihe. An dieser Stelle ergibt sich somit die eher philosophische Frage, worin der Unterschied zwischen Zufall und Chaos besteht. Für die finanzwirtschaftliche Forschung wird diese Frage mit der praktischen Modellierungsmöglichkeit chaotischen Verhaltens beantwortet. Daraus resultierend wird per Definition die Existenz eines niedrigdimensionalen deterministischen Systems mit einer Dimensionalität von maximal 7 als Chaos bezeichnet. Alles darüber hinausgehende wird als Zufall definiert[25].
Zum Nachweis eines chaotischen Systems ist es somit notwendig, für eine Zeitreihe mit einem positiven Lyapunov Exponenten zusätzlich die Existenz eines niedrigdimensionalen deterministischen Systems zu beweisen. Die Möglichkeit zum Nachweises eines solchen Systems basiert auf dem Konzept der Korrelationsdimension.

3.1.4 Die Korrelationsdimension

Der Begriff der Dimension ist nicht eindeutig definiert. Es existiert eine Vielzahl unterschiedlicher Dimensionsbegriffe, die teilweise in Zusammenhang miteinander stehen, die jedoch jeweils unterschiedliche Aspekte in den

[25]Vgl. zu dieser Definition *Brock/Hsieh/LeBaron* [34], S.17.

Mittelpunkt stellen[26]. In der vorliegenden Arbeit ist eine exakte Definition der Dimensionsnotation zur Abgrenzung der verschiedenen Attratoren dynamischer Systeme notwendig, insbesondere zur Charakterisierung chaotischer Attraktoren[27].
Die Dimension entspricht in der elementaren Geometrie im allgemeinen der Anzahl an Informationen, die notwendig ist, um die Lage eines Punktes eindeutig zu bestimmen. Danach hat ein Punkt die Dimension 0, eine Linie die Dimension 1, eine Fläche die Dimension 2 und ein Körper die Dimension 3. Entfernt man sich jedoch von der elementaren Geometrie, so rücken Strukturen in den Vordergrund, die mit diesen Dimensionsmaßen nicht mehr beschreibbar sind. Das bekannteste Beispiel zur Darstellung dieser Problematik ist die von *Mandelbrot* aufgeworfene Frage nach der Länge der britischen Küste[28]. Eine genauere Untersuchung dieser Fragestellung führt zu der simplen Feststellung, daß die Länge der Küste zunimmt, je geringer der gewählte Maßstab wird, da mit jeder Verkleinerung des Maßstabs zusätzliche Details der Grenzstruktur mit gemessen werden. Die Fortsetzung dieser Überlegung führt dazu, daß wenn der zugrunde gelegte Maßstab gegen Null geht, die Länge einer jeden nicht glatten Grenze gegen unendlich strebt. Ein ähnliches Problem stellt sich, wenn eine beliebige gekrümmte Linie betrachtet wird. In der glatten Dimensionsnotation der Topologie dargestellt verändert eine solche Linie ihre Dimension nicht, egal ob es sich um eine gerade oder eine stark gekrümmte Linie handelt. Die genauere Betrachtung der Dimensionalität einer Linie muß aber deren Krümmung berücksichtigen. Man stelle sich vor, eine Linie sei dergestalt auf eine begrenzte Fläche plaziert, daß jeder Punkt dieser Fläche von ihr bedeckt wird, ohne daß die Linie sich schneidet oder überlappt. Die Linie müßte also unendlich lang sein. Die Dimension einer solchen Linie wäre Zwei, obwohl ihre topologische Dimension Eins ist. Eine endlich lange, gekrümmte Linie hätte damit eine gebrochene, sogenannte fraktale Dimension zwischen Eins und Zwei. Es stellt sich somit heraus, daß die ganzzahlige Dimensionalität der Topologie von der Struktur der betrachteten Mengen abstrahiert. Die Komplexität einer Struktur wird durch dieses Dimensionsmaß nicht erfaßt. Es ist daher notwendig, zur Erfas-

[26] Zu einem Überblick über den Begriff der Dimension und den damit verbundenen Konzepten vgl. *Farmer/Ott/Yorke* [78], *Falconer* [70] und *Mandelbrot* [145].

[27] Zum Begriff des Attraktors vgl. Abschnitt 3.1.5, S. 42ff. dieser Arbeit.

[28] Vgl. *Mandelbrot* [144].

sung dieser Komplexität ein Gesetz der Form $y \propto x^d$ zu formulieren, wobei y die gemessene Größe, x der Maßstab und d ein Maß für die Komplexität der analysierten Struktur darstellt[29].

Aufbauend auf diesen Überlegungen bedarf es einer Meßvorschrift, die in der Lage ist, die Komplexität einer Struktur zu quantifizieren. An dieser Stelle wird der Zusammenhang zu dem eingangs motivierten fraktalen Dimensionsmaß deutlich. Entsprechend den obigen Beispielen wird die Komplexität einer solchen Struktur mittels des fraktalen Dimensionsmaßes überhaupt erst quantifizierbar. Die notwendige Meßvorschrift muß in der Lage sein, die Komplexität der durch den Preisbildungsprozeß im Zeitablauf generierten Struktur zu quantifizieren, indem es ihr eine entsprechende fraktale Dimensionalität zuordnet. Das hierfür geeignete Konzept ist die von *Grassberger/Procaccia* entwickelte Korrelationsdimension[30], die eine quantitative Aussage hinsichtlich des räumlichen Zusammenhangs verschiedener Funktionswerte zu unterschiedlichen Zeitpunkten gibt.

Im Zusammenhang mit der Entstehung von Strukturen in finanzwirtschaftlichen Zeitreihen gilt es zunächst zu berücksichtigen, daß die Ursache einer Beobachtung, z.B. einer Rendite y_t eines Wertpapiers zum Zeitpunkt t, die Veränderung des Zustands der wirtschaftlichen Entwicklung ist, dargestellt als Vektor $\vec{x} \in \mathbb{R}^n$, wobei n die Dimensionalität des Wirtschaftssystems beschreibt. Eine Änderung des Zustands dieses Systems wird bewirkt durch eine annahmegemäß stetige, mindestens zweimal differenzierbare Funktion $f : \mathbb{R}^n \rightarrow \mathbb{R}^n$, so daß $\vec{x}_{t+1} = f(\vec{x}_t)$, wobei der durch $\{\vec{x}_t\}$ mit $t \rightarrow \infty$ generierte Orbit begrenzt sei. Da die beobachtbaren Renditen y_t weder über die Dimensionalität und Parameter dieses Wirtschaftssystems noch über die Gestalt der Funktion f Aussagen zulassen, muß eine Möglichkeit gefunden werden, eine entsprechende Verbindung herzustellen. Dieser Zusammenhang zwischen der Beobachtung y_t und dem tatsächlichen Systemzustand $\vec{x}_t$ wird mittels einer stetigen, mindestens zweimal differenzierbaren[31] Beobachter-

[29]Auf dieser Überlegung baut der Begriff der fraktalen Dimension auf, die zuerst vom deutschen Mathematiker *Hausdorff* entwickelt wurde und entsprechend auch als Hausdorff–Dimension bezeichnet wird. Vgl. zur Erklärung und Herleitung der Hausdorff–Dimension Anhang A.

[30]Vgl. *Grassberger/Procaccia* [96].

[31]Zu den Anforderungen an die Differenzierbarkeit der Funktionen f und h vgl. *Brock* [23].

funktion h hergestellt, die als eine Art Meßgerät interpretiert werden kann:

$$y_t = h(\vec{x}_t) = h(f(\vec{x}_{t-1})) \tag{3.10}$$

mit $f : \mathbb{R}^n \rightarrow \mathbb{R}^n$ und $h : \mathbb{R}^n \rightarrow \mathbb{R}^1$. Die Aussagekraft der Beobachtungen y_t hinsichtlich des zugrunde liegenden Systemzustands $\vec{x}_t$ basiert auf einem Theorem von Takens[32]. Für eine bestimmte Periodenlänge N sei $\phi_N(\vec{x}) = \{h(\vec{x}), h[f(\vec{x})], \ldots, h[f^{N-1}(\vec{x})]\}$, so daß für $\vec{x} = \vec{x}_0$ der Beobachtungsvektor der ersten N Perioden eines Systems dem Vektor $\phi_N(\vec{x}_0) = (y_o, y_1, \ldots, y_{N-1})$ entspricht. Der Beobachtungsvektor $\phi_N(\vec{x})$ bildet die Entwicklung des n–dimensionalen Wirtschaftssystems ab auf einen N–periodigen Zustandsvektor der beobachtbaren Ausprägungen y_t dieses Systems. Ein solcher Vektor, der N Beobachtungen einer Zeitreihe umfaßt, wird als N–History bezeichnet. Takens weist nach, daß wenn

a) die Beobachtungen y_t des dynamischen Systems auf einem Attraktor liegen,

b) die Funktionen f und h glatte Funktionen sind und

c) $N \geq 2n + 1$ ist,

die Entwicklung der realen Systemzustände $\vec{x}_t$ durch die zu N–Histories zusammengefaßten Beobachtungen äquivalent wiedergegeben wird. Eine Zeitreihe der Beobachtungen y_t mit $t = 1, \ldots, N$ bildet somit die Entwicklung des zugrunde liegenden n–dimensionalen Systems äquivalent ab. Die Anzahl N der notwendigen Beobachtungen wird als Embedding Dimension oder Einbettungsdimension bezeichnet.

Zur Beantwortung der Frage nach der Existenz von Strukturen in einer Datenreihe werden die N–Histories dahingehend untersucht, wie eng die Ausprägungen der beobachteten Größe y_t zu den verschiedenen Zeitpunkten beieinander liegen. Da vor Beginn einer solchen Analyse die Dimensionalität n des Systems und damit auch die notwendige Einbettungsdimension N unbekannt sind, erfolgt eine sukzessive Erhöhung der Einbettungsdimension, bis sich die existierenden Strukturen herausgebildet haben. Diese Vorgehensweise basiert auf der Tatsache, daß chaotische Systeme, die durch m Zustandsdimensionen beschrieben werden können, in der Dimension m+1

[32] Vgl. *Takens* [208].

„Löcher" aufweisen[33]. Das Ziel einer Untersuchung von Beobachtungen auf die Existenz von Strukturen ist es daher, die Zustandsdimension zu ermitteln, in der eine Struktur in den Beobachtungen erkennbar ist.
Das hierzu geeignete Verfahren ist die Ermittlung der Korrelationsdimension der Beobachtungen. Hierzu wird in einem ersten Schritt der Bruchteil der Beobachtungsvektorenpaare der Länge N ermittelt, die von den gesamten untersuchten Paaren innerhalb einer bestimmten Distanz ϵ zueinander liegen. Die Messung dieses Anteils erfolgt in Form des Korrelationsintegrals $\mathcal{C}_{N,T}$:

$$\mathcal{C}_{N,T}(\epsilon) = \frac{2}{T_N(T_N-1)} \sum_{1 \le t < s \le T_N} \prod_{k=0}^{N-1} I_\epsilon(y_{t+k}, y_{s+k}) \tag{3.11}$$

wobei:

$$T_N = T - (N-1)$$

$$I_\epsilon(y_{t+k}, y_{s+k}) = \begin{cases} 1 & \text{für } |y_{t+k} - y_{s+k}| < \epsilon \\ 0 & \text{für } |y_{t+k} - y_{s+k}| \ge \epsilon \end{cases}$$

mit y_t als Beobachtung zum Zeitpunkt t, T als Endperiode des Beobachtungszeitraums, N als Einbettungsdimension und $|\cdot|$ als Supremum Norm[34]. Die Distanz ϵ wird gewählt als Bruchteil der jeweiligen Standardabweichung der Beobachtungen.
Grassberger/Procaccia weisen die Gültigkeit der Beziehung

[33]Erkennbar ist dieses Verhalten u.a. an den in den Abschnitten 3.2.1 und 3.2.2 analysierten chaotischen Systemen der tent–map, saw–tooth–map und logistischen Gleichung. Alle drei Systeme sind in ihrer Entwicklung jeweils abhängig vom Wert der Variablen im Zeitpunkt $t-1$. Bezüglich der zeitlichen Dependenzen handelt es sich somit um eindimensionale Systeme. Die Analyse dieser Systeme im eindimensionalen Raum, bspw. im Intervall $[0,1]$, würde wegen der Mixing Eigenschaft chaotischer Systeme dazu führen, daß die Systeme das gesamte Intervall ausfüllen, so daß keine Strukturen erkennbar wären. Erst die Analyse im 2–dimensionalen Raum offenbart die charakteristischen Strukturen der Systeme in Form der Zelt–, Sägezahn– und Parabelabbildung. Die Existenz eines deterministischen Bildungsgesetzes ist somit erst erkennbar, wenn die $m+1$ste Zustandsdimension untersucht wird. Zu einer ausführlichen Erklärung vgl. u.a. die Analyse der tent–map bei *Savit* [192]. Ebenso *Hsieh* [113].

[34]*Brock* [23], S. 175f., Theorem 2.4 weist nach, daß die Korrelationsdimension unabhängig von der gewählten Norm ist.

$$C_N(\epsilon) \approx \epsilon^{D_C} \tag{3.12}$$

nach[35], woraus sich in einem zweiten Schritt als Korrelationsdimension D_C ergibt:

$$D_{C_N} = \lim_{\epsilon \to 0} \lim_{T \to \infty} \frac{\lg C_{N,T}(\epsilon)}{\lg(\epsilon)} \tag{3.13}$$

$$D_C = \lim_{N \to \infty} D_{C_N} \tag{3.14}$$

Die Korrelationsdimension stellt analog der Grundidee des fraktalen Dimensionsmaßes einen Zusammenhang her zwischen einem der Messung zugrunde liegenden Maßstab, hier der Distanz ϵ, und einem Meßergebnis, dem Korrelationsintegral. Zur graphischen Veranschaulichung der Vorgehensweise der Korrelationsdimension seien die nachfolgenden Graphiken herangezogen. Während die in Abbildung 3.10 dargestellte Zeitreihe auf der bereits

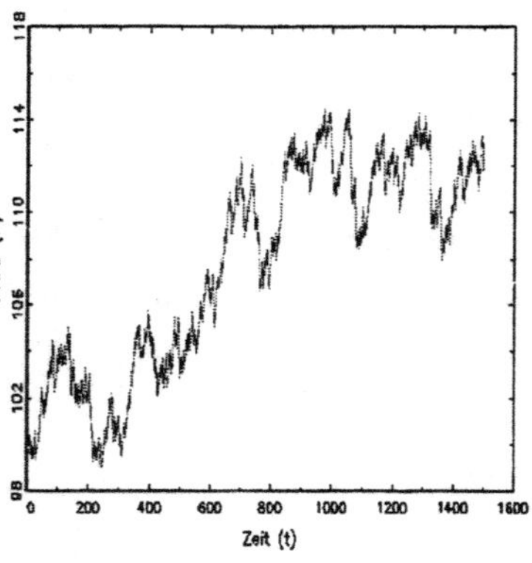

Abb. 3.10: Chaosreihe (P_t,t)

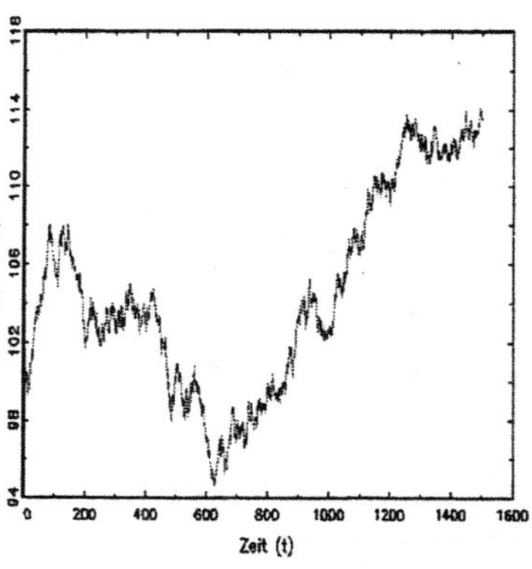

Abb. 3.11: Zufallsreihe (P_t,t)

in Abschnitt 2.1 verwendeten chaotischen Gesetzmäßigkeit basiert, wurde die Zeitreihe aus Abbildung 3.11 unter Einbeziehung eines Zufallsgenerators generiert[36]. Die hinsichtlich der zeitlichen Dimensionalität erfolgte eindimensionale Darstellung dieser Zeitreihen in den Abbildungen 3.10 und 3.11

[35] Vgl. *Grassberger/Proccacia* [96]. Das approximative Verhalten der Beziehung 3.12 resultiert aus der Existenz eines an dieser Stelle vernachlässigten logarithmischen Korrekturterms. Vgl. zu näherem *Grassberger/Proccacia* [96], S. 193f.

[36] Zu einer Darstellung der den Abbildungen zugrunde liegenden Gesetzmäßigkeiten sowie zu einer ausführlichen Analyse der daraus resultierenden Zeitreihen vgl. Kapitel 4, S. 86ff. dieser Arbeit.

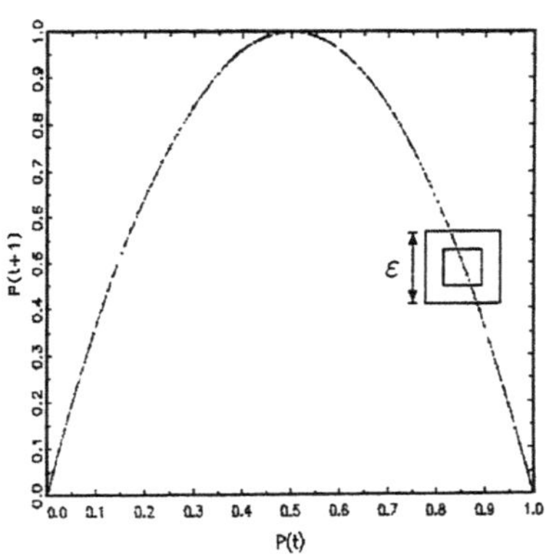

Abb. 3.12: Chaosreihe (P_t, P_{t+1})

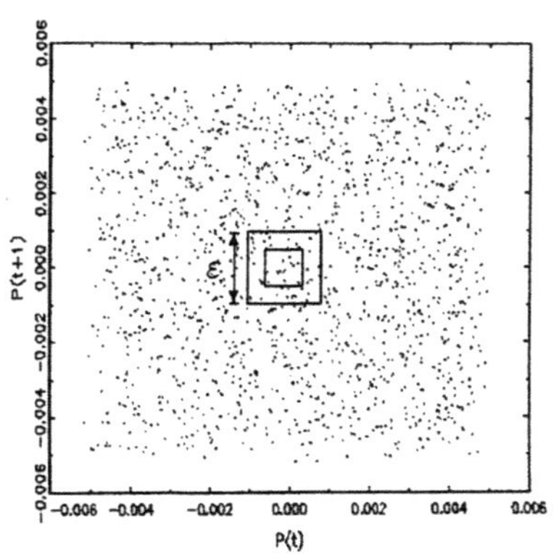

Abb. 3.13: Zufallsreihe (P_t, P_{t+1})

läßt keine Rückschlüsse auf eventuell zugrunde liegende Gesetzmäßigkeiten zu. Beide Zeitreihen scheinen bei einer solchen eindimensionalen Betrachtungsweise zufällig generiert zu sein, die Existenz einer deterministischen Gesetzmäßigkeit für Abbildung 3.10 kann nicht von der stochastischen Generierung der Zeitreihe in Abbildung 3.11 unterschieden werden. Eine solche Differenzierung zwischen deterministischer und stochastischer Datengenerierung wird dagegen offensichtlich, wenn die zeitliche Dimensionalität der Darstellung erhöht wird, was in den Abbildungen 3.12 und 3.13 erfolgt. Die hier erfolgte Darstellung von 2–Histories offenbart deutlich die Existenz einer Struktur für die Chaosreihe und die stochastische Datengenerierung für die Zufallsreihe. Eine weitere Erhöhung der Dimensionalität würde dazu führen, daß die deterministisch generierte Struktur konstant bliebe, also jeweils nur einen Teilbereich des jeweiligen Raums ausfüllen würde, während die stochastische Datengenerierung zu einer für jede betrachtete Dimensionalität identischen Ausfüllung des jeweiligen Raums führen würde. Diese unterschiedliche Verhaltensweise bildet die Basis für das vorstehend hergeleitete Konzept der Korrelationsdimension.

Die Anwendung der Korrelationsdimension erfolgt, indem die Anzahl der innerhalb verschiedener ϵ–Distanzen liegenden Punktepaare gemessen und die Meßergebnisse ins Verhältnis zu der jeweils gewählten Distanz gesetzt werden. Für die Darstellung der Beobachtungen als 2–Histories in den Abbildungen 3.12 und 3.13 führt hierbei die Verdopplung der Distanz ϵ in Abbildung 3.12 zu einer annähernden Verdopplung der erfaßten Punktepaare, während es in Abbildung 3.13 zu einer Vervierfachung der erfaßten Punk-

tepaare kommt. Bei einer weiteren Erhöhung der betrachteten Dimensionalität wird aufgrund der Strukturbildung in Abbildung 3.12 das Verhältnis zwischen der Anzahl der erfaßten Punktepaare und der jeweils gewählten Distanz für die deterministisch generierte Zeitreihe konstant bleiben, während es für die stochastisch generierte Zeitreihe weiter ansteigen wird, da diese weiterhin den jeweils betrachteten Raum ausfüllen wird[37]. Die Anwendung der Korrelationsdimension ermittelt somit eine Dimensionalität von etwa 1 für die Komplexität der der Datenreihe aus Abbildung 3.10 innewohnenden Struktur und eine der jeweils betrachteten Dimensionalität entsprechende Dimensionalität für die Struktur der Datenreihe aus Abbildung 3.11.
Allgemein wird durch dieses Beispiel deutlich, daß die Korrelationsdimension bei einer stochastischen Datengenerierung mit zunehmender Dimensionalität ansteigt, während sie bei der Existenz von Strukturen gegen einen von der betrachteten Dimensionalität unabhängigen Wert konvergiert.

3.1.5 Attraktoren

Attraktoren und Attraktionsmengen charakterisieren das Verhalten eines dynamischen Systems im Zeitablauf. Wie bereits der Bezeichnung zu entnehmen ist, handelt es sich bei Attraktionsmengen um Bereiche, bei Attraktoren um exakt bestimmbare Punkte, denen ein dynamisches System entgegenstrebt.
Eine Menge A ist definiert als Attraktionsmenge A, wenn eine „fundamental neighborhood" von A in Form einer offenen Menge U dergestalt existiert, daß a) für jede offene Menge $V \supset A$ sich $f^t(U) \subset V$ ergibt mit $t \to \infty$ und b) $f^t(A) = A$ für alle t gilt. Eine Attraktionsmenge A entspricht damit einem abgrenzbaren Bereich, gegen den ein dynamisches System, ausgehend von einer Anfangsbedingung x_0, die in einer Umgebung U von A liegt, im Zeitablauf strebt. Es ist nicht erforderlich, daß jeder Punkt einer Attraktionsmenge auch tatsächlich vom System erreicht wird. Die Punkte, die entsprechend obiger Definition von A angezogen werden, bilden die Menge

[37] Die obige Schlußfolgerung einer stochastischen Datengenerierung für die Zufallsreihe ist daher etwas voreilig gewesen. Es müßte zunächst zu einer weiteren Erhöhung der betrachteten Dimensionalität kommen. Erst wenn auch für eine als ausreichend definierte Dimensionalität keine Strukturen feststellbar sind, ist die Schlußfolgerung einer stochastischen Datengenerierung gerechtfertigt. Vgl. hierzu und zu dem daraus resultierenden Problem der Datenmengen die Abschnitte 4.1.1, S. 89ff. und 6.1, S. 157ff. dieser Arbeit.

$\bigcup_{t>0}(f^t)^{-1}(U)$, die als „basin of attraction" von A bezeichnet wird[38].
Im Gegensatz zu Attraktionsmengen handelt es sich bei Attraktoren um Mengen von Punkten, die von dem System exakt bzw. asymptotisch getroffen werden. Die Definition eines Attraktors muß so gestaltet sein, daß eine Reduktion des Attraktors ausgeschlossen ist. Dies führt zu der Konsequenz, daß eine offene „fundamental neighborhood" U von A mit $f^t(U) \rightarrow A$ für $t \rightarrow \infty$ zur Definition eines Attraktors nicht verwendet werden kann, da die Anwendung eines dynamischen Systems auf eine offene Menge keine Bestimmung exakt seperierbarer, nicht weiter reduzierbarer Attraktoren ermöglicht.
Ein Attraktor wird daher nachfolgend im operationalen Sinn als eine Menge definiert, die aus den Elementen besteht, die durch $f^t(x)$ mit $t \rightarrow \infty$ und beliebigen x–Werten besonders häufig generiert werden[39].
Die Unterscheidung unterschiedlicher Arten von Attraktoren erfolgt auf der Basis ihrer Dimension[40]. Zur Veranschaulichung der verschiedenen Attraktorentypen werden nachfolgend beispielhaft sowohl die Entwicklung der einzelnen Variablen im Zeitablauf als auch die daraus resultierenden Attraktoren dargestellt.

- Fixpunktattraktoren
  Eine mögliche Verhaltensweise dynamischer Systeme ist das Konvergieren gegen einen festen Punkt. Ein solcher Punkt x^* wird Fixpunktattraktor genannt und ist gekennzeichnet durch

  $$f^t(x^*) = x^* \quad \forall t.$$

  Ein Fixpunktattraktor hat die Dimension Null. Je nach Konvergenzverhalten des Systems werden drei Formen der Stabilität eines Fixpunktes unterschieden:

  - Ein Fixpunkt x^* ist stabil, wenn für alle $\vartheta > 0$ ein $\delta > 0$ existiert, so daß für alle x_0 mit $|x_0 - x^*| < \delta$ gilt:

    $$|x_t - x^*| < \vartheta \quad \forall t \geq 0.$$

---

38 Vgl. *Eckmann/Ruelle* [62], S. 622.

39 Vgl. zu dieser Definition ebenso wie zu einer exakten mathematischen Definition *Eckmann/Ruelle* [62], S. 622ff. und 645f.

40 Vgl. hierzu *Eckmann/Ruelle* [62], S. 623ff. und *Medio* [150], S. 37ff.

- Ein Fixpunkt x^* ist lokal asymptotisch stabil, wenn darüber hinaus für alle x_0 mit $|x_0 - x^*| < \delta$ gilt:

$$\lim_{t \to \infty} |x_t - x^*| = 0$$

- Ein Fixpunkt x^* ist global asymptotisch stabil, wenn zusätzlich für alle x_0 gilt:

$$\lim_{t \to \infty} |x_t - x^*| = 0$$

Als Beispiel eines global stabilen Fixpunktes ist in den Abbildungen 3.14 und 3.15 die Bewegung eines einfachen Pendels dargestellt, das seinem Fixpunkt entgegenstrebt.

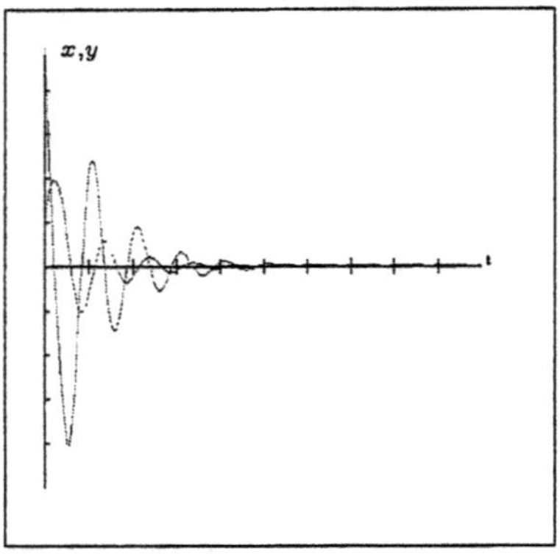

Abb. 3.14: Verhalten eines Fixpunktattraktors im Zeitablauf

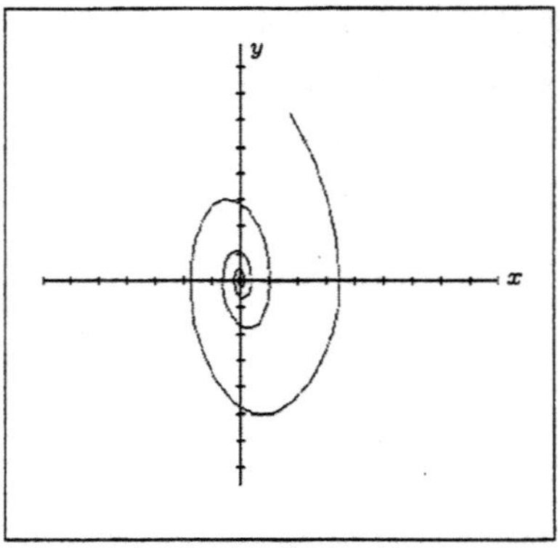

Abb. 3.15: Phasendiagramm eines Fixpunktattraktors

- Grenzzyklus

Grenzzyklen werden durch periodisches Verhalten eines dynamischen Systems generiert. Die Periodizität eines dynamischen Systems der Periode T ist charakterisiert durch

$$f^T(x^p) = x^p \quad \wedge \quad f^t(x^p) \neq x^p \quad \text{für} \quad 0 < t < T.$$

Die Darstellung eines Grenzzyklus der Periode 2 im Phasenraum führt zu einer eindimensionalen, kreisförmigen Linie. Als Beispiel hierfür ist in den umseitigen Abbildungen 3.16 und 3.17 die periodische Bewegung eines Oszillators dargestellt.

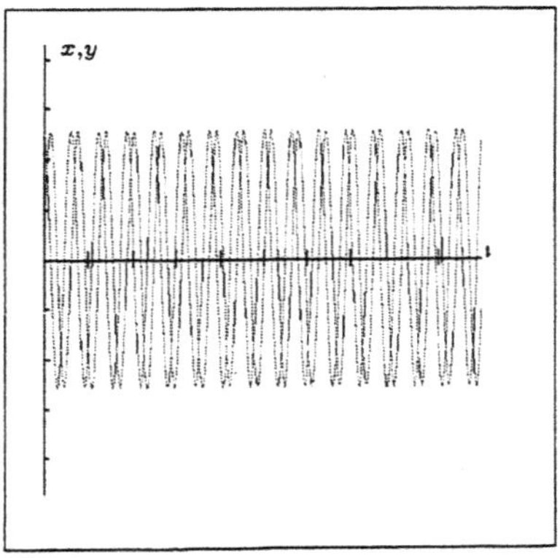

Abb. 3.16: Verhalten eines Attraktors der Periode 2 im Zeitablauf

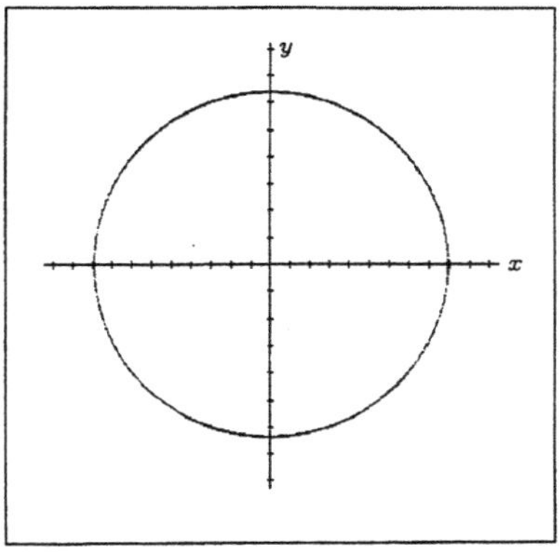

Abb. 3.17: Phasendiagramm eines Attraktors der Periode 2

- Quasiperiodische Attraktoren

  Neben der einfachen periodischen Bewegung existieren ineinander verschachtelte periodische Bewegungen. Während eine einfache Periodizität im zweidimensionalen Raum als Kreis abgebildet wird, erfordert die Darstellung quasiperiodischer Attraktoren eine Dimensionsanzahl, die der Anzahl der dem System innewohnenden Periodizitäten entspricht. Demnach ist eine Funktion $f : \mathbb{R} \rightarrow \mathbb{R}^n$ als quasiperiodisch definiert, wenn sie der Form $f(t) = \Psi(\omega_1 t, \ldots, \omega_n t)$ entspricht, wobei jedes Argument der Funktion Ψ eine Periodizität 2π aufweist[41]. Die Frequenzen der Periodizitäten dürfen hierbei nicht linear abhängig sein, ihre Relationen müssen irrational sein[42].

  Das umseitig in den Abbildungen 3.18 und 3.19 dargestellte Beispiel entspricht dem einfachsten Fall eines quasiperiodischen Attraktors, einem Torus der Dimension 2. Es mag verwundern, daß die Dimensionalität dieses Torus 2 ist. Hierbei muß beachtet werden, daß die zweifache Periodizität des Systems lediglich die Oberfläche des Attraktors generiert, welche ähnlich der Oberfläche eines Autoreifens zweidimensional

[41] Vgl. *Medio* [150], S. 45.

[42] Die Identität der Frequenzen führt zu einer geschlossenen Trajektorie auf dem Torus. Eine Vielfachheit der Frequenzen führt zu einer entsprechenden Abweichung der Periodizitäten in den verschiedenen Richtungen auf dem Torus. Vgl. *Haken* [101].

ist. Gleichzeitig erfordert die zweifache Periodizität bei dem vorliegenden Beispiel die Einbettung des Torus in einen dreidimensionalen Raum, da drei Dimensionen zur Erzeugung der zweifachen Periodizität notwendig sind. Allgemein gilt, daß ein Torus der Dimension T^k, mit k als Anzahl der Periodizitäten, eingebettet ist in einen Raum $\mathbb{R}^m$ mit $m \geq k$.

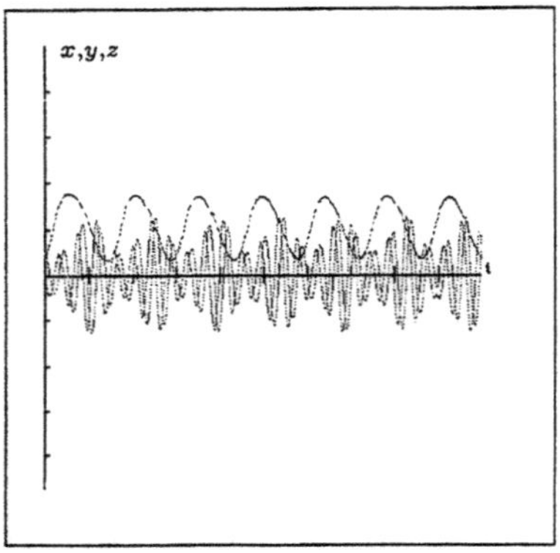

Abb. 3.18: Verhalten eines quasiperiodischen Attraktors im Zeitablauf

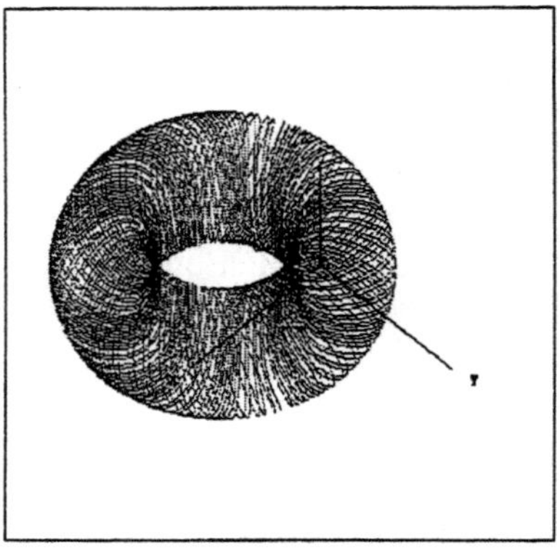

Abb. 3.19: Phasendiagramm eines quasiperiodischen Attraktors

- Chaotische Attraktoren
  Die bisher vorgestellten Attraktoren sind sowohl Attraktionsmengen als auch Attraktoren, was durch ihre jeweils glatte Dimensionalität begründet ist. Im Gegensatz hierzu generieren chaotische Systeme Attraktoren gebrochener Dimensionen, die nicht der Definition einer Attraktionsmenge genügen[43]. Die Charakterisierung chaotischer Attraktoren ist daher nur mittels des fraktalen Dimensionsmaßes möglich, da die Anwendung der glatten Dimensionsnotation unzulässigerweise die Eigenschaft einer Attraktionsmenge implizieren würde. Zur Veranschaulichung ist in den Abbildungen 3.20 und 3.21 der Rössler Attraktor als ein Beispiel chaotischer Attraktoren dargestellt. Eine allgemeingültige Charakterisierung chaotischer Attraktoren existiert nicht.

[43] Zur Begründung vgl. Fußnote 78, S. 72 dieser Arbeit.

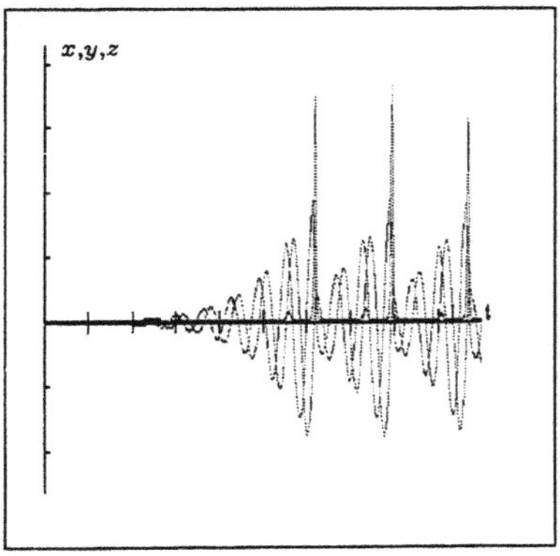

Abb. 3.20: Verhalten des chaotischen Roessler Attraktors im Zeitablauf

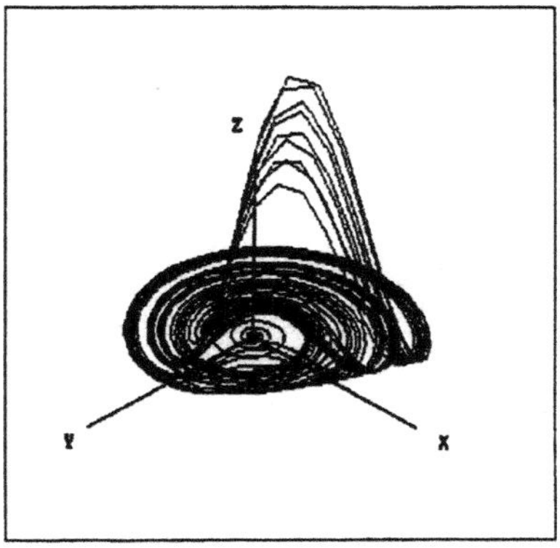

Abb. 3.21: Phasendiagramm des chaotischen Roessler Attraktors

Dagegen werden von verschiedenen Autoren die Erfüllung bestimmter, sich inhaltlich ähnelnder Eigenschaften zur Charakterisierung derartiger Attraktoren herangezogen. *Ruelle*[44] charakterisiert ihn über die Existenz eines unzerlegbaren Attraktors in Verbindung mit der Sensitivitätseigenschaft einer bestimmten Umgebung dieses Attraktors. *Peitgen/Jürgens/Saupe*[45] schließen sich dieser Definition an, fordern darüber hinaus jedoch eine fraktale Dimensionalität des Attraktors. *Farmer/ Ott/Yorke*[46] charakterisieren ihn durch die Existenz eines positiven Lyapunov Exponenten für eine Trajektorie auf einem solchen Attraktor.

3.2 Eigenschaften chaotischen Verhaltens

Während im vorstehenden Abschnitt die technische Begrifflichkeit der Chaostheorie vorgestellt wurde, soll nachfolgend die in Abschnitt 3.1.3.1 gegebene topologische Definition chaotischen Verhaltens anhand geeigneter Systeme

[44]Vgl. *Ruelle* [185], S. 131.
[45]Vgl. *Peitgen/Jürgens/Saupe* [167], S. 671.
[46]Vgl. *Farmer/Ott/Yorke* [78], S. 161.

inhaltlich dargestellt werden. Den Ausgangspunkt bilden die beiden einfachen chaotischen Systeme der tent– und saw–tooth–map, an deren Verhaltensweisen das Grundprinzip chaotischen Verhaltens veranschaulicht wird. Darauf aufbauend wird für die sogenannte logistische Gleichung die Existenz der in der topologischen Definition für Chaos geforderten Eigenschaften nachgewiesen.

3.2.1 Die tent– und saw–tooth–map

Die tent– und saw–tooth–map basieren auf den folgenden Funktionen mit $x \in [0,1]$ und $T(x) \in [0,1], S(x) \in [0,1]$:

Die tent–map:

$$T(x) = \begin{cases} 2x & \mathit{für} \quad 0 \leq x \leq 0.5 \\ 2(1-x) & \mathit{für} \quad 0.5 < x \leq 1 \end{cases} \tag{3.15}$$

Die saw–tooth–map:

$$S(x) = \begin{cases} 2x & \mathit{für} \quad 0 \leq x \leq 0.5 \\ 2x-1 & \mathit{für} \quad 0.5 < x \leq 1 \end{cases} \tag{3.16}$$

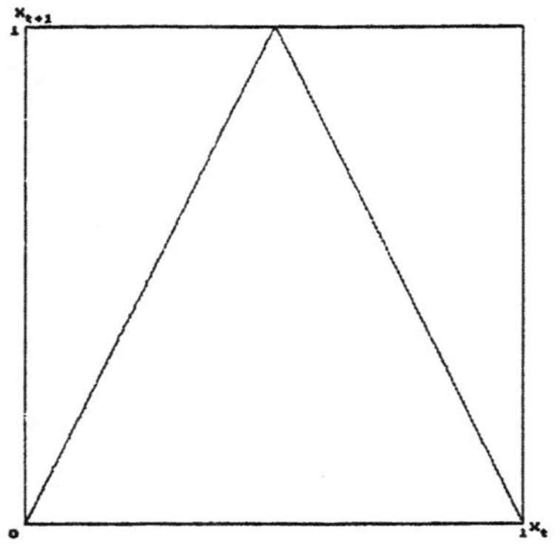

Abb. 3.22: Die tent–map

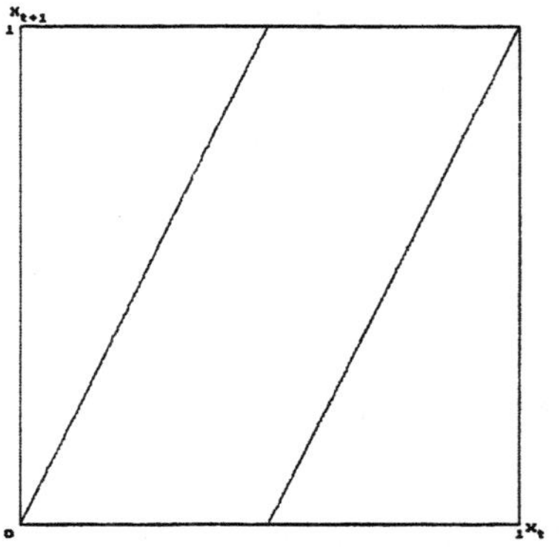

Abb. 3.23: Die saw–tooth–map

Die besondere Bedeutung dieser Systeme liegt darin, daß durch ihre Verhaltensweise im Iterationsprozeß die charakteristischen Eigenschaften chaotischer Systeme veranschaulicht werden können. Die Transformationen, die durch diese beiden Funktionen beschrieben werden, lassen sich wie folgt visualisieren. Beide Funktionen beschreiben die Entwicklung eines Elementes x im Intervall $[0,1]$. Durch die Funktion 3.16 wird für $0.5 \leq x \leq 1$ das Intervall $[0,x]$ durch die Multiplikation mit 2 auf seine doppelte Länge gestreckt. Die anschließende Subtraktion der Konstanten 1 führt dann das Element x zurück in seinen Wertebereich $[0,1]$. Bildlich dargestellt entspricht dieser Vorgang im ersten Schritt einer Verdopplung des Intervalls $[0,1]$, wobei x maßstabsgetreu „mitgenommen" wird. Anschließend wird das so verdoppelte Intervall in der Mitte durchgeschnitten und die beiden Hälften so übereinandergelegt, daß jeweils ein Schnittende und ein ursprüngliches Ende übereinanderliegen[47]. Gleichung 3.15 beschreibt einen ähnlichen Vorgang, allerdings wird hierbei das verdoppelte Einheitsintervall in der Mitte geknickt und zusammengefaltet, so daß hier die beiden ursprünglichen und die beiden geknickten Enden aufeinander zum Liegen kommen. Beide Prozeduren werden beliebig oft wiederholt. Der durch diese Transformationen beschriebene Vorgang eines Dehnungs- und Faltungsprozesses ist das Grundprinzip in der Entwicklung chaotischen Verhaltens. Obwohl das Bildungsgesetz bekannt ist, kann die Entwicklung eines Elementes nicht exakt vorhergesagt werden, da bereits kleinste Abweichungen im Startwert unvorhersagbare Entwicklungen im Iterationsprozeß nach sich ziehen[48]. Diese Verhaltensweise entspricht der sensitiven Abhängigkeit chaotischer Systeme von ihren Anfangsbedingungen. Der Mixing Eigenschaft entspricht das Wandern nahezu aller Anfangsbedingungen über den gesamten Wertebereich des jeweiligen Systems. Die Periodizitätseigenschaft ist an der Anfangsbedingung $x_0 = 0.4$ erkennbar, die für die tent–map ein zweiperiodisches und für die saw–tooth–map ein vierperiodisches Verhalten generiert. Auf die formale Herleitung der Sensitivitäts-, Mixing- und Periodizitätseigenschaft für die tent- und saw–tooth–map sei an dieser Stelle verzichtet[49]. Es ist für den weiteren Hergang der

[47]Es sei darauf hingewiesen, daß aus diesem Grund die Zuordnung des Punktes $x = 1/2$ in der saw–tooth–map nicht eindeutig ist, da bei der Halbierung des verdoppelten Intervalls $[0,1]$ der Punkt $x = 1/2$ beiden Teilstücken zugeordnet werden kann. Die hier gewählte Zuordnung ist willkürlich.

[48]In der Literatur wird hierbei der Vorgang des Teigknetens als Metapher verwendet. Der Teig wird ausgerollt, zusammengeklappt, wieder ausgerollt usw. Obwohl das Bildungsgesetz bekannt ist, kann die Entwicklung eines Partikels in diesem Teig nicht vorhergesagt werden, da hierfür eine unendlich genaue Bestimmung seiner Anfangsposition notwendig wäre. Vgl. hierzu die „bakers transformation" u.a. bei *Moon* [156], S. 317ff.

[49]Zum Beweis dieser Eigenschaften vgl. *Peitgen/Jürgens/Saupe* [167], S. 549ff. Für eine

Darstellung chaotischen Verhaltens jedoch wichtig, daß beide Funktionen die genannten Eigenschaften erfüllen und damit der Definition chaotischer Systeme genügen.
Für eine ausführliche Darstellung und Analyse chaotischer Eigenschaften wird im weiteren Verlauf dieses Abschnitts die tent–map in die logistische Gleichung $x_{t+1} = ax_t(1 - x_t)$ mit $x \in [0,1]$ und $0 \leq a \leq 4$ transformiert. Am Beispiel dieser Gleichung erfolgt eine ausführliche Diskussion der Entstehung und des Verhaltens chaotischer Systeme.
Es mag willkürlich erscheinen, gerade die logistische Gleichung zur ausführlichen Diskussion chaotischen Verhaltens heranzuziehen. Dem sind jedoch folgende Gründe für diese Vorgehensweise entgegenzuhalten:

- Es existiert keine allgemeingültige Theorie zur Beschreibung chaotischer Systeme, so daß nur für das jeweils vorliegende System dessen Eigenschaften beschrieben und erklärt werden können.

- Die logistische Gleichung ist wie viele andere bekannte chaotische Systeme topologisch äquivalent[50] zu der quadratischen Gleichung[51] $x_{t+1} = x_t^2 + c$.

ausführliche Analyse der tent–map auch *Rasband* [176], S.14ff.

[50]Zwei stetige Funktionen p und g werden als topologisch äquivalent definiert, wenn für $p : X \to X$ und $g : Y \to Y$ mit $X, Y \subset \mathbb{R}$ ein Homeomorphismus $h : X \to Y$ existiert, so daß für alle $x \in X$ gilt: $h(p(x)) = g(h(x))$. Ein Homeomorphismus bezeichnet die Transformation zweier Funktionen, die die topologischen Eigenschaften dieser Funktionen bewahrt. Der Begriff der topologischen Äquivalenz besagt damit, daß die topologischen Eigenschaften zweier Funktionen p und g identisch sind, wenn sie mittels eines Homeomorphismus ineinander überführt werden können. Vgl. *Wiggins* [214], S. 25.

[51]Auf der Basis der quadratischen Gleichung $g(x) = x^2 + c$ mit $c \in C$ entwickeln sich die wohl bekanntesten fraktalen Strukturen der Mandelbrot–Menge, auch Apfelmännchen genannt, und deren Komplementärmenge, der Julia–Menge. Zur Entwicklung der Mandelbrot–Menge wird für beliebige c–Werte das Verhalten der Gleichung, ausgehend von der Anfangsbedingung $x_0 = 0$, bei Iteration untersucht. Für bestimmte c–Werte konvergiert die Gleichung, für andere Werte strebt sie gegen ∞. Die graphische Darstellung der zum Konvergenzverhalten führenden c–Werte in einem zweidimensionalen Koordinatensystem – Real- und Imaginärteil der c–Werte – führt zu dem bekannten Bild der Mandelbrot–Menge. Die umgekehrte Vorgehensweise, bei der der Parameter c konstant gesetzt und x_0 variiert wird, führt zum Bild der Julia–Menge. Für jeden c–Wert des Apfelmännchens existiert somit eine Julia–Menge, die die zugehörigen konvergierenden Anfangsbedingungen x_0 enthält. Vgl. hierzu u.a. *Peitgen* [165] und *Peitgen/Jürgens/Saupe* [167].

- Die Eigenschaften der logistischen Gleichung erfüllen die in den Definitionen für Chaos genannten hinreichenden Bedingungen für chaotisches Verhalten und sind bereits umfangreich erforscht worden.

- Das Wesen der Chaostheorie kann anhand der logistischen Gleichung relativ einfach und verständlich dargestellt werden.

- Die logistische Gleichung generiert in Abhängigkeit von einem Parameter unterschiedliche Stabilitätszustände. Sie bietet damit die Möglichkeit zur Analyse der Entstehung chaotischen Verhaltens. Der dabei von ihr verfolgte Weg ins Chaos wird mit dem Begriff der Periodenverdopplungs–Bifurkation bezeichnet. Der Begriff Bifurkation bezeichnet hierbei allgemein die Veränderung des Stabilitätsverhaltens eines Systems, wobei die Art einer solchen Bifurkation von dem jeweils betrachteten System abhängig ist. Die Periodenverdopplungs–Bifurkation der logistischen Gleichung stellt damit nur eine von mehreren Möglichkeiten dar, wie sich das Stabilitätsverhalten eines Systems ändern kann[52].

3.2.2 Die logistische Gleichung

Die logistische Gleichung

$$f(x) = ax(1-x) \tag{3.17}$$

mit $x \in [0,1]$ ist der quadratischen Gleichung $g(x) = x^2 + c$ topologisch äquivalent[53]. Um den Wertebereich der logistischen Gleichung auf das Intervall $[0,1]$ zu begrenzen[54], gelte $0 \leq a \leq 4$.
Die Bedeutung der logistischen Gleichung für die Analyse chaotischen Verhaltens ist in der Variation ihres Verhaltens in Abhängigkeit vom Parameter a begründet[55]. Diese Abhängigkeit erlaubt eine exakte Charakterisierung un-

[52] Im Zusammenhang mit der nachfolgenden Analyse der logistischen Gleichung wird als eine weitere Form der Bifurkation die Sattelpunkt–Bifurkation eingeführt. Zu einem Überblick über weitere Übergangsszenarien in chaotisches Verhalten vgl. *Eckmann* [61].

[53] Zum Zusammenhang zwischen $f(x)$ und $g(x)$ vgl. *Peitgen/Jürgens/Saupe* [167], S. 44f., 53 und 58.

[54] Die Grenzen des Parameters a werden hergeleitet durch a) Bestimmung des Maximums für $f(x) : f'(x) = 0 = a - 2ax \Leftrightarrow x = \frac{1}{2}$ und b) Bestimmung der zulässigen Werte für $a : f(x) = x_{t+1} = \frac{1}{2}a(1-\frac{1}{2}) \Leftrightarrow f(x) = x_{t+1} = \frac{a}{4} \Rightarrow a \in [0,4]$ wenn $x \in [0,1]$.

[55] Zur Analyse der logistischen Gleichung vgl. u.a. *Peitgen/Jürgens/Saupe* [167], *Baumol/Benhabib* [15], *Devaney* [52] und *Devaney/Keen* [54].

terschiedlicher Systemzustände, wobei die Analyse des chaotischen Bereichs der logistischen Gleichung von besonderem Interesse ist. Im vorliegenden Abschnitt werden daher zunächst die chaotischen Verhaltensweisen der logistischen Gleichung nachgewiesen. Hierzu wird die tent–map in die logistische Gleichung transformiert, wobei der Parameter a den Wert 4 annimmt[56]. Diese Transformation ermöglicht zur Herleitung der chaotischen Eigenschaften der logistischen Gleichung die Verwendung der Ergebnisse aus der Analyse der tent–map.

Die Transformation der tent–map in die logistische Gleichung erfolgt durch die Funktion

$$h(x) = \sin^2\left(\frac{x\pi}{2}\right) \tag{3.18}$$

Die topologische Äquivalenz der logistischen Gleichung und der tent–map führt zu der Beziehung

$$f^k(h(x)) = h(T^k(x)) \quad \text{mit} \quad k = 1, 2, \ldots \tag{3.19}$$

Zum Beweis der Gültigkeit dieser Transformation sind die folgenden Beziehungen notwendig:

$$\begin{aligned} \cos^2\alpha &= 1 - \sin^2\alpha \\ \sin 2\alpha &= 2\sin\alpha\cos\alpha \end{aligned} \tag{3.20}$$

Die Folge $x_0, x_1, x_2, \ldots$ bezeichne die Entwicklung der Anfangsbedingung $0 \leq x_0 \leq 1$ unter der tent–map, die Folge $y_0, y_1, y_2, \ldots$ bezeichne die Entwicklung der Anfangsbedingung $y_0 = h(x_0) = \sin^2(x_0\pi/2)$ unter der logistischen Gleichung. Es soll gezeigt werden, daß gilt

$$h(x_k) = y_k \quad \text{mit} \quad k = 0, 1, 2, \ldots$$

Durch Einsetzen der Beziehung $y_0 = \sin^2(\pi x_0/2)$ und Anwendung der Transformationen 3.20 erhält man für y_1:

$$\begin{gathered} y_1 = 4y_0(1 - y_0) = \\ = 4\sin^2(\frac{x_0\pi}{2})(1 - sin^2(\frac{x_0\pi}{2})) = \sin^2(x_0\pi) \end{gathered}$$

Der Term $y_1 = \sin^2(x_0\pi)$ ist somit das Ergebnis für $f(h(x_0))$. Es muß nachgewiesen werden, daß dieses Ergebnis auch durch den Term $h(T(x_0))$ generiert

[56] Es wäre ebenso möglich, die saw–tooth–map in die logistische Gleichung zu transformieren. Da diese, im Gegensatz zur tent–map, der logistischen Gleichung aber nicht topologisch äquivalent ist, ist die obige Vorgehensweise mathematisch eleganter. Vgl. hierzu und zu der folgenden Herleitung *Peitgen/Jürgens/Saupe* [167], S. 564.

wird. Für $0 \leq x_0 \leq 1/2$ ergibt sich unter der tent–map $x_1 = 2x_0$. Die Anwendung der Funktion h führt zu:

$$h(x_1) = \sin^2(\frac{x_1\pi}{2}) = \sin^2(x_0\pi) = y_1$$

Für $1/2 < x_0 \leq 1$ erhält man unter der tent–map $x_1 = 2 - 2x_0$, woraus sich unter Einbeziehung der Transformationen

$$\begin{aligned} \sin^2(\alpha + \pi) &= \sin^2(\alpha) \\ \sin^2(-\alpha) &= \sin^2(\alpha) \end{aligned} \tag{3.21}$$

als Ergebnis der Funktion h ergibt:

$$\begin{aligned} h(x_1) = \sin^2(\frac{x_1\pi}{2}) = \sin^2(\pi - x_0\pi) = \\ = \sin^2(x_0\pi) = y_1 \end{aligned}$$

Es ist somit die Gültigkeit der Beziehung $f(h(x_0)) = h(T(x_0))$ gezeigt. Der Induktionsschritt für x_k wird analog geführt[57], so daß gilt:

$$f^k(h(x)) = h(T^k(x)) \quad \text{mit} \quad k = 1, 2, \ldots$$

Auf der Basis dieser Transformation der tent–map in die logistische Gleichung werden nachfolgend die Eigenschaften chaotischen Verhaltens für die logistische Gleichung hergeleitet.

3.2.2.1 Eigenschaft I: Sensitivität

Die Herleitung der Sensitivitätseigenschaft soll an dieser Stelle nicht speziell für die logistische Gleichung erfolgen. Es wird stattdessen gezeigt, daß aus der Periodizitäts- und Mixing–Eigenschaft einer stetigen Funktion $g : X \rightarrow X$ mit $X \in \mathbb{R}^1$ deren Sensitivitätseigenschaft folgt[58]. Der Nachweis dieser beiden Eigenschaften für die logistische Gleichung wäre damit ausreichend, um auch deren Sensitivitätseigenschaft nachzuweisen.

Zur Herleitung dieses Zusammenhangs sei einleitend gezeigt, daß zu jedem $x \in X$ ein periodischer Punkt $p \in X$ existiert, so daß $|g^k(p) - x| \geq \delta_0/2$ für $\delta_0 > 0$ und $k = 1, 2, \ldots$. Zum Beweis dieser Behauptung seien r, s zwei

[57] Vgl. *Peitgen/Jürgens/Saupe* [167], S. 562ff.

[58] Die Beweisführung erfolgt hier für die topologische Figur der eindimensionalen Linie. Eine Verallgemeinerung auf beliebige metrische Räume ist möglich. Vgl. hierzu *Banks/Brooks/Cairns/Davies/Stacey* [10].

beliebige periodische Punkte für die gelte, daß $g^k(r) \neq g^l(s)$ für alle k, l. Die Distanz δ_0 der beiden Orbits sei definiert als

$$\delta_0 = \min\{|g^k(r) - g^l(s)||k, l \in \{0, 1, 2, \ldots\}\}$$

Der Beweis erfolgt durch Widerspruch. Es gelte für einen beliebigen Wert $x \in X$, daß $|x - g^k(r)| < \delta_0/2$ und $|x - g^l(s)| < \delta_0/2$ für beliebige k, l. Es ergäbe sich dann für die Dreiecksungleichung[59]:

$$\begin{aligned} |g^k(r) - g^l(s)| &= |g^k(r) - x + x - g^l(s)| \\ &\leq |g^k(r) - x| + |x - g^l(s)| \\ &< \frac{\delta_0}{2} + \frac{\delta_0}{2} = \delta_0 \end{aligned}$$

Dieses Ergebnis steht im Widerspruch zur Definition der Distanz δ_0, womit die obige Behauptung bewiesen ist.
Auf diesem Ergebnis aufbauend wird in einem zweiten Schritt die Sensitivitätseigenschaft einer beliebigen Funktion g gezeigt, die die Mixing- und Periodizitätseigenschaft erfüllt. Die Sensitivitätskonstante[60] dieser Funktion sei die Distanz $\delta = \delta_0/8$. Es sei x ein beliebiger Punkt $\in X$ und J eine beliebige offene Teilmenge von X mit $x \in J$. Aus der Analyse chaotischer Systeme ist bekannt, daß die Menge periodischer Anfangsbedingungen dicht in X ist[61], so daß ein periodischer Punkt $p \in U$ existiert mit $U = J \cap (x - \delta, x + \delta)$ und der Periodizität n. Auf der Basis der obigen Behauptung existiert außerdem ein periodischer Punkt $q \in X$, dessen Orbit eine Distanz zu x hat von mindestens dem Wert $\delta_0/2 = 4\delta$. Es sei nun die Menge V gebildet als

$$V = g^{-1}(W_1) \cap g^{-2}(W_2) \cap \ldots \cap g^{-n}(W_n) \tag{3.22}$$

mit

$$W_i = (g^i(q) - \delta, g^i(q) + \delta) \cap X \quad \text{für} \quad i = 1, \ldots, n \tag{3.23}$$

[59] Die Dreiecksungleichung ist Bestandteil der Definition eines metrischen Raumes, der hier vorausgesetzt wird. Vgl. Fußnote 8, S. 26 dieser Arbeit.

[60] Die Sensitivitätskonstante eines chaotischen Systems ist die Distanz, die durch Iteration zweier beliebig eng benachbarter Anfangsbedingungen x_0 und y_0 generiert wird und die für alle weiteren x_0 ebenfalls erreicht wird. Vgl. *Peitgen/Jürgens/Saupe* [167], S. 551.

[61] Eine Menge D eines metrischen Raumes M heißt dicht in der Menge $M_0 \subseteq M$, wenn zu jedem $x_0 \in M_0$ und jeder reellen Zahl $\epsilon > 0$ ein $x \in D$ existiert mit $|x - x_0| < \epsilon$. Vgl. *Grotemeyer* [100], S. 31. Zur inhaltlichen Erklärung vgl. die Periodizität der logistischen Gleichung in Abschnitt 3.3.4, S. 69ff. dieser Arbeit.

und $g^{-i}(W_i)$ als Urbild der Menge W_i. Die Bildung der Menge V ist notwendig zur Anwendung der Mixing–Eigenschaft der Funktion. Es sei daran erinnert, daß wegen der Periodizitätseigenschaft der Nachweis der Mixing–Eigenschaft auf der Basis von Intervallen erfolgen muß. Da die Funktion g die Mixing–Eigenschaft erfüllt, gilt für einen beliebigen Punkt $y \in U$, also für einen beliebig nahe an x liegenden Punkt, daß dieser nach k Iterationsschritten mit $k \in N$ das Intervall V trifft. Es gilt also, daß $g^k(y) \in V$. Zur weiteren Vorgehensweise sei der folgende Zusammenhang zwischen der Periodizität n des Punktes $p \in U$ und den Iterationen k aufgestellt, die notwendig sind, damit y das Intervall V trifft. Sei j der ganzzahlige Teil des Terms $(1 + k/n)$, dann gilt

$$\begin{array}{rrcl} & j \leq & 1+\frac{k}{n} & \leq \frac{n-1}{n}+j \\ \Leftrightarrow & nj \leq & n+k & \leq n-1+nj \\ \Leftrightarrow & 0 \leq & n+k-nj & \leq n-1 \\ \Leftrightarrow & 1-n \leq & nj-k-n & \leq 0 \\ \Leftrightarrow & 1 \leq & nj-k & \leq n \end{array}$$

Der Punkt $g^{nj}(y)$ kann konstruiert werden als

$$g^{nj}(y) = g^{nj-k}(g^k(y)) \in g^{nj-k}(V), \tag{3.24}$$

so daß für ihn gilt, daß er in der offenen Menge W_{nj-k} enthalten ist. Da gilt $nj - k \leq n$, ist die Existenz dieser Menge gewährleistet. Wegen der Periodizität n des Punktes p und der Ganzzahligkeit von j gilt, daß $g^{nj}(p) = p$ ist. Es wird die Differenz der Punkte p und y nach nj Iterationen berechnet, wobei zu beachten ist, daß vor dem Rekursionsprozeß beide Punkte beliebig nahe an x gelegen haben. Aus der Dreiecksungleichung ergibt sich für die Distanz:

$$|g^{nj}(p) - g^{nj}(y)| = |p - g^{nj}(y)|$$

$$= |x - g^{nj-k}(q) + g^{nj-k}(q) - g^{nj}(y) + p - x|$$

$$\geq \underbrace{|x - g^{nj-k}(q)|}_{(i)} - \underbrace{|g^{nj-k}(q) - g^{nj}(y)|}_{(ii)} - \underbrace{|p - x|}_{(iii)}$$

Für den Term (i) erhält man als minimale Distanz den Wert 4δ, da für den Orbit des Punktes q diese Mindestdistanz zum Punkt x vorausgesetzt wurde. Für den von (i) zu subtrahierenden Term (ii) ist es notwendig, die maximale Distanz zu ermitteln. Diese ergibt sich auf der Basis der Mengen 3.22 und

3.23 sowie der Konstruktion 3.24 zu

$$\begin{aligned} g^{nj}(y) \in g^{nj-k}(V) &= g^{nj-k}(g^{-(nj-k)}(W_{nj-k})) = \\ = W_{nj-k} &= (g^{nj-k}(q) - \delta, g^{nj-k}(q) + \delta) \cap X, \end{aligned}$$

so daß die maximale Distanz δ beträgt. Ebenso ist δ die maximale Distanz des Terms (iii), da hierfür die Beziehung $p \in (x-\delta, x+\delta)$ gilt. Als Gesamtdistanz läßt sich ableiten:

$$|g^{nj}(p) - g^{nj}(y)| \geq 4\delta - \delta - \delta = 2\delta$$

Hieraus läßt sich in einem letzten Schritt durch Widerspruch zeigen, daß entweder $|g^{nj}(x) - g^{nj}(y)| \geq \delta$ oder $|g^{nj}(x) - g^{nj}(p)| \geq \delta$ gelten muß. Wären beide Distanzen $< \delta$, so ergäbe sich für die Dreiecksungleichung

$$\begin{aligned} |g^{nj}(p) - g^{nj}(y)| &= |g^{nj}(p) - g^{nj}(x) + g^{nj}(x) - g^{nj}(y)| \\ &\leq |g^{nj}(p) - g^{nj}(x)| + |g^{nj}(x) - g^{nj}(y)| < 2\delta \end{aligned}$$

Dieses Ergebnis stünde im Widerspruch zur oben ermittelten Distanz von $|g^{nj}(p) - g^{nj}(y)| \geq 2\delta$. Die Distanz zwischen den Anfangswerten x und y oder x und p, die jeweils beide in einem beliebig kleinen Intervall liegen, wächst nach nj Iterationen auf die Distanz der Sensitivitätskonstanten δ an. Die Sensitivitätseigenschaft ist damit auf der Basis der Periodizitäts- und Mixingeigenschaft der Funktion g nachgewiesen.

Dieser Nachweis bezieht sich auf Funktionen, die die Periodizitäts- und Mixing-Eigenschaften erfüllen. Da der Nachweis dieser Eigenschaften im vorliegenden Fall nur für den Fall $a = 4$ geführt wird, ist das chaotische Verhalten der logistischen Gleichung auch nur für diesen Fall nachweisbar.

Da a sich jedoch im Intervall $[0, 4]$ bewegt, ist es von Interesse, inwieweit die Sensitivitätseigenschaft der logistischen Gleichung in Abhängigkeit von dem Parameter a variiert. Ohne den kommenden Ergebnissen vorweggreifen zu wollen, sei daher nachfolgend die Sensitivitätseigenschaft der logistischen Gleichung für vier verschiedene Parameterwerte dargestellt. Als Anfangsbedingung wird für x_0 jeweils ein Intervall gewählt, welches als Abweichung von einem exakten Anfangswert x_0 und damit als Fehler interpretiert werden kann.

Es ist festzustellen, daß die logistische Gleichung in Abhängigkeit vom Parameter a unterschiedlich sensibel reagiert. Während in Abbildung 3.24 bis 3.26 das Intervall gegen einen einzelnen Wert konvergiert, der Fehler in der Anfangsbedingung also im Zeitablauf abnimmt, explodiert der Fehler in Abbildung 3.27.

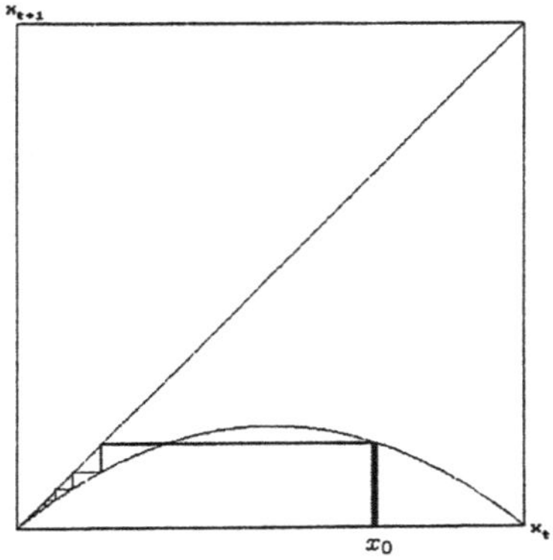

Abb. 3.24: a=0.8, x_0=[0.7, 0.71]

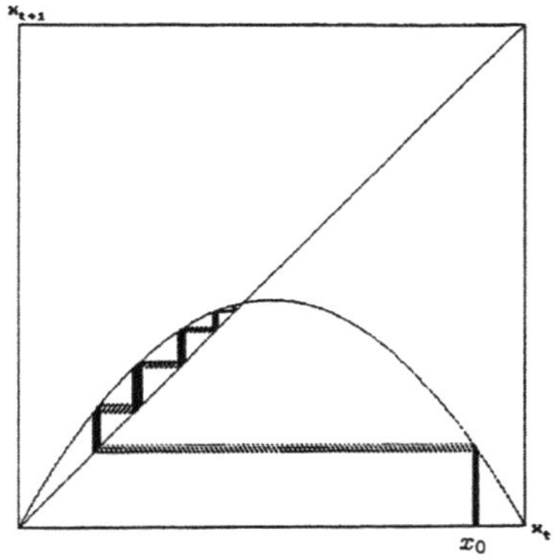

Abb. 3.25: a=1.8, x_0=[0.9, 0.91]

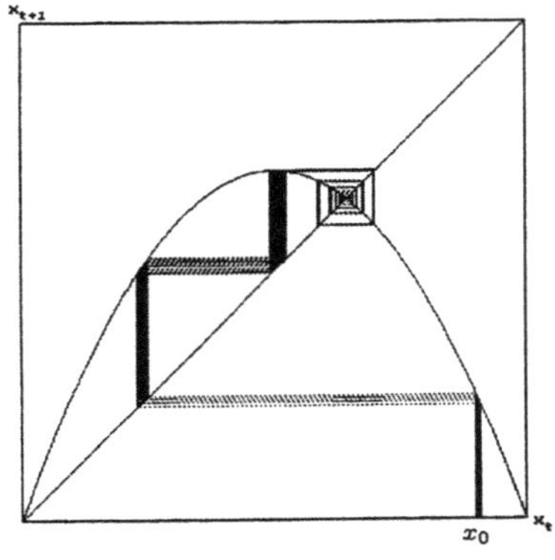

Abb. 3.26: a=2.8, x_0=[0.9, 0.91]

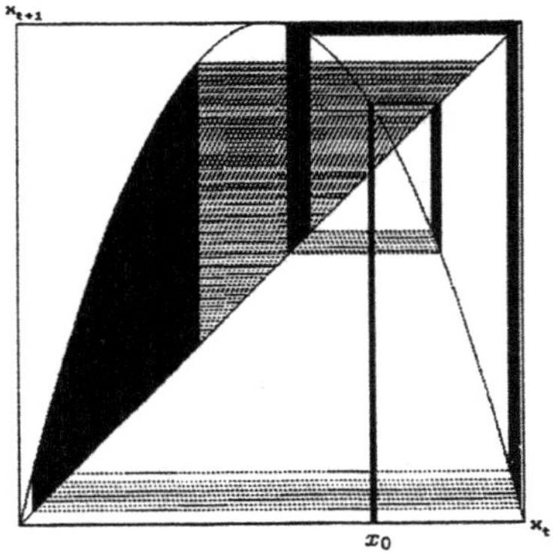

Abb. 3.27: a=4, x_0=[0.7, 0.71]

Dieses Verhalten beschreibt graphisch die extreme Abhängigkeit chaotischer Systeme von den Anfangsbedingungen. Jeder noch so kleine Fehler in der Anfangsbedingung nimmt im Zeitablauf von seinem Umfang her derart zu, daß die Abweichung vom richtigen Ergebnis genauso groß wird wie das richtige Ergebnis selbst werden kann. Für die logistische Gleichung bedeutet dies, daß für $a = 4$ der Wertebereich eines Fehlers $\epsilon > 0$ das Intervall $[0, 1]$ ist. Diese Ausbreitung des Fehlers führt dazu, daß das Anfangsintervall nach einer endlichen Anzahl von Iterationsschritten den gesamten Wertebereich ausfüllt.

3.2.2.2 Eigenschaft II: Mixing

Basierend auf den Verhaltenscharakteristika der tent–map und ihrer Transformation in die logistische Gleichung für $a = 4$ lassen sich die chaotischen Eigenschaften der logistischen Gleichung nachweisen. Zum Beweis der Mixing–Eigenschaft seien I, J wiederum zwei offene Intervalle $\in [0, 1]$. Es gilt zu zeigen, daß ein beliebiger Punkt $y \in I$ nach k Iterationsschritten der logistischen Gleichung das Intervall J trifft, so daß $f^k(y) \in J$ mit $k \in N$.
Sei $A = h^{-1}(I) = \{x \in [0, 1] | h(x) \in I\}$ und $B = h^{-1}(J) = \{x \in [0, 1] | h(x) \in J\}$. Aus der Mixing–Eigenschaft der tent–map ist bekannt, daß ein Wert $x \in A$ existiert, für den gilt, daß $T^k(x) \in B$ ist mit $k \in N$. Ausgehend von diesem Ergebnis für die tent–map seien die x–Werte, die die Mixing–Eigenschaft aufweisen, durch die Funktion $h(x) = y$ in die logistische Gleichung zurücktransformiert, so daß $f^k(y) = f^k(h(x))$. Unter Ausnutzung der Gleichung 3.19 ergibt sich hieraus $f^k(y) = f^k(h(x)) = h(T^k(x))$. Dieses Ergebnis erhält man, da die Iteration von x in der Umkehrmenge A erfolgt. Die Anwendung der logistischen Gleichung auf A und die anschließende Transformation der Ergebnisse mittels der Funktion h ist nach Gleichung 3.19 äquivalent der Transformation durch die Funktion h und anschließenden Anwendung der logistischen Gleichung. Aus derselben Überlegung läßt sich folgern, daß $T^k(x) \in B$ ist, so daß gilt $f^k(y) = h(T^k(x)) \in h(B) = J$. Die logistische Gleichung mit $a = 4$ weist demnach die Mixing–Eigenschaft auf.
Ebenso wie bei der Analyse der Sensitivitätseigenschaft soll graphisch dargestellt werden, inwieweit sich die Mixing–Eigenschaft der logistischen Gleichung in Abhängigkeit vom Parameter a verändert. Die Abbildungen 3.28 bis 3.31 verdeutlichen die Abhängigkeit der Mixing–Eigenschaft der logistischen Gleichung vom Parameter a. Ebenso wie bei der Sensitivitätseigenschaft sind die unterschiedlichen Parameterwerte verantwortlich für die Existenz dieser Eigenschaft. Während in Abbildung 3.28 und 3.29 die Systementwicklung auf unterschiedliche Weise einem Fixpunkt entgegenstrebt, tritt in Abbildung 3.30 bereits eine Periodizität der Periode 2 in Erscheinung.

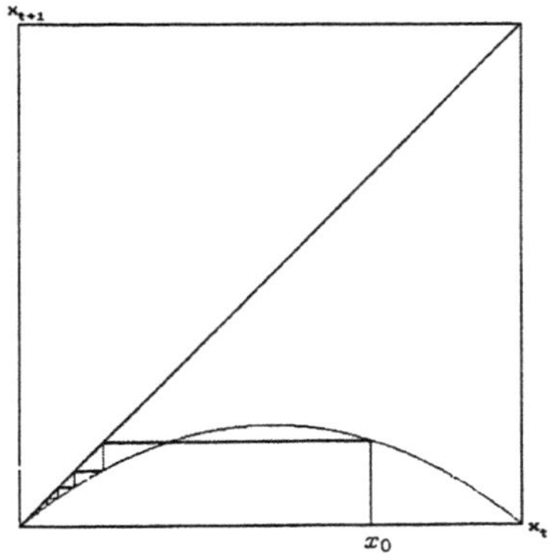

Abb. 3.28: a=0.8, x_0=0.7

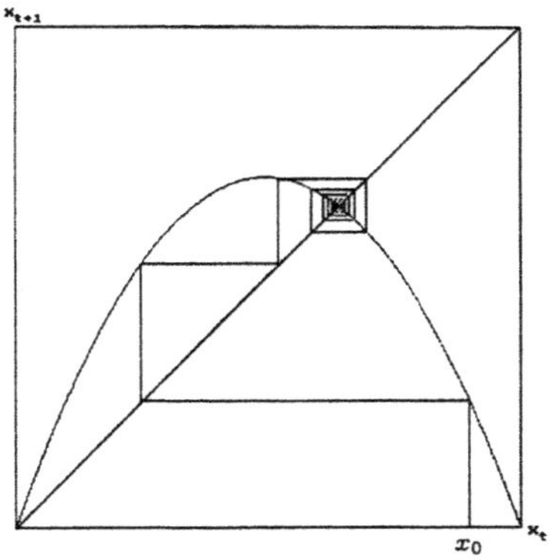

Abb. 3.29: a=2.8, x_0=0.9

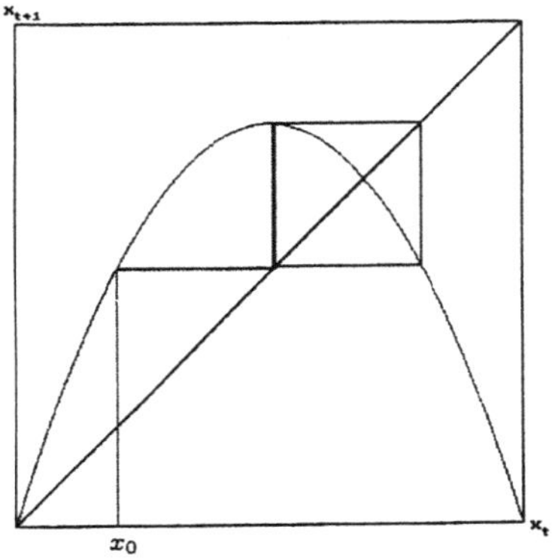

Abb. 3.30: a=3.2, x_0=0.2

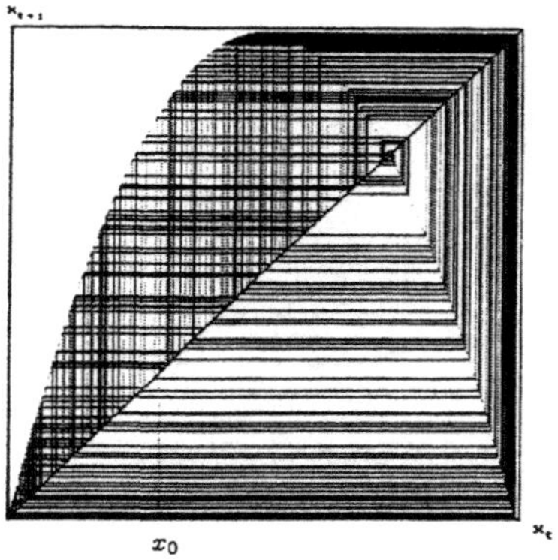

Abb. 3.31: a=4, x_0=0.3

In Abbildung 3.31, die 250 Iterationsschritte der logistischen Gleichung darstellt, ist auch ein periodisches Verhalten nicht mehr erkennbar. Vielmehr bewirkt eine unendliche Fortsetzung des Rekursionsprozesses, daß das System allen Punkten des Wertebereichs beliebig nahe kommt und damit für die gegebene Anfangsbedingung $x_0 = 0.3$ die Mixing–Eigenschaft aufweist.

3.2.2.3 Eigenschaft III: Periodizität

Analog zur Herleitung der Mixing–Eigenschaft basiert auch der Nachweis der Periodizitätseigenschaft für die logistische Gleichung auf dem Verhalten der tent–map. Demnach existiert für die Funktion T der tent–map eine

Reihe periodischer Werte $x_1, x_2, \ldots$ mit einer Grenze[62] x, für die jedes x_k eine beliebige Periodizität der Länge p_k aufweist, so daß $T^{p_k}(x_k) = x_k$. Zum Nachweis der Periodizität der logistischen Gleichung muß gezeigt werden, daß eine entsprechende Reihe periodischer Werte $y_1, y_2, \ldots$ mit der Grenze y existiert, wobei $y_k = h(x_k)$.

Da die Funktion h stetig ist, ist die Existenz einer solchen Reihe nachgewiesen[63]. Die Periodizität der Werte y_k dieser Reihe ist auf der Basis der Gleichung 3.19 zu zeigen. Danach ergibt sich:

$$f^{p_k}(y_k) = f^{p_k}(h(x_k)) = h(T^{p_k}(x_k) = h(x_k) = y_k$$

Die Periodizitätseigenschaft der logistischen Gleichung ist damit nachgewiesen. Inwieweit eine Variation des Parameters a die Periodizitätseigenschaft beeinflußt, lassen die Abbildungen 3.32 und 3.33 erahnen.

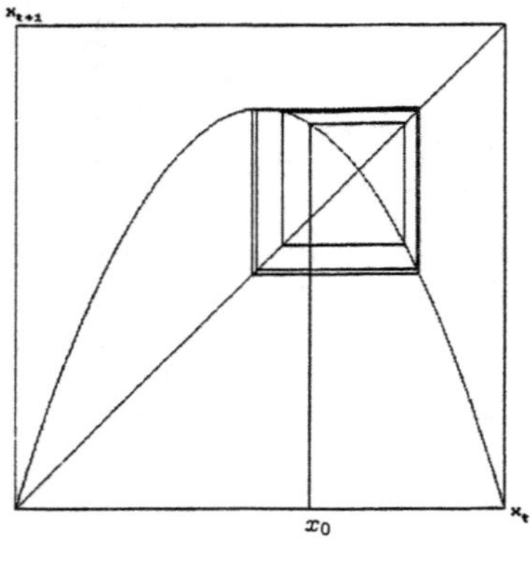

Abb. 3.32: a=3.3, x_0=0.6

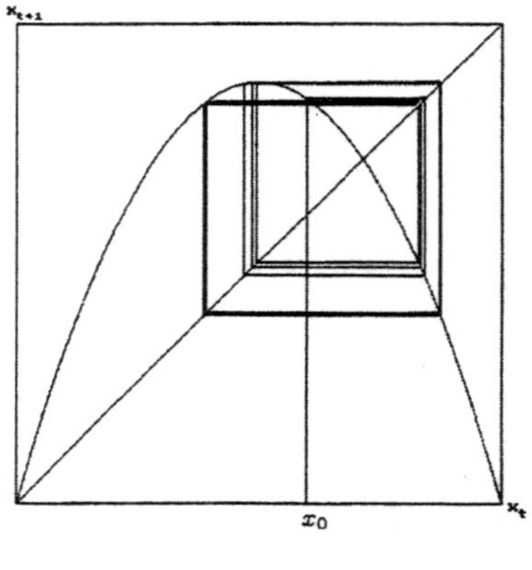

Abb. 3.33: a=3.5, x_0=0.6

Während in Abbildung 3.32 sich ein Zyklus der Periode 2 herausbildet, ist in Abbildung 3.33 bereits ein Zyklus der Periode 4 erkennbar. Eine Zunahme des Parameterwerts a führt allem Anschein nach zu einer zunehmenden Periodizität der logistischen Gleichung. Diese Beobachtung bestätigt die bei

[62] Der Begriff der Grenze einer Folge ist definiert auf der Basis der Existenz eines metrischen Raumes. Für $x \in X$ und der Folge $\{x_i | i = 0, 1, 2, \ldots\}$ mit $x_i \in X$ ist x als die Grenze dieser Folge definiert, wenn gilt, daß $\lim_{k \to \infty} d(x_k, x) = 0$. Vgl. *Peitgen/Jürgens/Saupe* [167], S. 264f.

[63] Diese Schlußfolgerung ergibt sich aus der Definition der Stetigkeit einer Funktion. Danach ist eine Funktion f stetig, wenn für jede offene Menge U in X ihre Umkehrmenge $f^{-1}(U) = \{x \in X | f(x) \in U\}$ offen ist in X.

der Analyse der Mixing-Eigenschaft geäußerte Vermutung, daß das Systemverhalten mit zunehmendem Wert des Parameters a unruhiger wird, bis es irgendwann in chaotisches Verhalten übergeht. Inwieweit diese Vermutung Bestätigung findet und welche Gründe zu dem beobachteten Systemverhalten führen, ist Gegenstand des folgenden Abschnitts.
Vor Beginn der Analyse der Entstehung chaotischen Verhaltens sei bezüglich der abgebildeten Graphiken darauf hingewiesen, daß diese nicht durch die jeweils angegebenen Anfangswerte generiert wurden, was durch die Sensitivität chaotischer Systeme von den Anfangsbedingungen begründet wird. Jeder noch so genaue Rechner kann nur endliche Zeichenketten abbilden und ist so zum Abschneiden der nachfolgenden Zeichen gezwungen. Diese Ungenauigkeit, mag sie auch noch so klein sein, führt nach einer endlichen Anzahl von Iterationsschritten zu fehlerhaften Ergebnissen des Systems. Zwar lassen sich Zyklen graphisch darstellen, doch entstehen solche Zyklen nicht durch die gewählten Anfangsbedingungen des chaotischen Systems sondern durch Ungenauigkeiten in der Rechnung. Eine derartige Zyklenbildung wird somit künstlich durch den Computer hervorgerufen. Daß die computergraphische Darstellung eines Orbits trotzdem eine ausreichend gute Approximation für das tatsächliche Verhalten eines chaotischen Systems darstellt, wird durch das sogenannte Shadowing Lemma begründet. Dieses besagt, daß zu jedem existierenden, also auch zu einem fehlerhaft iterierten Orbit eine Anfangsbedingung existiert, die einen Orbit generiert, der an keiner Stelle um mehr als eine vorgegebene Grenze ϵ von dem tatsächlich generierten Orbit abweicht, sich also in dessen Schatten bewegt. Der computergraphisch generierte Orbit eines chaotischen Systems stellt damit kein Kunstprodukt, sondern einen real existierenden chaotischen Orbit dar[64].

3.3 Entstehung chaotischen Verhaltens

Die vorstehende Analyse der Eigenschaften chaotischer Systeme zeigt eine Abhängigkeit des Stabilitätsverhaltens der logistischen Gleichung vom Wert des Parameters a. Zur Analyse dieser Verhaltensänderung ist es erforderlich, die unterschiedlichen Stabilitätszustände eines dynamischen Systems zu charakterisieren, weshalb einleitend ein Überblick über das Stabilitätsverhalten

[64]Vgl. zum Beweis *Peitgen/Jürgens/Saupe* [167], S. 576ff.

eindimensionaler diskreter dynamischer Systeme gegeben wird.

3.3.1 Stabilität dynamischer Systeme

Die Analyse des Verhaltens der logistischen Gleichung wird im wesentlichen durch die Veränderung ihres Stabilitätsverhaltens charakterisiert. Es ist somit zunächst erforderlich, die Ursachen unterschiedlichen Stabilitätsverhaltens zu analysieren, was nachfolgend für die lineare Gleichung $x_{t+1} = sx_t$ erfolgt. Die Übertragung der Ergebnisse auf nichtlineare Systeme wie die logistische Gleichung erfolgt mittels Linearisierung durch das Bilden der Ableitung. Entsprechend der Steigung der Geraden in linearen Systemen, hier ausgedrückt durch den Parameter s, wird in nichtlinearen Systemen die Steigung der Ableitung zur Charakterisierung der Stabilitätseigenschaft zugrunde gelegt.
Grundsätzlich werden homogene lineare Systeme der Form

$$x_{t+1} = sx_t$$

und nicht-homogene lineare Systeme der Form

$$x_{t+1} = sx_t + b$$

unterschieden. In beiden Fällen handelt es sich um lineare Systeme erster Ordnung, was die zeitliche Abhängigkeit des aktuellen Systemzustands von einer Zeitdimension beschreibt. Da die logistische Gleichung eine quadratische Differenzengleichung erster Ordnung ist, ihre Ableitungen sich also zu linearen Differenzengleichungen erster Ordnung ergeben, erfolgt die Darstellung des Stabilitätsverhaltens entsprechend für eine homogene lineare Differenzengleichung erster Ordnung der Form $x_{t+1} = sx_t$. Für eine beliebige Anfangsbedingung x_0 ergibt sich die Lösung einer solchen Gleichung aus deren Iterationsprozeß[65]:

$$\begin{aligned}
x_1 &= sx_0 \\
x_2 &= sx_1 = s(sx_0) = s^2x_0 \\
&\vdots \\
x_n &= sx_{n-1} = s^nx_0
\end{aligned}$$

[65] Vgl. zu den Eigenschaften linearer dynamischer Systeme *Lorenz* [137], S. 249ff.

Für beliebige Zeitpunkte t ist die Lösung einer homogenen linearen Differenzengleichung somit[66]

$$x_t = s^t x_0$$

Aus dieser Lösung ist direkt die Abhängigkeit des Stabilitätsverhaltens von dem Parameter s zu erkennen. Für $s = 0$ z.B. wäre der Urprung der Fixpunkt des Systems. Für andere Werte von s ist das Verhalten des Systems nachfolgend graphisch dargestellt[67]:

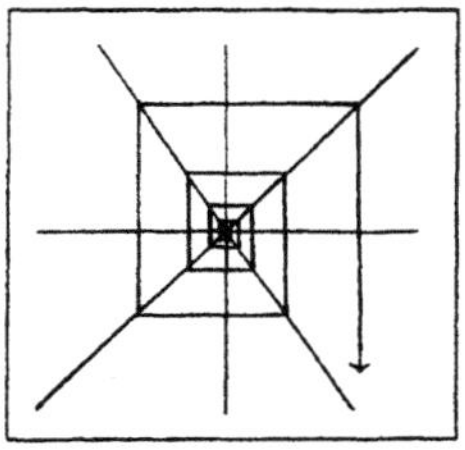

Abb. 3.34: s=-1.5

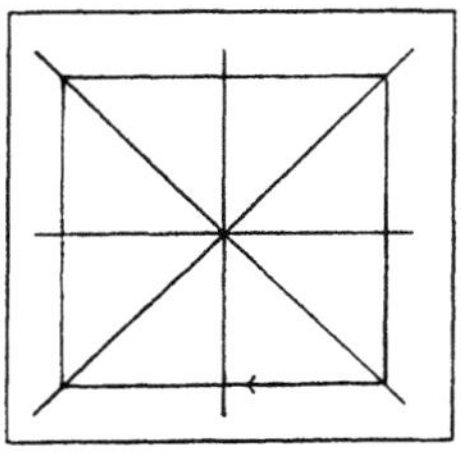

Abb. 3.35: s=-1

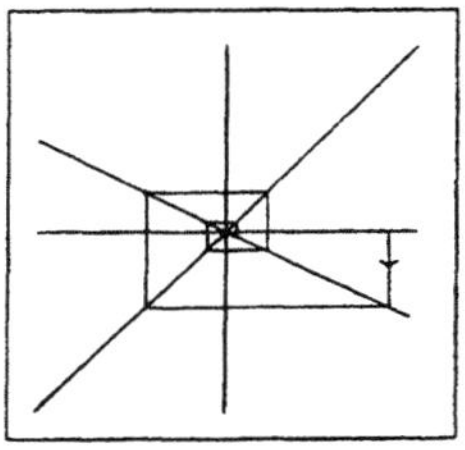

Abb. 3.36: s=-0.5

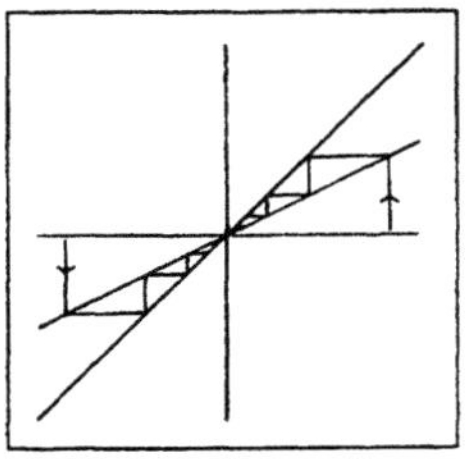

Abb. 3.37: s=0.5

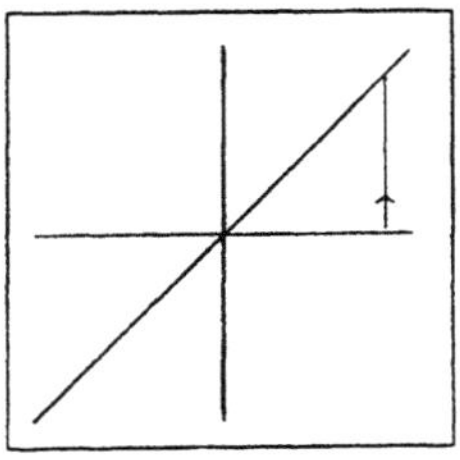

Abb. 3.38: s=1

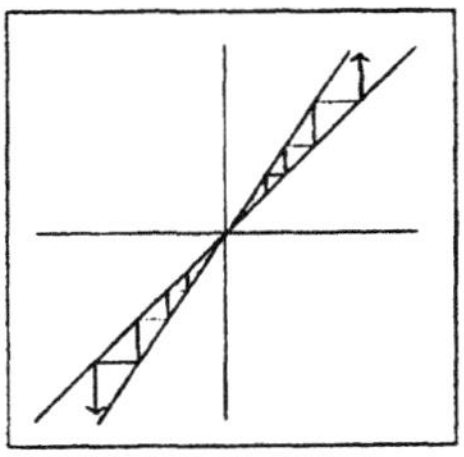

Abb. 3.39: s=1.5

In Verallgemeinerung der graphischen Darstellung lassen sich die unterschiedlichen Verhaltensweisen in Abhängigkeit vom Parameter s wie folgt katego-

[66]Auf dieselbe Weise resultiert für eine nicht–homogene lineare Differenzengleichung die Lösung zu $x_t = s^t \left(x_0 - \frac{b}{1-b}\right) + \frac{b}{1-a}$ für $a \neq 1$ und zu $x_t = x_0 + bt$ für $a = 1$.

[67]Die nachfolgenden Graphiken stellen verschiedene Verhaltensweisen eines linearen Systems dar, wobei eine Veränderung der Verhaltensweise einer Bifurkation des Systems entspricht. Es sei darauf hingewiesen, daß ein chaotisches Systemverhalten nicht durch die in obigen Graphiken dargestellten Verhaltensweisen dargestellt werden kann, da die Irregularitäten chaotischer Systeme aus der Nichtlinearität derartiger Systeme resultieren. Die obigen Graphiken basieren hingegen auf einem linearen System und dienen lediglich der Darstellung unterschiedlicher Stabilitätszustände eines solchen Systems.

risieren:

- $s <$ -1 spiralförmiges, explodierendes Systemverhalten
- $s =$ -1 Zyklenbildung der Periode 2
- $s \in$]-1,0[spiralförmiges, konvergierendes Systemverhalten
- $s = 0$ $x_0 \rightarrow 0$ für alle Anfangswerte x_0
- $s \in]0,1[$ treppenförmiges, konvergierendes Systemverhalten
- $s = 1$ ausschließliche Existenz von Fixpunkten
- $s > 1$ treppenförmiges, explodierendes Systemverhalten

Die wesentliche Beobachtung ist das unterschiedliche Verhalten des Fixpunktes. Während für $|s| < 1$ alle Anfangsbedingungen auf ihn abgebildet werden, werden für $|s| > 1$ mit Ausnahme des Fixpunktes selbst alle Anfangsbedingungen von ihm abgestoßen. Eine Veränderung des Systemverhaltens erfolgt somit in Abhängigkeit von einer Variation des Charakters seiner Fixpunkte. Die Anwendung dieser Ergebnisse auf nichtlineare Differentialgleichungen wie die logistische Gleichung erfolgt, indem durch das Bilden der Ableitung die Gleichung linearisiert und das Systemverhalten lokal anlysiert wird. Aufbauend auf den obigen Ergebnissen ist hierbei die Verhaltensweise im Bereich der Fixpunkte nichtlinearer Systeme von besonderem Interesse, wobei abstoßende und anziehende Fixpunkte unterschieden werden[68].

Ein Fixpunkt x^* wird als anziehend oder Fixpunktattraktor definiert, wenn für ihn gilt, daß $|f'(x^*)| < 1$. Die anziehende Eigenschaft eines Fixpunktes x^* bedeutet, daß ein Intervall $a < p < b$ existiert, das x^* beinhaltet und dessen Elemente Orbits generieren, die auf x^* zustreben, so daß gilt $f^n(p) \rightarrow x^*$ für $n \rightarrow \infty$.

Entsprechend ist ein Fixpunkt x^* als abstoßend oder Repellor definiert, wenn für ihn gilt $|f'(x^*)| > 1$. Die abstoßende Eigenschaft bedeutet, daß ein offenes Intervall U mit $x^* \in U$ existiert, so daß für $p \in U$, $x^* \neq p$ und $k > 0$ gilt, daß $f^k(p) \notin U$.

Analog zu den unterschiedlichen Verhaltensweisen eines Fixpunktes sind periodische Punkte p der Periode q als anziehend definiert, wenn $|(f^q)'(p)| < 1$ und als abstoßend, wenn $|(f^q)'(p)| > 1$.

Anziehenden und abstoßenden Fixpunkten ist gemeinsam, daß ihre Ableitung $\neq 1$ ist. Derartige Fixpunkte x^*, für die gilt, daß $f'(x^*) \neq 1$ ist, werden hyperbolische Punkte genannt. Das Auftreten nicht-hyperbolischer Punkte führt zu Strukturveränderungen des Systems, die häufig in Form der Bifur-

[68] Zu den nachfolgenden Definitionen vgl. *Devaney* [52], S. 24ff.

kation auftreten, wie dies u.a. bei der logistischen Gleichung der Fall ist.

3.3.2 Die logistische Gleichung

Wegen der Abhängigkeit des Verhaltens der logistischen Gleichung vom Parameter a wird nachfolgend zu ihrer Kennzeichnung die Funktionsbezeichnung f_a verwendet. Die Analyse der unterschiedlichen Stabilitätszustände basiert auf den Steigungen der Ableitungen der logistischen Gleichung an der Stelle ihrer Schnittpunkte mit der Winkelhalbierenden. Die Ableitung der logistischen Gleichung ergibt sich zu

$$f_a'(x) = a(1 - 2x) \tag{3.25}$$

Die Berechnung der Schnittpunkte zwischen Kurve und Winkelhalbierender führt zu dem Term $x = ax(1 - x)$, dessen Lösungen sich zu

$$p_0 = 0 \quad \text{und} \quad p_a = \frac{a-1}{a} \tag{3.26}$$

ergeben. Da $p_0 = 0$ von a unabhängig ist, spielt er für die Analyse der logistischen Gleichung nur eine untergeordnete Rolle. Dagegen führt die Abhängigkeit des zweiten Schnittpunktes p_a von a zu einer Konzentration der Analyse auf die Bedeutung dieses Punktes. Der Punkt p_a wandert auf der Kurve der logistischen Gleichung mit zunehmendem Wert für a von links unten nach rechts, was in den Abbildungen 3.40 bis 3.45 skizziert ist. Die daraus resultierenden unterschiedlichen Steigungen an der Stelle p_a bewirken ein unterschiedliches Stabilitätsverhalten der logistischen Gleichung, das nachfolgend analysiert wird.

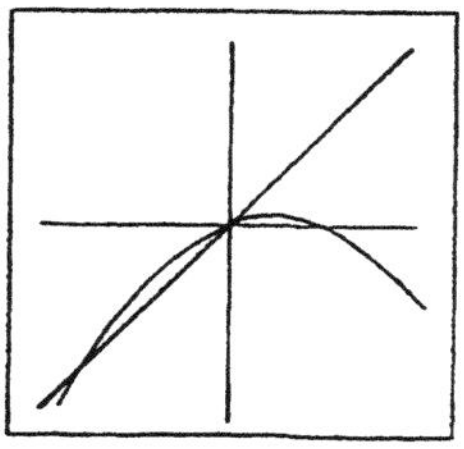

Abb. 3.40: a=0.4

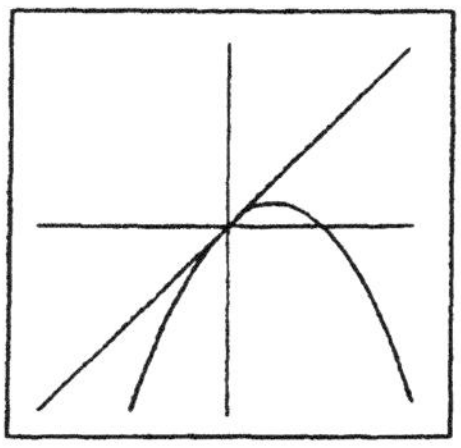

Abb. 3.41: a=1

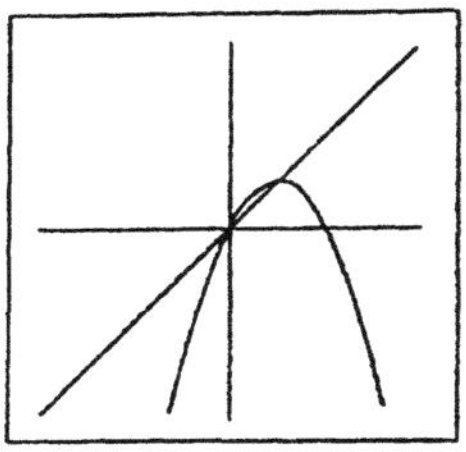

Abb. 3.42: a=2

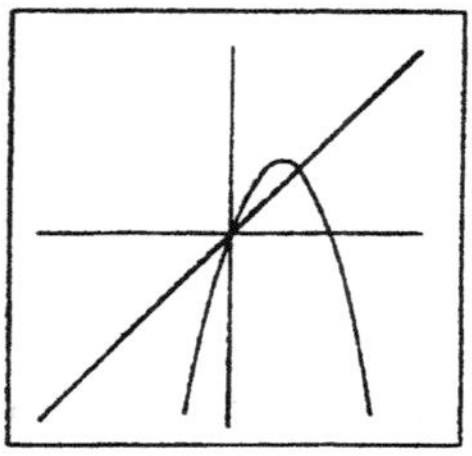

Abb. 3.43: a=3

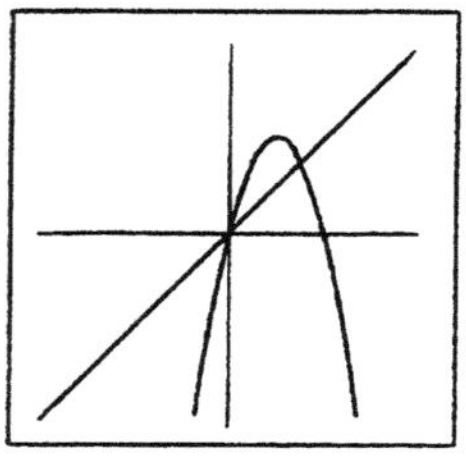

Abb. 3.44: a=4

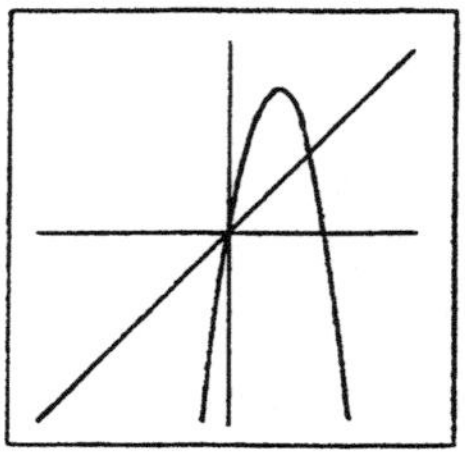

Abb. 3.45: a=6

3.3.3 Stabilität der logistischen Gleichung

Die Berechnung der Ableitung der logistischen Gleichung an ihren Schnittpunkten mit der Winkelhalbierenden, p_0 und p_a, führt zu

$$f'_a(p_0) = a \quad \text{und} \quad f'_a(p_a) = 2 - a$$

Für $0 \leq a < 1$ ist $f'_a(p_0) < 1$ und $f'_a(p_a) > 1$, so daß p_0 als anziehender Fixpunkt und p_a als Repellor auftritt. Des weiteren gilt für $0 \leq a < 1$, daß $p_a < 0$ ist und damit außerhalb des Wertebereiches $[0, 1]$ der logistischen Gleichung liegt (Abbildung 3.40). Für $0 \leq a < 1$ existiert daher innerhalb des Wertebereichs der logistischen Gleichung mit $p_0 = 0$ genau ein Fixpunkt, auf den alle Anfangsbedingungen $x_0 \in [0, 1]$ im Zeitablauf abgebildet werden[69].
Eine Veränderung dieses Zustands tritt auf, wenn der Parameter a den Wert 1 erreicht. Die Ableitungen ergeben sich zu $f'_a(p_0) = f'_a(p_a) = 1$. Für die Schnittpunkte gilt $p_0 = p_a = 0$. Für $a = 1$ wird somit aus dem Schnittpunkt $p_0 = 0$ ein Tangentialpunkt der logistischen Gleichung, der mit dem bislang außerhalb des Wertebereichs liegenden Schnittpunkt p_a zusammenfällt (Abbildung 3.41). Ebenso wie für $0 \leq a < 1$ wird im Zeitablauf jede Anfangsbedingung x_0 auf 0 abgebildet[70].
Das Überschreiten des Wertes a=1 führt dazu, daß sich p_a von p_0 löst und auf der Kurve der logistischen Gleichung „nach rechts" wandert (Abbildungen 3.42 bis 3.45). Für $p_0 = 0$ wird $f'_a(p_0) > 1$, so daß p_0 von einem an-

[69] Der Beweis ist einfach zu führen. Aus $0 \leq a < 1$ folgt $a - 1 < 0$, so daß für $x_0 > 0$ gilt: $x_1 - x_0 = ax_0(1 - x_0) - x_0 = x_0(a - 1) - ax_0^2 < 0$, woraus $x_0 > x_1$ folgt. Die Übertragung auf beliebige Iterationsschritte führt zu $x_n \to 0$ für $n \to \infty$.

[70] Die Beweisführung erfolgt analog zu dem Beweis in Fußnote 69. Für $a = 1$ ergibt sich $x_1 - x_0 = -ax_0^2$, woraus ebenfalls $x_0 > x_1$ folgt.

ziehenden in einen abstoßenden Fixpunkt übergeht[71]. Diese Eigenschaft gilt für alle $a > 1$, so daß im weiteren Verlauf der Fixpunkt p_0 unabhängig von a seinen abstoßenden Charakter behält und somit für die weitere Analyse keine Rolle mehr spielt. Die beiden einzigen Anfangsbedingungen, die weiterhin auf p_0 abgebildet werden, sind $x_0 = f^{-1}(p_0) = \{0, 1\}$. Für p_a mit $1 < a < 3$ gilt, daß $|f_a'(p_a)| < 1$ ist, so daß p_a als anziehender Fixpunkt fungiert[72]. Die Abbildungen 3.46 und 3.47 zeigen, daß innerhalb des Bereiches $1 < a < 3$ eine Veränderung des Iterationsverhaltens der logistischen Gleichung dergestalt erfolgt, daß dieses von einem treppenförmigen in ein spiralförmiges Verhalten übergeht. Die Veränderung der Dynamiken erfolgt

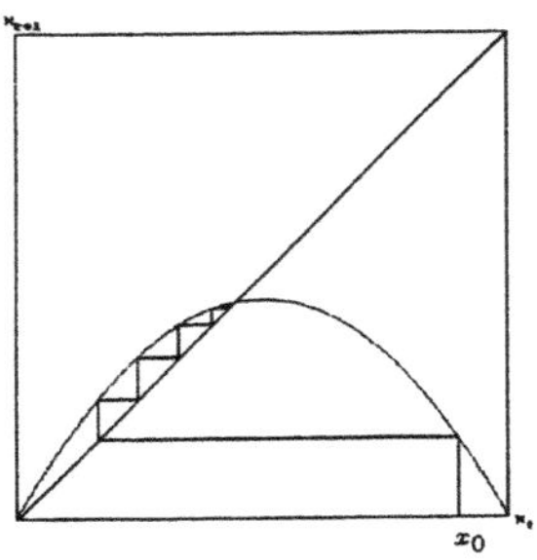

Abb. 3.46: a=1.8

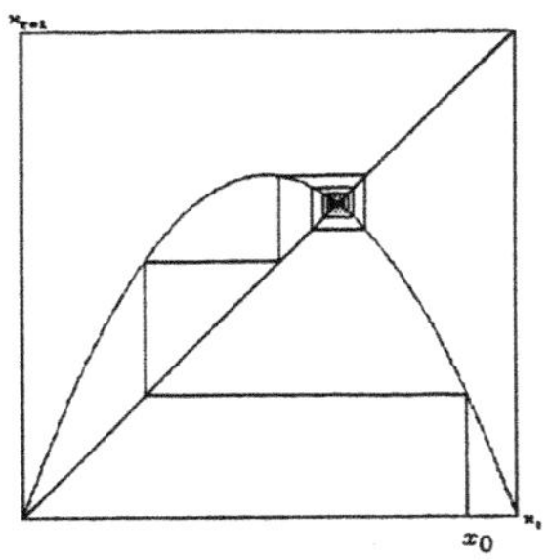

Abb. 3.47: a=2.8

an der Stelle des Maximums der Parabel, im Punkt $x = 0.5$. Die Berechnung des Schnittpunktes zwischen logistischer Gleichung und Winkelhalbierender an dieser Stelle führt zu dem Term $0.5 = 0.5a(1 - 0.5)$, woraus sich $a = 2$ als Parameterwert ergibt. Ein solcher Punkt x, für den gilt $f'(x) = 0$ wird als kritischer Punkt $\hat{x}$ bezeichnet. Der Parameterwert a, der diese Situation generiert, wird im folgenden als $\hat{a}$ dargestellt. Für die logistische Gleichung unterteilt er den folgenden Beweis[73] der anziehenden Eigenschaft des Punktes p_a in die Bereiche $1<a<2$, $\hat{a}=2$ und $2<a<3$.

[71]Zum Beweis des abstoßenden Charakters von p_0 sei $p_0 < x_0 < p_a = (a-1)/a$, woraus $a - ax_0 - 1 > 0$ folgt, so daß $x_1 - x_0 = ax_0(1-x_0) - x_0 = x_0(a - ax_0 - 1) > 0$ und damit $x_1 > x_0$ ist, was den abstoßenden Charakter für $p_0 = 0$ beweist. Vgl. *Peitgen/Jürgens/Saupe* [167], S. 593.

[72]An dieser Stelle sei angemerkt, daß für $a > 1$ alle Anfangsbedingungen $x_0 < 0$ und $x_0 > 1$ im Zeitablauf gegen $-\infty$ streben. Hierin liegt die Begründung, daß die interessierenden Dynamiken des Systems innerhalb des Intervalls $[0, 1]$ auftreten, weshalb der Definitions- und Wertebereich der logistischen Gleichung auf dieses Intervall begrenzt ist. Vgl. *Devaney* [52], S. 32.

[73]Vgl. hierzu *Devaney* [52], S. 33.

Für $\hat{a} = 2$ sei das Iterationsverhalten einer Anfangsbedingung x_0 in einer ϵ–Umgebung von p_a, also $x_0 = \frac{a-1}{a} + \epsilon$ betrachtet. Für $x_1 = ax_0(1 - x_0)$ ergibt sich

$$x_1 = \frac{a-1}{a} + 2\epsilon - a\epsilon - a\epsilon^2$$

Damit p_a ein anziehender Fixpunkt ist muß gelten

$$|2\epsilon - a\epsilon - a\epsilon^2| < |\epsilon|$$

Für $a = \hat{a} = 2$ reduziert sich der Term auf $| - 2\epsilon^2| < |\epsilon|$, was für $-0.5 < \epsilon < 0.5$ erfüllt ist. Der anziehende Charakter von p_a ist damit für alle Anfangsbedingungen $x_0 \in (0, 1)$ erfüllt, was den anziehenden Charakter von p_a für $\hat{a} = 2$ beweist.

Für $1 < a < 2$ zeigt Abildung 3.48 schematisch, daß für eine Anfangsbedingung $x_0 \in (0, 0.5]$ und $x_0 \neq p_a$ gilt, daß $|f_a(x_0) - p_a| < |x_0 - p_a|$, so daß $f_a^n(x_0) \to p_a$ für $n \to \infty$. Für $x_0 \in (0.5, 1)$ zeigt Abbildung 3.49, daß $f_a(x_0) \in (0, 0.5)$ ist, so daß auf der Basis der vorstehenden Argumentation für $n \to \infty$ gilt, daß $f_a^n(x_0) = f_a^{n-1}(f_a(x_0)) \to p_a$.

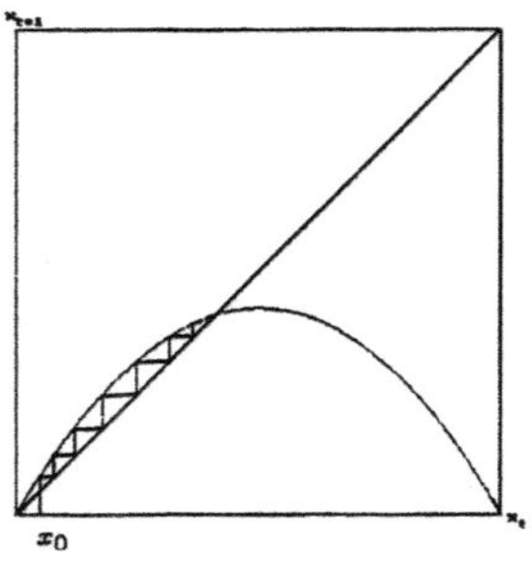

Abb. 3.48: a=1.7

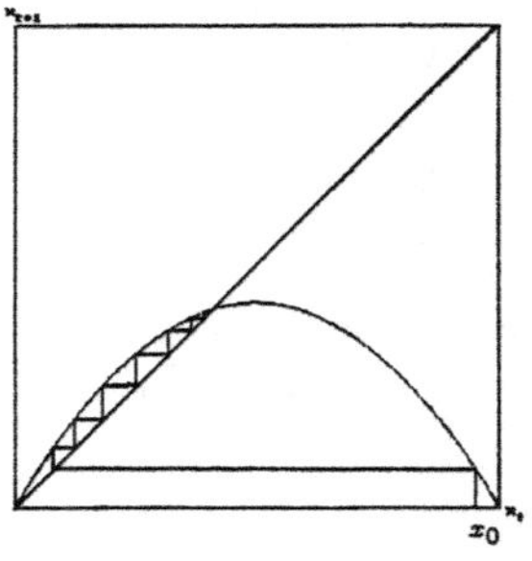

Abb. 3.49: a=1.7

Für $2 < a < 3$ wird zum Beweis der anziehenden Eigenschaft von p_a die Entwicklung des Intervalls $[\hat{p}_a, p_a]$ betrachtet mit $\hat{p}_a = f_a^{-1}(p_a) \in (0, 0.5)$. Abbildung 3.50 zeigt schematisch, daß f_a^2 das Intervall $[\hat{p}_a, p_a]$ auf $[0.5, p_a]$ abbildet. Die weitere Iteration führt zu der in den Abbildungen 3.51 und 3.52 beobachtbaren spiralförmigen Bewegung, so daß für $x_0 \in [\hat{p}_a, p_a]$ und $n \to \infty$ gilt, daß $f_a^n(x_0) \to p_a$. Für $x_0 \in (0, \hat{p}_a)$ zeigt Abbildung 3.51, daß ein $k > 0$ dergestalt existiert, daß $f_a^k(x_0) \in [\hat{p}_a, p_a]$ liegt, so daß für $n \to \infty$ gilt, daß $f_a^{n+k}(x_0) \to p_a$.

In derselben Weise wird das Intervall $(p_a, 1)$ auf $(0, p_a)$ abgebildet, erkennbar in Abbildung 3.52, so daß die obige Argumentation zu demselben Ergebnis führt. Der anziehende Charakter des Fixpunktes p_a ist damit für den gesamten Bereich $1 < a < 3$ nachgewiesen.

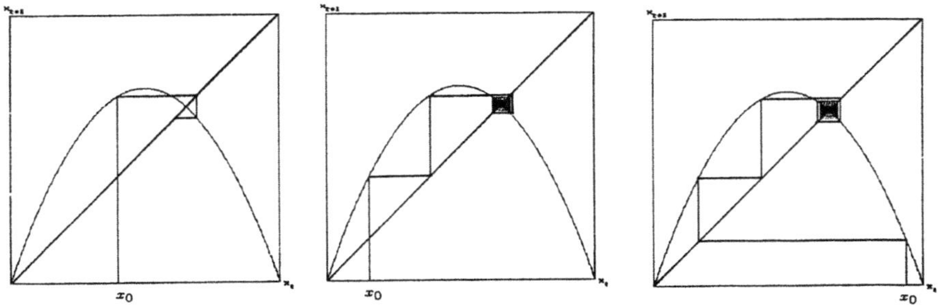

Abb. 3.50: a=2.9 Abb. 3.51: a=2.9 Abb. 3.52: a=2.9

3.3.4 Periodizität der logistischen Gleichung

Das Überschreiten des Parameterwertes $a = 3$ führt zum Ende des stabilen und zum Beginn eines periodischen Verhaltens der logistischen Gleichung. Für $a \geq 3$ wird $f_a'(p_a) = 2 - a \leq -1$, so daß p_a seinen anziehenden Charakter verliert und für $a > 3$ in einen Repellor übergeht. Ebenso wie p_0 für $a > 1$ behält auch p_a für $a > 3$ seinen abstoßenden Charakter bei, so daß für die weitere Analyse aus der graphischen Darstellung der ersten Iteration der logistischen Gleichung keine weiteren Erkenntnisse mehr abgeleitet werden können. Es ist daher erforderlich, die graphische Analyse auf den zweiten Iterationsschritt

$$f_a(f_a(x)) = f_a^2(x) = -a^3x^4 + 2a^3x^3 - (a^2 + a^3)x^2 + a^2x$$

auszuweiten. Der resultierende Graph ist in den Abbildungen 3.53 bis 3.55 für verschiedene Bereiche des Parameters a dargestellt. Die Abbildungen 3.54 und 3.55 zeigen, daß der Graph der Funktion $f_a^2(x)$ für $a = 3$ die Winkelhalbierende tangiert und für $a > 3$ neue Schnittpunkte generiert werden. Die Berechnung dieser Schnittpunkte erfolgt analog zum Vorgehen im ersten Iterationsschritt durch das Lösen der Gleichung $f_a^2(x) = x$, woraus ein Polynom 4. Ordnung resultiert. Die Kenntnis der Schnittpunkte $p_0 = 0$ und

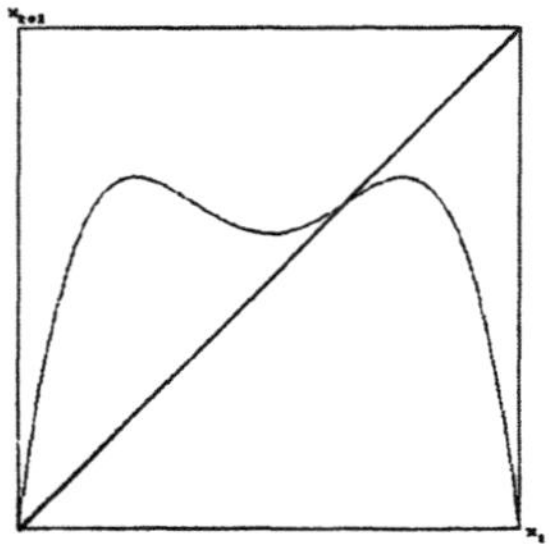

Abb. 3.53: $a < 3$

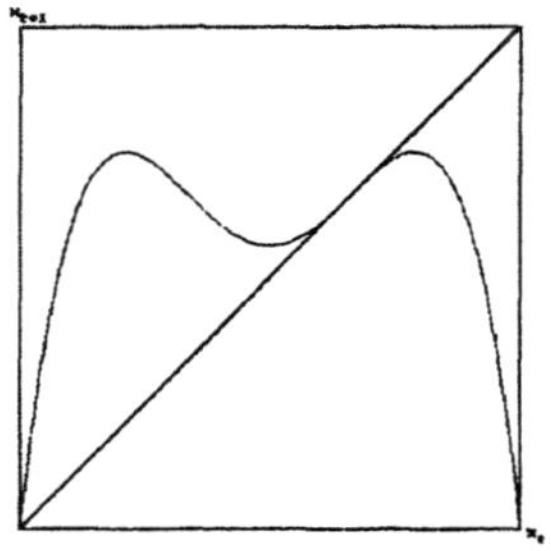

Abb. 3.54: $a = 3$

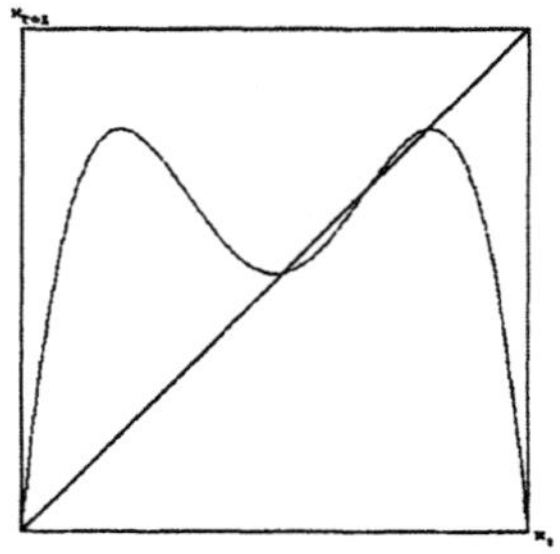

Abb. 3.55: $a > 3$

$p_a = (a-1)/a$ erlaubt die Vereinfachung des Polynoms auf den Ausdruck

$$x^2 - \frac{a+1}{a} + \frac{a+1}{a^2} = 0,$$

so daß sich die zusätzlichen Schnittpunkte zu

$$p_3(a) = \frac{a+1+\sqrt{a^2-2a-3}}{2a}$$

und

$$p_4(a) = \frac{a+1-\sqrt{a^2-2a-3}}{2a}$$

ergeben. Aus der Bedingung $a^2 - 2a - 3 > 0$ folgt, daß die Fixpunkte p_3 und p_4 nur für $a \geq 3$ existieren. Für $a = 3$ gilt $p_3(a) = p_4(a) = (a-1)/a$, so daß für $a = 3$ die Fixpunkte p_a, p_3 und p_4 zusammenfallen. Das Überschreiten des Wertes $a = 3$ führt zu einem Entfernen der beiden neuen Fixpunkte von p_a[74]. Die Menge der Fixpunkte verdoppelt sich zu $\{p_0, p_a, p_3, p_4\}$, wobei p_0 und p_a als Repellor und p_3 und p_4 als anziehende Fixpunkte vorliegen. Die einzigen Anfangsbedingungen, die weiterhin auf p_0 und p_a abgebildet werden, sind $x_0 = f^{-1}(p_0) = \{0, 1\}$ für p_0 und $x_0 = f^{-1}(p_a)$ für p_a. Aus einem sind somit zwei Fixpunktattraktoren hervorgegangen, die Elemente

[74] Während sich p_3 von p_a aus nach rechts bewegt, wandert p_4 nach links, wobei er für den Parameterwert $\hat{a} = 1 + \sqrt{5}$ den kritischen Punkt $\hat{x} = 0.5$ erreicht. Ebenso wie für f_a und f_a^2 existiert für jeden weiteren Iterationsschritt ein Parameterwert $\hat{a}$, für den der Schnittpunkt zwischen logistischer Gleichung und Winkelhalbierender im kritischen Punkt liegt. Die Folge dieser Parameterwerte bildet die Grundlage für eine Möglichkeit zur Herleitung der Feigenbaum–Konstanten, die im weiteren Verlauf dieses Abschnitts eingeführt wird.

des Attraktors A der logistischen Gleichung haben sich von $A(a) = \{p_a\}$ auf $A(a) = \{p_3, p_4\}$ verdoppelt. Der anziehende Charakter der neu entstandenen Fixpunkte führt für die logistische Gleichung zu einem periodischen Verhalten der Periode 2. Diese Form der Verhaltensänderung eines Systems wird als Periodenverdopplungs–Bifurkation bezeichnet[75]. Der Parameterwert a, der eine solche Verhaltensänderung generiert, wird als Bifurkationspunkt a^* bezeichnet.
Die weitere Erhöhung des Parameters a führt zu weiteren Periodenverdopplungs–Bifurkationen, die in Analogie zur vorstehend beschriebenen Aufspaltung von p_a jeweils eine Verdopplung der bestehenden anziehenden Fixpunkte bewirkt[76]. Dieser Prozeß generiert somit für einen zunehmenden Wert des Parameters a eine Folge von Periodizitäten der Form $\{2^j\}$ mit $j = 0, 1, 2, 3 \ldots$. Diese Folge führt für den als Feigenbaumpunkt bekannten Parameterwert $\hat{a}_\infty = 3.5699456\ldots$ zu einem 2^∞–periodischen Verhalten der logistischen Gleichung. Für diesen Wert des Parameters a ergibt sich für eine ∞–periodische Anfangsbedingung x_0 eine nichtperiodische Trajektorie auf einer Cantor–Menge, bei der die Trajektorie jedem Element der Cantor–Menge beliebig nahe kommt[77]. Diese Verhaltensweise des Systems, das einerseits ∞–periodisches Verhalten generiert, andererseits jedoch wegen der Unendlichkeit der Periodizität diese faktisch nicht erreicht, stellt den Übergang der logistischen Gleichung zu chaotischem Verhalten dar. Die graphische Dar-

[75]Es sei daran erinnert, daß die Periodenverdopplungs–Bifurkation nur eine Möglichkeit der Veränderung des Stabilitätsverhaltens eines Systems darstellt. Eine zweite mögliche Form der Bifurkation, die bei der weiteren Analyse der logistischen Gleichung von Bedeutung sein wird, ist die Sattelpunkt–Bifurkation. Zur formalen Definition der Sattelpunkt– und Periodenverdopplungs–Bifurkation vgl. *Devaney* [52], S. 87.

[76]Die Bifurkation der Fixpunkte p_3 und p_4 bestimmt sich entsprechend durch Berechnung der Ableitung $(f_a^2)'(p_3) = (f_a^2)'(p_4) = -1$. Für den hieraus resultierenden Parameterwert $a^* \approx 3.4495$ erfolgt eine Verdopplung dieser Fixpunkte, so daß für $f_a^2(f_a^2(x)) = f_a^4(x)$ eine Periodizität der Periode 4 entsteht.

[77]Der Begriff Cantor–Menge entstammt der folgenden Konstruktion einer Menge. Eine Linie, bspw. das Intervall $[0, 1]$, wird gedrittelt, das mittlere Drittel wird als offenes Intervall $(1/3, 2/3)$ entnommen. Die verbleibenden Intervalle $[0, 1/3]$ und $[2/3, 1]$ werden wiederum gedrittelt und die mittleren offenen Intervalle entnommen. Diese Prozedur wird ad infinitum fortgesetzt. Die Punkte, die durch diese Prozedur nicht aus dem Intervall $[0, 1]$ entfernt werden, bilden die Cantor–Menge auf der Basis 1/3. Zur Konstruktion einer Cantor–Menge und zum Zusammenhang zwischen logistischer Gleichung und Cantor–Menge vgl. *May* [146], *Grassberger/Procaccia* [96] und *Peitgen/Jürgens/Saupe* [167], S.619ff.

stellung des Stabilitätsverhaltens der logistischen Gleichung in Abhängigkeit vom Parameter a führt zu dem Diagramm des „period–doubling tree" in Abbildung 3.56.
Es sei an dieser Stelle noch einmal darauf hingewiesen, daß alle einmal existierenden Periodizitäten einer Periode q bei weiteren Bifurkationen bestehen bleiben. Lediglich ihr Charakter wandelt sich von anziehenden in abstoßende periodische Punkte x_q, so daß die einzigen Anfangsbedingungen dieser Periodizitäten die Punkte $x_0 = \{x_q | f_a^q(x_q) = x_q \text{ mit } q = 1, 2, 4, 8, \ldots\}$ sind. Diese Eigenschaft führt dazu, daß periodische Punkte in chaotischen Sy-

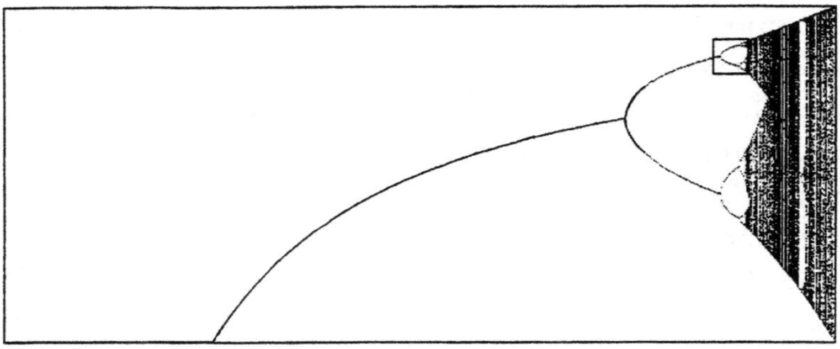

Abb. 3.56: Die Entwicklung der logistischen Gleichung

stemen dicht sind[78]. Die bisherige Analyse der logistischen Gleichung in Abhängigkeit vom Parameter a hat zu zwei Folgen von Parameterwerten geführt, die jeweils eine Änderung des Systemverhaltens bewirken.

- Die Folge der Bifurkationspunkte a^*.
- Die Folge der Parameterwerte $\hat{a}_1, \hat{a}_2, \hat{a}_3, \ldots$, für die der kritische Punkt $\hat{x} = 0.5$ der Fixpunkt der Funktionen $f_{\hat{a}_1}, f^2_{\hat{a}_2}, f^4_{\hat{a}_3}, \ldots$ ist.

Während der bislang beschriebene Weg ins Chaos auf die logistische Gleichung beschränkt zu sein scheint, offenbart die Analyse dieser Folgen eine

[78] An dieser Stelle sei auf den Zusammenhang zu der Unterscheidung der Begriffe Attraktionsmenge und Attraktor in Abschnitt 3.1.5, S. 42ff. hingewiesen. Da periodische Punkte in chaotischen Systemen dicht sind, würden innerhalb einer Attraktionsmenge abstoßende periodische Fixpunkte vorliegen, deren abstoßende Eigenschaft im Widerspruch zu der Definition einer Attraktionsmenge steht. Vgl. *Eckmann/Ruelle* [62], S. 625.

Regelmäßigkeit dieses Weges, die weit über den speziellen Fall der logistischen Gleichung hinausreicht. Die Grundlage dieser Regelmäßigkeit bildet die Selbstähnlichkeit im Verhalten der logistischen Gleichung, die in den Abbildungen 3.57 bis 3.59 schematisch dargestellt ist[79]. Die Graphiken bilden, ausgehend von Abbildung 3.56, jeweils den umrandeten Bereich der vorhergehenden Graphik ab.

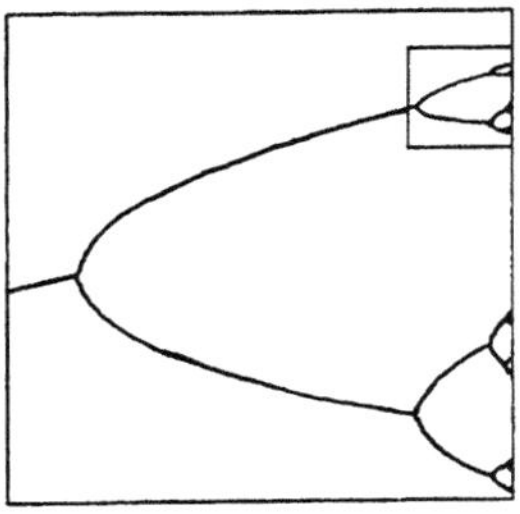

Abb. 3.57

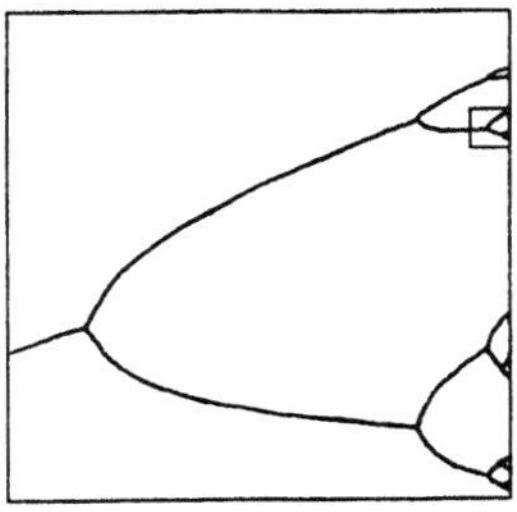

Abb. 3.58

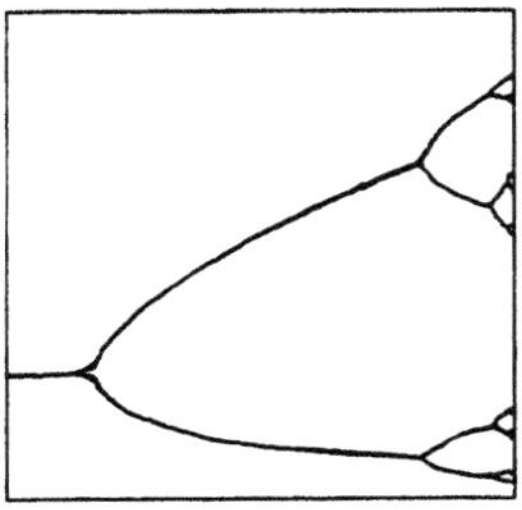

Abb. 3.59

Die erkennbare Selbstähnlichkeit im Verhalten der logistischen Gleichung resultiert aus der partiellen Selbstähnlichkeit der Funktionenfolge $f_a, f_a^2, f_a^4, \ldots,$ die in den Abbildungen 3.60 bis 3.62 verdeutlicht wird. Es sei hierzu der um-

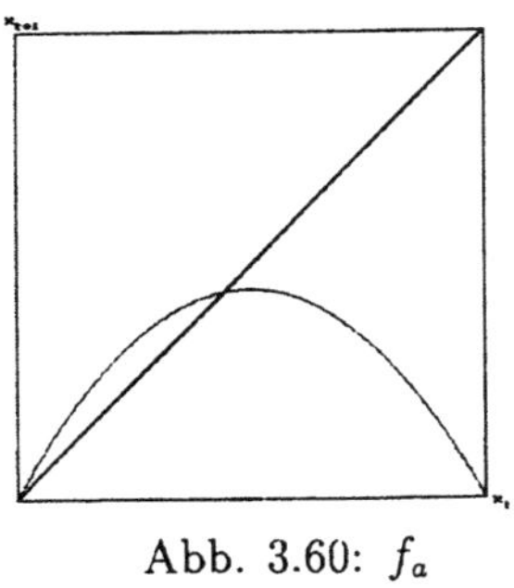

Abb. 3.60: f_a

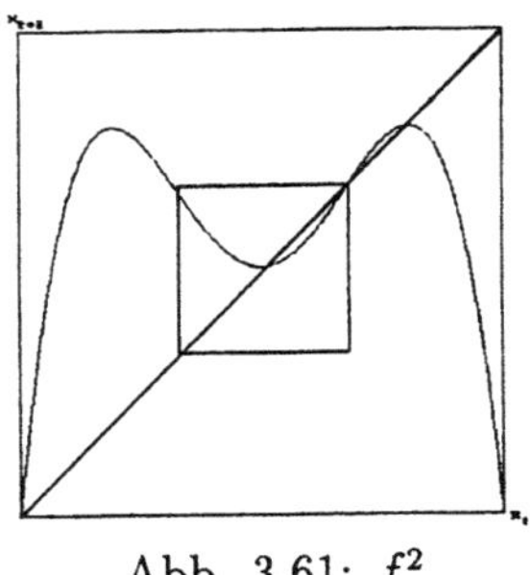

Abb. 3.61: f_a^2

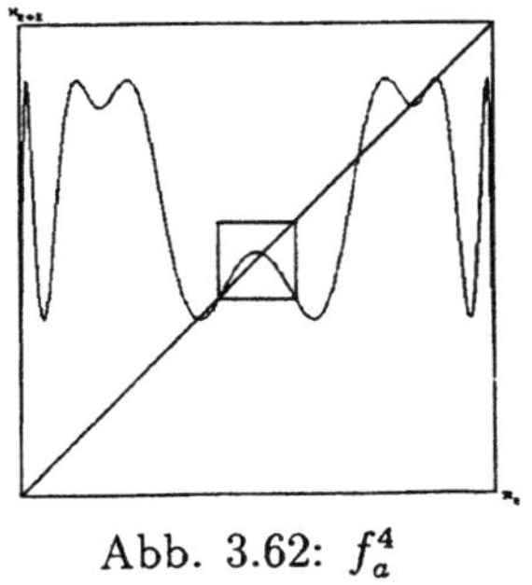

Abb. 3.62: f_a^4

randete Bereich der Funktion f_a^2 in Abbildung 3.61 betrachtet, dessen obere

[79]Der Begriff der Selbstähnlichkeit beschreibt die innerhalb einer Abbildung in verkleinertem Maßstab wiederkehrende Abbildung. Sie stellt ein wesentliches Analysekriterium fraktaler Strukturen dar. Im vorliegenden Zusammenhang ist der Begriff der Selbstähnlichkeit lediglich als Approximation zu verstehen, da keine exakte Selbstähnlichkeit der logistischen Gleichung vorliegt.

Seite die Strecke $(\hat{p}_a, p_a)$ mit $\hat{p}_a = f_a^{-1}(p_a) \in (0, 0.5)$ ist. Die Abbildung in diesem Quadrat entspricht der verkleinerten, auf den Kopf gestellten Abbildung der Funktion f_a. Ebenso entspricht der Graph der Funktion f_a^4 innerhalb des umrandeten Bereiches der verkleinerten, auf dem Kopf stehenden Abbildung des umrandeten Bereiches der Funktion f_a^2. In diesem Zusammenhang stellt sich die Frage nach einer Regelmäßigkeit in der Selbstähnlichkeit der logistischen Gleichung[80]. Diese Regelmäßigkeit wurde von dem französischen Mathematiker *Feigenbaum* auf der Basis des Verhältnisses der Distanzen der Bifurkationspunkte a^* hergeleitet[81]. Die Distanz zweier aufeinander folgender Bifurkationspunkte sei

$$d_k = a_{k+1}^* - a_k^* \quad \text{mit } k = 1, 2, 3, \ldots$$

Das interessierende Verhältnis ist

$$\delta_k = \frac{d_k}{d_{k+1}}.$$

Da das Verhältnis der Differenzen nicht exakt sondern lediglich approximativ geometrisch ist[82], ist die Berechnung des Verhältnisses δ_k als Grenzwert notwendig, was zu

$$\lim_{k \to \infty} \delta_k = \delta = 4.6692016091029\ldots$$

führt. Diese Zahl wird als die Feigenbaum–Konstante bezeichnet[83].
Die Bedeutung der Feigenbaum–Konstante reicht weit über die logistische

[80] Auf der Basis dieses Zusammenhangs läßt sich eine Funktion L_a bilden, die den umrandeten Bereich der Funktion f_a^2 auf $[0,1] \times [0,1]$ vergrößert. Diese Funktion bildet den Ausgangspunkt einer alternativen Möglichkeit zur Beschreibung der Dynamiken der logistischen Gleichung – der Renormalisierungstechnik. Auf der Basis der Funktion L_a wird die Renormalisierung der Funktion f_a aus f_a^2 definiert als $(RF_a)(x) = L_a \circ f_a^2 \circ L_a^{-1}$ mit dem Definitionsbereich $[0,1]$. Die Veränderung des Parameters a führt zu einer Veränderung der Funktion $(RF_a)(x)$, so daß entsprechend dem ersten Schritt eine weitere Renormalisierung eines entsprechenden Bereiches der Funktion $(RF_a)(x)$ erfolgt. Die weitere Anwendung dieser Technik führt zu einer Funktionenfolge, deren Eigenschaften zur Charakterisierung der zugrunde liegenden Funktion f_a benutzt wird. Vgl. *Peitgen/Jürgens/Saupe* [167], S. 470ff., *Devaney* [52], S. 132ff.

[81] Vgl. *Feigenbaum* [80].

[82] An dieser Stelle wird die eingeschränkte Selbstähnlichkeit der logistischen Gleichung sichtbar. Bei exakter Selbstähnlichkeit wäre das Verhältnis der Differenzen exakt geometrisch.

[83] Ebenfalls zur Feigenbaum–Konstanten führt die Grenzwertberechnung des Verhältnisses der Differenzen der kritischen Punkte $\hat{a}$. Die Identität der Ergebnisse beider Fol-

Gleichung hinaus. Sowohl in naturwissenschaftlichen Experimenten als auch in anderen wissenschaftlichen Disziplinen, wie beispielsweise der Medizin, folgt die Entwicklung von real existierenden Reaktionsabläufen diesem Wert. Ebenso wie die Existenz der Feigenbaum–Konstanten in realen Reaktionen ist ihre Existenz auch in höherdimensionalen chaotischen Systemen wiederzufinden. Als Beispiele seien die Entwicklungen bekannter höherdimensionaler chaotischer Attraktoren, wie dem zweidimensionalen Henon–Attraktor oder den dreidimensionalen Rössler– und Lorenz–Attraktoren genannt, die in ihrer Entstehung der Feigenbaum–Konstanten folgen[84].

3.3.5 Chaos der logistischen Gleichung

Eine radikale Veränderung ihres Verhaltens erfährt die logistische Gleichung mit Überschreiten des Feigenbaumpunktes $\hat{a}_\infty$, der Grenze zwischen periodischem und chaotischem Verhalten[85]. Abbildung 3.63 stellt den Bereich chaotischen Verhaltens der logistischen Gleichung dar. Innerhalb dieses Bereiches ist erkennbar, daß regelmäßige Strukturen auftreten, die in Form von Periodizitäten und sich kreuzenden Bändern[86] vorliegen.

Die Folge der Kreuzungspunkte der Bänder, betrachtet von rechts nach links, folgt einer Periodenverdopplung, die analog der bereits bekannten Periodenverdopplungs–Bifurkation gegen 2^∞ strebt, je weiter man sich dem Feigenbaumpunkt nähert. Das Verhältnis der Differenzen der Entfernungen zwischen zwei Kreuzungspunkten, betrachtet von rechts nach links, ent-

gen resultiert aus der dargestellten Selbstähnlichkeit der logistischen Gleichung. Die ständige, verkleinerte Wiederholung der Ausgangskurve f_a bedingt die Identität der relativen Abstände des kritschen Punktes zu dem Bifurkationspunkt eines Iterationsschrittes, so daß die Verhältnisse ihrer Differenzen identisch sein müssen. Vgl. *Peitgen/Jürgens/Saupe* [167], S.612ff.

[84] Zu einem Überblick vgl. *Gleick* [90], *Peitgen/Jürgens/Saupe* [167].

[85] Es sei an dieser Stelle darauf hingewiesen, daß der Feigenbaumpunkt $\hat{a}$ ein auf die logistische Gleichung beschränkter Wert ist, während die Feigenbaum–Konstante δ in einem Sinne universellen Charakter hat, der im weiteren Verlauf dieses Kapitels noch ausgeführt wird.

[86] Die Bänder entstehen durch Iteration der Anfangsbedingungen im Bereich des kritischen Punktes $\hat{x} = 0.5$. Die Form des Graphen der logistischen Gleichung läßt erkennen, daß Anfangsintervalle im Bereich des kritischen Punktes durch Iteration komprimiert werden, was zu einer Häufung in Form der erkennbaren Bänder führt. Zu näherem vgl. *Peitgen/Jürgens/Saupe* [167], S. 628ff.

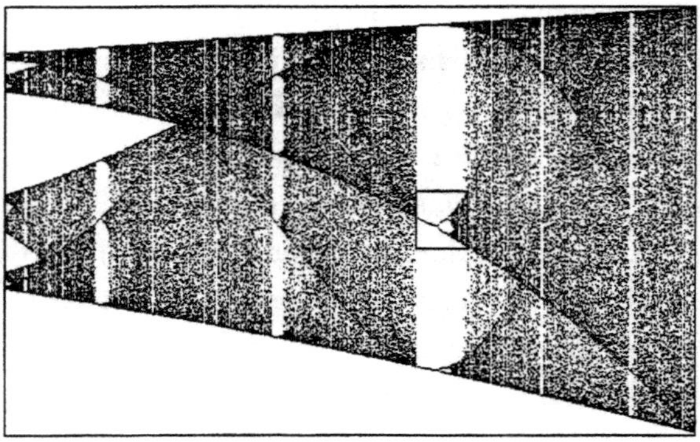

Abb. 3.63: Chaotischer Bereich der logistischen Gleichung

spricht im Grenzwert der Feigenbaum–Konstanten[87], so daß der Feigenbaumpunkt als eine Art Spiegel interpretiert werden kann. Die Annäherung an diesen Punkt bewirkt beidseitig eine zunehmende Periodizität, deren Entwicklungsgeschwindigkeit durch die Feigenbaum–Konstante determiniert ist[88]. Von links kommend wandelt sich mit zunehmender Periodizität stabiles in chaotisches Verhalten, von rechts kommend verhält es sich umgekehrt.
Neben der inneren Struktur in Form von Bändern, deren Kreuzungspunkte ein Periodenverdopplungsszenario generieren, sind in Abbildung 3.63 periodische Intervalle erkennbar, die als Inseln der Ordnung oder periodische Fenster bezeichnet werden[89]. Die Struktur dieser Periodizitäten zeigt eine von rechts nach links zunehmende Periodizität der Periode $3, 5, 7, \ldots$, wobei die Größe des Fensters mit zunehmender Periodizität abnimmt, so daß bereits die Periode 7 nicht mehr exakt erkennbar ist. Die Kombination dieser

[87] Zum Nachweis vgl. *Großmann/Thomae* [99].

[88] Zu Näherem vgl. *Peitgen/Jürgens/Saupe* [167]. Zu einer populärwissenschaftlichen Darstellung vgl. *Briggs/Peat* [22].

[89] Die erkennbaren Ordnungszustände innerhalb chaotischen Verhaltens bilden die Basis einer philosophischen Diskussion über den Zusammenhang von Ordnung und Chaos. Als Beispiele der entstehenden Fragen seien beispielhaft genannt, inwieweit Chaos notwendige Voraussetzung zur Entstehung von Ordnungszuständen ist, inwieweit Ordnungszustände dominieren oder als Zufallsprodukt chaotischen Verhaltens zu betrachten sind und inwieweit Ordnungszustände zwangsläufig in chaotisches Verhalten über– bzw. zurückgehen müssen. Zu einer Diskussion vgl. u.a. *Prigogine/Stengers* [172].

Periodizitäten

- innerhalb des chaotischen Bereiches die Periodenfolge $3, 5, 7, \ldots$ der periodischen Fenster,
- für den chaotischen Bereich selbst die Periodenverdopplung $2 \cdot 3, 2 \cdot 5, \ldots, 2^k \cdot 3, 2^k \cdot 5, \ldots$, bezogen auf die Periodizität der periodischen Fenster,
- und die Periodenverdopplung $2, 4, 8, \ldots$ innerhalb des nichtchaotischen Bereiches der logistischen Gleichung,

führt zu einer Sequenz, die von rechts nach links betrachtet exakt der bekannten Sarkovskii–Ordnung entspricht[90].
Die Analyse der Periodizitäten innerhalb des chaotischen Bereiches läßt zwei Unterschiede zu der Periodizität im stabilen Bereich erkennen. Zum einen basiert die Periodenverdopplungs–Bifurkation auf einer Periodizität der Periode 3, zum anderen gestaltet sich die Geburt einer Periodizität anders als im stabilen Bereich der logistischen Gleichung. Beide Merkmale basieren auf einer veränderten Form der Bifurkation, der Sattelpunkt–Bifurkation, die für den Übergang von chaotischem in periodisches Verhalten verantwortlich ist[91]. Innerhalb des periodischen Bereiches erfolgt der Weg zurück zu chaotischem Verhalten über die bekannte Periodenverdopplungs–Bifurkation, deren Geschwindigkeit wiederum determiniert ist durch die Feigenbaum–Konstante[92]. Ein solcher Übergang von chaotischem zu periodischem Verhalten und zurück ist in Abbildung 3.64 für den umrandeten Bereich der Abbildung 3.63 dargestellt.
Die für diese Art des Übergangs von chaotischem in periodisches Verhalten verantwortliche Sattelpunkt–Bifurkation entsteht, indem die betrachtete Kurve in Abhängigkeit von einer Variation des Parameters die Winkelhalbierende tangiert. Ein solcher Tangentialpunkt wird Sattelpunkt genannt und entspricht einem Fixpunkt des Systems. Die Abbildungen 3.65 und 3.66 zeigen diesen Vorgang für die Funktion $x_{t+1} = a x_t \sin \pi x_t$. Die weitere Entwicklung eines Sattelpunktes für einen zunehmenden Wert des Parameters a

[90] Vgl. das Li/Yorke–Theorem in Abschnitt 3.1.3.2, S. 28ff. dieser Arbeit.
[91] Vgl. *May* [146], S. 462f.
[92] Vgl. *Peitgen/Jürgens/Saupe* [167], S. 636.

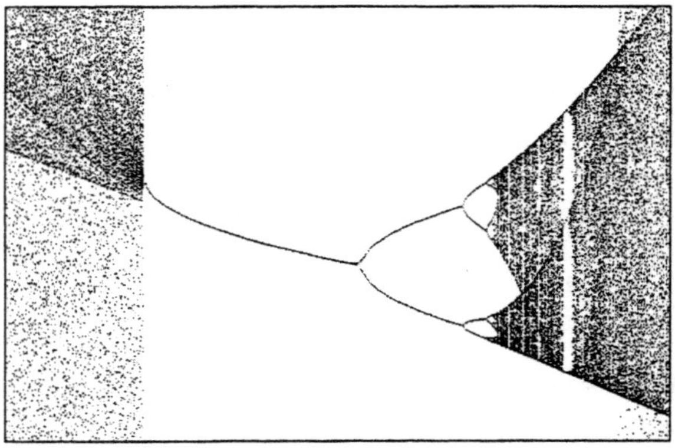

Abb. 3.64: Entwicklung einer Periodizität innerhalb des chaotischen Bereiches der logistischen Gleichung

ist in Abbildung 3.67 dargestellt. Sie folgt wiederum der Periodenverdopplungsbifurkation, so daß es zu einer Verdopplung der durch die Sattelpunkt–Bifurkation generierten Fixpunkte kommt.

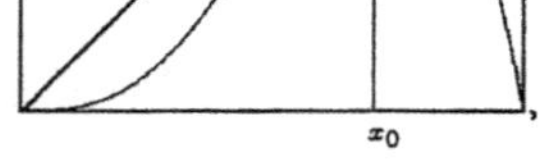

Abb. 3.65: a=1.6

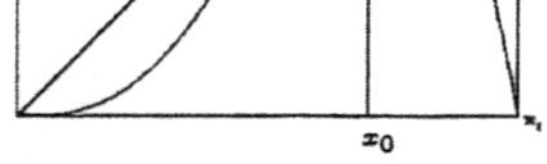

Abb. 3.66: a=1.7

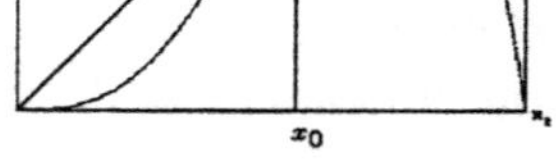

Abb. 3.67: a=1.9

In Abbildung 3.66 ist zu erkennen, daß kurz vor Erreichen des Tangentialpunktes durch den Graphen die zunehmende Enge zwischen Winkelhalbierender und Graph eine ansteigende Verweildauer des iterierten Punktes beim Durchqueren dieses Bereiches bewirkt[93]. Für einen derartigen Systemzustand

[93]Hierin liegt der Grund für die in den Abbildungen 3.63 und 3.64 erkennbare Häufung der Punkte im Bereich der Sattelpunkte kurz vor dem Übergang in ein periodisches

weist ein Punkt innerhalb dieses Bereiches ein stabil aussehendes Verhalten auf, das Laminar Phase genannt wird[94]. Das Verlassen dieses Bereiches bewirkt ein starkes Umschlagen des Systemverhaltens, das als Intermittenz bezeichnet wird[95]. Da ein Sattelpunkt im Gegensatz zu den Schnittpunkten der Periodenverdopplungs-Bifurkation sowohl anziehend als auch abstoßend wirkt, wie die Abbildung 3.68 und 3.69 für den Parameter $a = 1.7$ zeigen, stellt sich die Frage, auf welche Weise Systemzustände im abstoßenden Bereich auf den Sattelpunkt abgebildet werden bzw. inwieweit ein wiederholtes Auftreten von Laminar Phasen möglich ist.

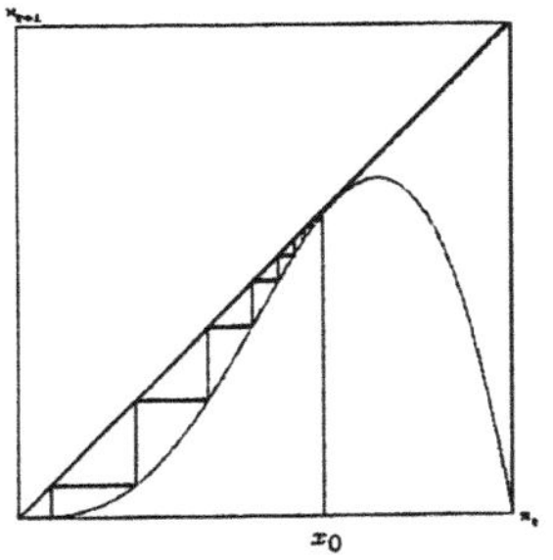

Abb. 3.68: Abstoßender Bereich des Sattelpunktes

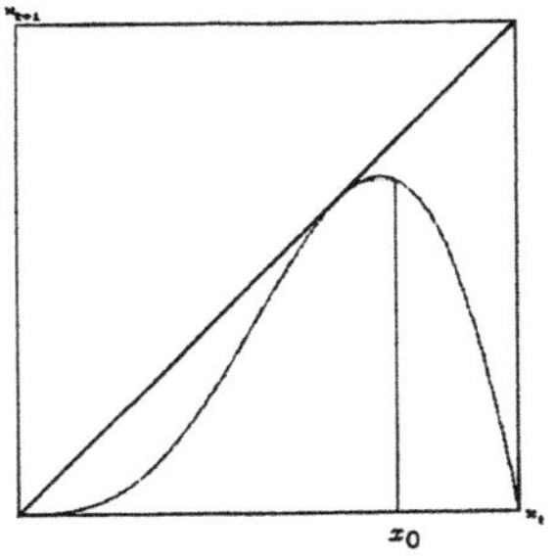

Abb. 3.69: Anziehender Bereich des Sattelpunktes

Die Beantwortung dieser Fragen basiert auf der Existenz von homoclinic points. Zur Definition eines homoclinic points sei die lokal instabile Menge W^u_{lok} eines abstoßenden Fixpunktes p als die maximale Ausdehnung des Intervalls definiert, für das die Expansionseigenschaft des Punktes p

$$|f(x) - p| > |x - p|$$

gilt. Ein Punkt q ist als homoclinic point zu p definiert, wenn $q \in W^u_{lok}(p)$ und ein $n > 0$ existiert, so daß $f^n(q) = p$. Für die dreifach iterierte logi-

Verhalten.

[94]Im Grenzfall strebt diese Verweildauer gegen ∞. Der iterierte Punkt weist in diesem Bereich dann ein regelmäßig erscheinendes Verhalten auf, obwohl er sich in einem instabilen Zustand befindet.

[95]Ein derartiges Umschlagen stabil erscheinender Zustände in unregelmäßiges, erratisches Verhalten ohne äußere Einflüsse kann häufig in alltäglichen Situationen beobachtet werden, z.B. die plötzlich auftretende und wieder verschwindende Störung des Empfangs eines Radiosenders. Hinsichtlich einer finanzwirtschaftlichen Interpretation wird häufig der Verlauf des Oktober-Crashs im Jahre 1987 als Beispiel herangezogen.

stische Gleichung f_a^3 ist diese Situation in Abbildung 3.70 dargestellt. Die Existenz von homoclinic points bewirkt somit für einen Sattelpunkt x_s und einen Punkt $x \in W^u_{lok}(x_s)$, daß $f^n(x_0) = x_s$ für $n \to \infty$. Bei nicht–Existenz eines Sattelpunktes ermöglichen homoclinic points nach Beendigung einer Laminar Phase die erneute Abbildung des iterierten Punktes in den anziehenden Bereich des Graphen, was eine Wiederholung der Laminar Phase bewirkt, wie dies in Abbildung 3.71 skizziert ist. Im Gegensatz zu homoclinic points wird ein Punkt q als heteroclinic point definiert, wenn $q \in W^u_{lok}(p)$ und $n > 0$, so daß $f^n(q) = p$ auf einem anderen periodischen Orbit liegt, wie dies in Abbildung 3.72 dargestellt ist.

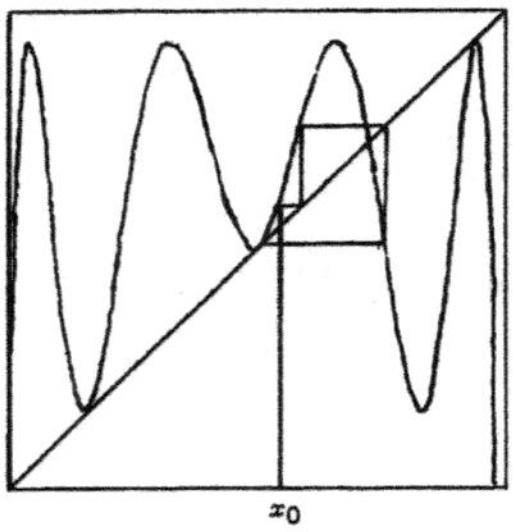

Abb. 3.70: $a \approx 3.828427$

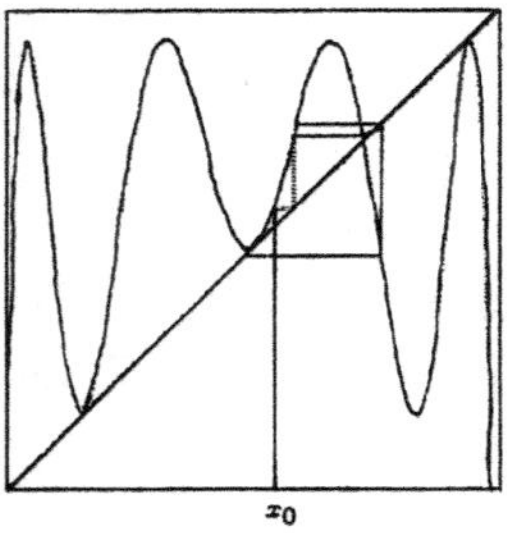

Abb. 3.71: $a = 3.828$

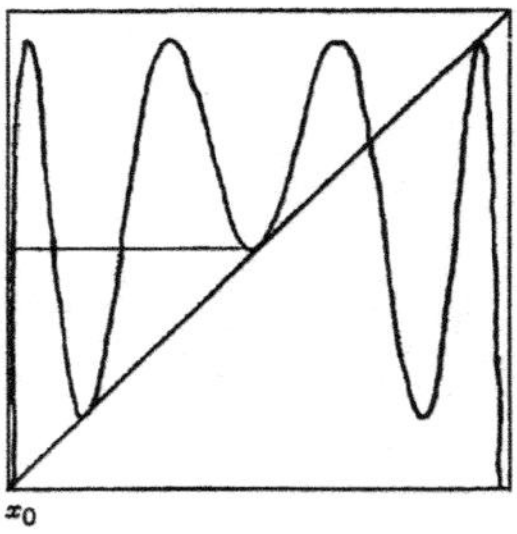

Abb. 3.72: $a \approx 3.828427$

Analog des hier skizzierten Ablaufs der Entstehung einer Periodizität der Periode 3 werden die weiteren Periodizitäten $5, 7, 9, \ldots$ im chaotischen Bereich der logistischen Gleichung durch die Sattelpunkt–Bifurkation generiert.
Die Analyse der Entstehung sowie der charakteristischen Merkmale chaotischen Verhaltens für die logistische Gleichung ist damit für $0 \leq a \leq 4$ abgeschlossen[96].

[96] Für eine weiterführende Diskussion der logistischen Gleichung und über ihren Zusammenhang zu weiteren chaotischen Systemen vgl. u.a. *May* [146], *Devaney* [52] und [53], *Devaney/Keen* [54], *Peitgen/Jürgens/Saupe* [167] und *Baker/Gollub* [9].

3.4 Bedeutung der Chaostheorie im finanzwirtschaftlichen Kontext

Das Ergebnis der vorstehenden Diskussion chaotischen Verhaltens ist im wesentlichen die Erkenntnis, daß nichtlineare deterministische Systeme existieren, die in Abhängigkeit von einer Variation ihrer Parameter stabiles, periodisches sowie instabiles Verhalten generieren können. Ihr instabiles Verhalten ist dabei charakterisiert durch die widersprüchliche Eigenschaft der Existenz eines deterministischen und damit prognostizierbaren nichtlinearen Systems und der gleichzeitig bestenfalls kurzfristigen, im allgemeinen jedoch eher unmöglichen Prognostizierbarkeit ihres Verhaltens, resultierend aus der Sensitivitätseigenschaft. Im Zusammenhang mit den Implikationen chaotischer Systeme für die finanzwirtschaftliche Forschung ist hierbei die Abhängigkeit ihres Stabilitätsverhaltens von einzelnen Parametern von besonderem Interesse. Hierin liegt die wesentliche Bedeutung nichtlinearer Dynamiken für die Modellierung von Preisbildungsprozessen.
In Abschnitt 2.1 wurde dargestellt, daß die bisherigen Ansätze zur Erklärung der Preisbildung nicht in der Lage sind, wesentliche Charakteristika dieses Prozesses zu erfassen. Die genannten Anomalien im Verhalten empirischer Kursverläufe bilden die klassische Begründung für die existierenden Zweifel an der Gültigkeit der Random–Walk–Hypothese und an den auf ihr basierenden Preisbildungstheorien. Der scheinbare Gegensatz zwischen dem einerseits zufällig aussehenden Verhalten der Preisbildung an Kapitalmärkten und der andererseits offensichtlich vorhandenen Strukturbildung innerhalb dieses Verhaltens, erkennbar u.a. an Periodizitäten und charttechnischen Erfolgen, kann durch die Chaostheorie in Einklang gebracht werden. Die Anwendung der Chaostheorie als Erklärung für das Entstehen der genannten Anomalien ist jedoch nur konzeptioneller Natur. Es ist unwahrscheinlich, ein deterministisches System zu finden, das jeden Montag negative Renditen generiert oder charttechnisch verwertbare Periodizitäten hervorbringt. Die konzeptionelle Kompatibilität des empirischen Preisbildungsprozesses mit den Eigenschaften chaotischer Systeme bildet damit lediglich die Grundlage für das Interesse der finanzwirtschaftlichen Forschung in diesem Bereich. Die eigentliche Bedeutung der Chaostheorie für die Erklärung der Preisbildung wird deutlich,

wenn das Verhalten der Volatilität[97] von Preisänderungen mit berücksichtigt wird. Die grundsätzliche Problematik der in Abschnitt 2.1 diskutierten Anomalien ist das Fehlen ökonomischer Ursachen für verschiedene charakteristische Verhaltensweisen des empirischen Preisbildungsprozesses. Diese Problematik kann dahingehend erweitert werden, daß zusätzlich zu den genannten Aspekten die Volatilität des Preisbildungsprozesses ein mit der klassischen ökonomischen Theorie weitgehend unvereinbares Verhalten aufweist. *Haugen/Talmor/Torous* nennen in einer zusammenfassenden Darstellung u.a. die nachfolgenden Aspekte[98]:

- Die Volatilität der Preisänderungen, die Änderung dieser Volatilität sowie signifikante Preisbewegungen können im allgemeinen nicht auf entsprechende reale ökonomische Ereignisse oder entsprechend wichtige Informationen zurückgeführt werden.
- Die Volatilität der Preisänderungen ist nicht, wie zu erwarten wäre, mit der Volatilität der der Preisbildung zugrunde liegenden ökonomischen Einflußvariablen korreliert.
- Ein Großteil der Varianz von Preisänderungen muß auf private Informationen zurückgeführt werden oder als bezugslos hinsichtlich relevanter ökonomischer Informationen bezeichnet werden.

Zusammenfassend ändert sich somit die Volatilität, ohne daß hierfür ökonomisch relevante Ursachen vorhanden sind[99]. Der Preisbildungsprozeß scheint

[97]Der Begriff der Volatilität bezeichnet hier die Schwankungsbreite von Preisänderungen. Eine eindeutige Definition dieses Begriffes existiert nicht. Zu einer ausführlichen Diskussion vgl. *Geyer* [87], Kap. 4.

[98]Vgl. *Haugen/Talmor/Torous* [104]. *Haugen/Talmor/Torous* greifen hierbei auf Ergebnisse von *Roll*, *Schwert*, *Cutler*, *Poterba* und *Summers* sowie auf Ergebnisse ihrer eigenen Arbeit zurück.

[99]Im Sinne der inhaltlichen Bedeutung des Begriffs Anomalie als Unvereinbarkeit von empirischer Preisbildung und theoretischer Modellierung muß somit auch die Volatilität empirischer Preisbildungsprozesse als Anomalie bezeichnet werden. Es stellt sich hierbei die interessante Frage, ob die empirischen Charakteristika von Preisbildungsprozessen als Anomalien ihrer theoretischen Modellierung zu betrachten sind oder ob die klassischen Modellierungen der Preisbildung Anomalien im empirischen Preisbildungsprozeß darstellen. Im Zusammenhang mit der Chaostheorie schließt sich an dieser Stelle der Kreis hinsichtlich ihrer in Kapitel 2 diskutierten Bedeutung als Paradigmawechsel in der wissenschaftlichen Forschung.

sich somit von der grundsätzlichen Voraussetzung zu entfernen, daß er ausschließlich auf der Verarbeitung marktexterner Informationen beruht. Vielmehr scheint eine dem Preisbildungsmechanismus innewohnende Dynamik zu existieren, die unabhängig von äußeren Informationen die Preisbildung beeinflußt.
Die Existenz einer solchen Dynamik offenbart den konzeptionellen Zusammenhang zwischen Chaos und Preisbildungsmodellen. Die Beeinflussung der Preisbildung durch systemendogene Dynamiken ist in zweifacher Hinsicht vorstellbar.

- Sie kann in einer Verstärkung ökonomisch eher unbedeutender Informationen bestehen, wodurch entsprechend starke Kursausschläge generiert werden. Unter Einbeziehung der Ergebnisse für das Entstehen chaotischen Verhaltens könnte eine derart unbedeutende Information die Veränderung eines Parameterwertes des Systems bewirken. Dies führt zu einer Veränderung des Stabilitätsverhaltens des zugrunde liegenden Systems, was zu einer entsprechend heftigen Reaktion im Preisbildungsprozeß führt, obwohl die Ursache marginal ist.

- Ebenso ist eine Erweiterung dieser Überlegung dahingehend denkbar, daß ein Preisbildungsprozeß aus einer ihm innewohnenden Dynamik heraus entsprechende Preisänderungen generiert ohne daß sich die ökonomische Situation ändert. Übertragen auf die chaotischen Verhaltensweisen wäre die in Abschnitt 3.3.5 beschriebene Laminar Phase ein denkbarer Erklärungsansatz für ein plötzliches Umschwenken der Preisbildung von relativ stabilem, ruhigem Verhalten in instabiles, hektisches Verhalten. Hierdurch wird eine Veränderung der Volatilität im Preisbildungsprozeß ohne den Einfluß externer Informationen erklärbar.

Zusammenfassend könnte ein dem Preisbildungsprozeß zugrunde liegendes nichtlineares dynamisches System, das in Abhängigkeit von verschiedenen Parameterwerten unterschiedliches Stabilitätsverhalten generiert, somit die eingangs beschriebenen Verhaltensweisen der Volatilität der Preisbildung erklären.
Diese konzeptionelle Übertragbarkeit der Eigenschaften nichtlinearer dynamischer Systeme auf den Preisbildungsprozeß an Kapitalmärkten hat in der finanzwirtschaftlichen Forschung zu einer Dynamisierung der bislang überwiegend statisch ausgerichteten Modellbildung und zu einer Konzentration

auf nichtlineare Systeme als Erweiterung der bislang dominierenden linearen Ansätze geführt. Resultierend aus dieser veränderten Sichtweise wird die Preisbildung nicht mehr ausschließlich als statisches Ereignis einer Informationsverarbeitung sondern als dynamischer Prozeß aufgefaßt, der in Abhängigkeit von verschiedenen Parameterwerten oder Parameterkonstellationen unterschiedlich stabiles Verhalten generiert. Die eingangs erwähnten Inkompatibilitäten des realen Preisverhaltens mit der zugrunde liegenden ökonomischen Situation werden durch diesen Ansatz systemendogen erklärbar. Die abrupt auftretende Änderung der Volatilität sowie die Zu– oder Abnahme relativer Preisänderungen werden ohne den Einfluß externer Informationen aus der Dynamik des Preisbildungsprozesses selbst heraus generiert oder durch eine Veränderung in den Werten der ihn beeinflussenden Parameter.
Diese konzeptionelle Überlegung ist der Ansatzpunkt für die aktuelle Entwicklung im Bereich der Preisbildungsmodelle. Die verschiedenen Ansätze in diesem Bereich stellen hierbei jeweils unterschiedliche Parameter in den Mittelpunkt ihres Modells, wobei allen Ansätzen gemeinsam ist, daß durch Interaktionen zwischen verschiedenen Marktteilnehmern nichtlineare Dynamiken generiert werden, die in Abhängigkeit von einer Veränderung der zugrunde liegenden Parameter unterschiedliches Stabilitätsverhalten generieren. In diesem Zusammenhang wird für Aktienmärkte von *Lux*[100] ein auf der unterschiedlich motivierten Verhaltensweise verschiedener Anlegergruppen basierendes Modell entwickelt, in dem Chartisten und Fundamentalisten interagieren. Die unterschiedlich motivierten Anlageentscheidungen beider Gruppen führen zu entsprechend unterschiedlichen strategischen Verhaltensweisen am Markt und bewirken die Instabilität von Gleichgewichtszuständen. Die hieraus resultierende Dynamik in der Preisentwicklung ist für eine Vielzahl von Parameterkombinationen chaotisch, wobei der die strategische Ausrichtung der Marktteilnehmer symbolisierende Parameter von besonderer Bedeutung ist. Die Stabilitätszustände des betrachteten Systems und damit auch die Existenz einer als chaotisch zu charakterisierenden Preisentwicklung ist in diesem Modell somit abhängig von der jeweils gewählten Strategie der am Markt agierenden Anleger[101]. Die Auswirkungen eines unterschiedlichen

[100]Vgl. *Lux* [139].

[101]Zu weiteren Modellen, die die Interaktion von Chartisten und Fundamentalisten am Markt in den Mittelpunkt stellen vgl. *Chiarella* [39], *Ghezzi* [89] und *Day/Huang* [45]. Zur Modellierung chaostheoretischer Ansätze für Wechselkurse vgl. *De-Grauwe/Dewachter/Embrechts* [51] und *Reszat* [179] und [180]. Für einen Überblick vgl.

strategischen Verhaltens verschiedener Unternehmungen auf die Stabilität des betrachteten Gleichgewichts wird von *Dockner/Van Long/Sorger*[102] analysiert, wobei auch hier in Abhängigkeit von den gewählten Strategien chaotische Verhaltensweisen generiert werden. Die vorstehend genannten charakteristischen Verhaltensweisen der Volatilität von Preisänderungen werden von *Brock*[103] durch Einbeziehung nichtlinearer stochastischer Ansätze konzeptionell modelliert, wobei *Brock* unterschiedliche Interdependenzen zwischen den Marktteilnehmern in den Mittelpunkt verschiedener Modellierungsansätze stellt, um jeweils einzelne Charakteristika des Volatilitätsverhaltens realer Kursverläufe zu erklären[104].

Allen Ansätzen ist die Einbeziehung nichtlinearer Dynamiken in die Preisbildung durch Interaktionen verschiedener Marktteilnehmer gemeinsam. Die anhand dieser Modellierungen erkennbare Neuorientierung in der Erklärung von Preisbildungsprozessen ist das wesentliche Ergebnis der Chaostheorie für die finanzwirtschaftliche Forschung, wobei im Vergleich zu der empirischen Evidenz für nichtlineare Strukturen in Preisbildungsprozessen der Umfang der theoretischen Erklärungsansätze für diese Strukturen noch eher gering ist.

Lux [139] und [140].

[102]Vgl. *Dockner/Van Long/Sorger* [58]

[103]Vgl. *Brock* [26].

[104]Diese Interdependenzen basieren u.a. auf heterogenen Risikoaversionen, unterschiedlichen bedingten Erwartungen oder heterogenen Korrelationen zwischen der Gesamtmarktentwicklung und dem eigenem Einkommen der Marktteilnehmer, was jeweils zu entsprechend unterschiedlichen Strategien der Marktteilnehmer führt. Vgl. hierzu *Brock* [26]. Zu weiteren konzeptionellen Überlegungen, wie nichtlineare Dynamiken im Preisbildungsprozeß an Kapitalmärkten auftreten können vgl. *Brock* [25], S. 260ff., *Brock/Hsieh/LeBaron* [34], S. 30ff. und *Anderson/Arrow/Pines* [5].

Kapitel 4

Testverfahren

Aufbauend auf den im vorstehenden Kapitel dargestellten inhaltlichen Implikationen der Chaostheorie werden nachfolgend verschiedene Testverfahren zur Aufdeckung von Strukturen in Zeitreihen hergeleitet und deren Anwendung dargestellt[1]. Zur Veranschaulichung ihrer Wirkungsweise werden diese Verfahren auf zwei Zeitreihen angewendet, die mittels eines chaotischen und eines stochastischen Prozesses generiert werden.
Die auf einem chaotischen Prozeß basierende Zeitreihe wird generiert durch das folgende deterministische System[2]:

$$x_t = ax_{t-1}(1 - x_{t-1}) \tag{4.1}$$

$$P_{t+1} = P_t + x_t - 0.5 \tag{4.2}$$

mit $a = 4$, $x_0 = 0.3$ und $P_0 = 100$. Die Gleichung 4.1 ist die im vorstehenden Kapitel eingeführte logistische Gleichung, die bekannterweise für $a = 4$ chaotische Zeitreihen generiert. Die Gleichung 4.2 führt eine Lineartransformation mit den generierten Daten durch, wodurch der in Abbildung 4.1 dargestellte Kursverlauf entsteht, der vom Verlaufsmuster her dem eines gewöhnlichen Aktienkurses entspricht[3]. Die so erzeugte Zeitreihe wird im folgenden als Chaosreihe bezeichnet. Die zweite Erklärungsalternative für den Verlauf finanzwirtschaftlicher Zeitreihen ist die stochastische Erklärung. Zu

[1] Vgl. zu einer zusammenfassenden Darstellung verschiedener auf chaostheoretischen Konzepten basierender Testverfahren auch *Prskawetz* [173].

[2] Vgl. *Frank/Stengos* [81].

[3] *Brock* [23], S. 180 weist nach, daß eine Lineartransformation chaotischer Daten die chaotische Struktur dieser Daten nicht zerstört.

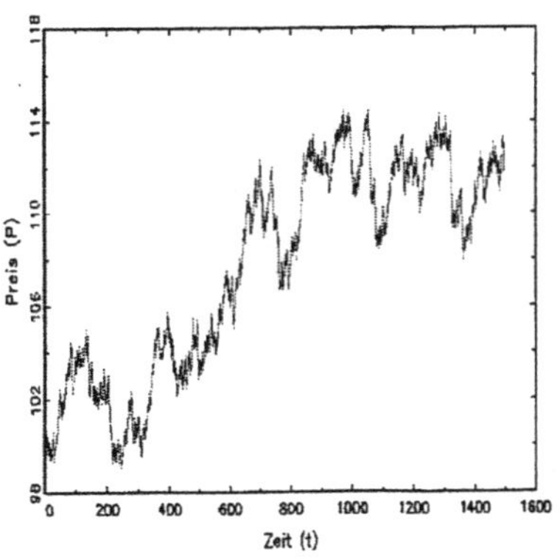

Abb. 4.1: Verlauf der Chaosreihe

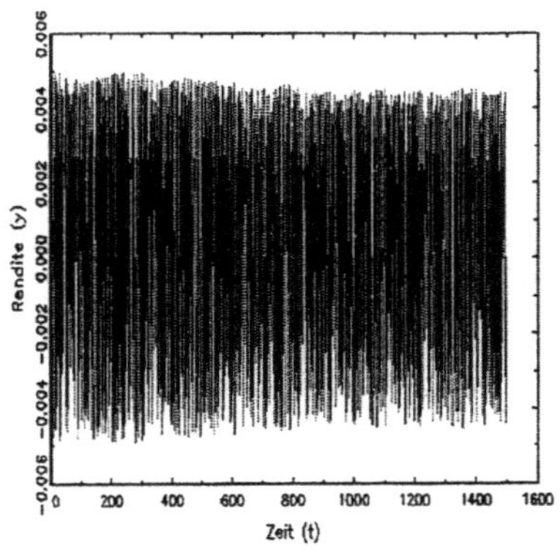

Abb. 4.2: Renditen der Chaosreihe

deren Modellierung wird unter Verwendung des Zufallsgenerators des Programms „GAUSS" eine Zeitreihe durch das folgende System generiert:

$$x_t = \text{Zuallszahlen im Intervall } [0,1] \tag{4.3}$$

$$P_{t+1} = P_t + x_t - 0.5 \tag{4.4}$$

Diese zweite Zeitreihe wird im folgenden als Zufallsreihe bezeichnet[4]. Die graphische Darstellung ihres Verlaufes und der Renditen[5] führt zu den Abbildungen 4.3 und 4.4. Die Analyse der beiden Renditezeitreihen hinsichtlich der Gültigkeit der Random-Walk-Hypothese[6] erfolgt durch die Schätzung eines autoregressiven Prozesses 1. Ordnung (AR(1)) der Form

$$y_t = \alpha_0 + \alpha_1 y_{t-1} + u_t$$

mit $E[u_t] = 0$, $Var[u_t] = \sigma^2$, $Cov[u_t, u_{t-s}] = 0$ für $s \neq 0$. Als Schätzwerte für die Parameter ergeben sich nach der Kleinst Quadrate Methode:

[4]Da es sich bei einem solchen Zufallsgenerator letztendlich auch „nur" um ein deterministisches Bildungsgesetz handelt, müßte die zugrunde liegende deterministische Struktur durch die Testverfahren entdeckt werden. Es ist aber im Zusammenhang mit dem Ziel dieses Kapitels ausreichend, wenn der verwendete Zufallsgenerator ein ausreichend hochdimensionales Chaos generiert, das im Vergleich zur chaotischen Zeitreihe zufällig aussieht. Dieser Anforderung wird die verwendete Zufallsreihe gerecht.

[5]Die in den Abbildungen 4.2 und 4.4 dargestellten Renditen y_t der Chaos- und Zufallsreihe wurden berechnet als $y_t = \ln P_t - \ln P_{t-1}$.

[6]Vgl. zum Random-Walk-Modell Abschnitt 5.2, S. 112ff. dieser Arbeit.

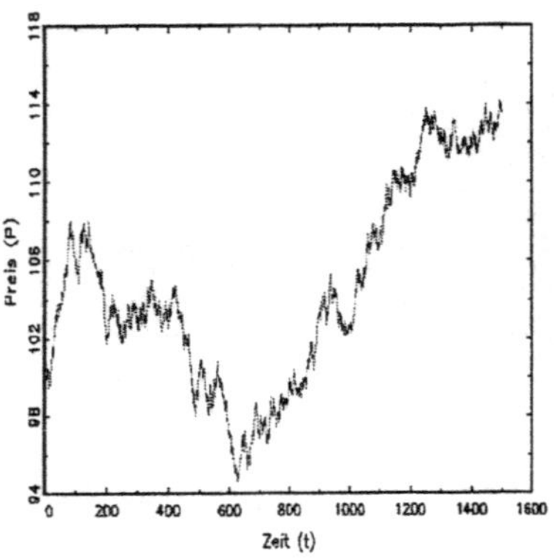

Abb. 4.3: Verlauf der Zufallsreihe

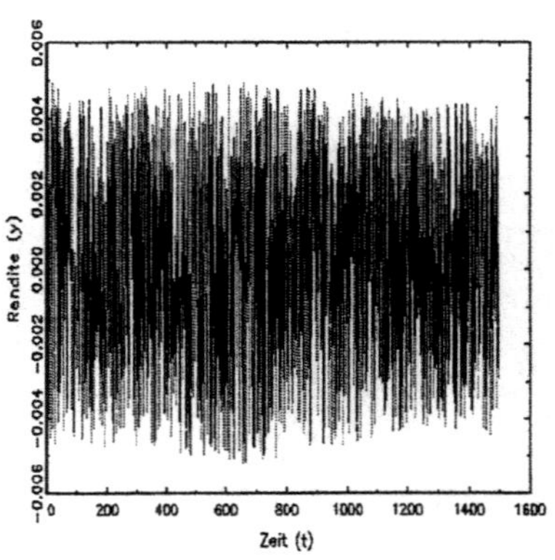

Abb. 4.4: Renditen der Zufallsreihe

	Chaosreihe		Zufallsreihe	
	Schätzwert	t-Statistik	Schätzwert	t-Statistik
α_0	0.000787398	0.9628149	0.009794984	0.6630549
α_1	-0.03614037	-1.397565	-0.0000858388	-0.6078731

Die Werte der t–Statistik liegen innerhalb des Intervalls $[-1.96, 1.96]$ und offenbaren damit für ein Signifikanzniveau von 5% eine nicht vorhandene Signifikanz der Schätzungen. Die generierten Zeitreihen scheinen somit einem Random–Walk zu folgen. Es kann mittels klassischer ökonometrischer Verfahren nicht auf ein zugrunde liegendes deterministisches System geschlossen werden. Hingegen kann ein Marktteilnehmer, der das deterministische Bildungsgesetz und die Anfangsbedingung der Chaosreihe kennt, auf der Basis vergangener Realisationen den zukünftigen Kursverlauf perfekt prognostizieren und entsprechende Überrenditen erzielen. Trotz einer Verifizierung der Random–Walk–Hypothese existieren Abhängigkeiten in den Beobachtungen, der entsprechende Markt wäre ineffizient.

Den Nachweis sowohl linearer als auch nichtlinearer Abhängigkeiten und damit die Differenzierung zwischen stochastischen und chaotischen Systemen ermöglichen die nachfolgend dargestellten Verfahren.

4.1 Graphische Verfahren

Die graphischen Testverfahren basieren auf den durch deterministische Abhängigkeiten generierten Strukturen im Erwartungswert eines dynamischen Systems. Die Dimensionalität dieser Strukturen ist abhängig von der Komplexität des jeweiligen Systems bezüglich der Anzahl seiner Zustandsdimensionen, die für die Erklärung des aktuellen Zustands notwendig sind[7]. Die Analyse dieser Komplexität erfolgt mittels des in Abschnitt 3.1.4 eingeführten fraktalen Dimensionsmaßes.

4.1.1 Der Grassberger/Proccacia–Graph

Für das Testverfahren des Grassberger/Procaccia (GP)-Graphen sei an die in Abschnitt 3.1.4 dargestellte Erklärung der Korrelationsdimension erinnert. Die formale Darstellung der Korrelationsdimension D_C ergab sich danach zu:

$$D_{C_N} = \lim_{\epsilon \to 0} \lim_{T \to \infty} \frac{\lg C_{N,T}(\epsilon)}{\lg(\epsilon)} \tag{4.5}$$

$$D_C = \lim_{N \to \infty} D_{C_N} \tag{4.6}$$

mit $C_{N,T}(\epsilon)$ als Korrelationsintegral für die Einbettungsdimension N, die Distanz ϵ und den Beobachtungszeitraum T. Die Umsetzung dieses Konzeptes in ein Testverfahren auf die Existenz von Strukturen erfolgt graphisch und basiert auf den Beziehungen 4.5 und 4.6.

[7] Auf der Basis dieser Komplexität erfolgt die Differenzierung zwischen Chaos und Stochastik, was eher einem philosophischen denn einem wissenschaftlichen Problem entspricht. In letzter Konsequenz basieren alle existierenden Zustände auf einem deterministischen System. Inwieweit es sich um ein chaotisches oder stochastisches System handelt, ist von der Dimensionalität des jeweiligen Systems abhängig. Je umfangreicher die Dimensionalität eines Systems wird, um so größere Datenmengen werden benötigt. Die betrachteten Zeitintervalle gehen gegen Null, die erforderliche Datenmenge wird unendlich groß. Die Möglichkeit des Nachweises einer deterministischen Gesetzmäßigkeit stößt damit an ihre durch die verfügbaren Datenmengen determinierte Grenze. Zu der daraus resultierenden Problematik für die vorliegende Untersuchung vgl. Abschnitt 6.1, S. 157ff. dieser Arbeit. Die im finanzwirtschaftlichen Bereich gesetzte Trennung liegt nach *Brock/Hsieh/LeBaron* [34], S. 17 bei sieben Zustandsdimensionen. Alles darüber hinausgehende wird als stochastisches Verhalten bezeichnet.

Entsprechend dieses Zusammenhangs wird in einem als GP–Graph bezeichneten Graphen $\lg C_{N,T}(\epsilon)$ gegen $\lg(\epsilon)$ abgetragen. Da a priori nicht bekannt ist, welche Einbettungsdimension zur Aufdeckung der Strukturen ausreicht, wird hierbei die Einbettungsdimension sukzessive erhöht. Die Werte einer jeden Einbettungsdimension werden linear regressiert, die Steigungen der Regressionsgeraden entsprechen der jeweiligen Korrelationsdimension. Bei dieser Vorgehensweise ist zu beachten, daß lediglich ein bestimmtes ϵ–Intervall aussagekräftige Schätzungen zuläßt. Für zu kleine ϵ–Werte überwiegt der Einfluß von den Daten innewohnendem Rauschen; zu große ϵ–Werte bewirken, daß immer mehr Datenpaare erfaßt werden, die Korrelationsdimension also überschätzt wird. Da Zufallssysteme IID (identically independent distributed) Daten erzeugen, ermöglicht der GP–Graph eine Trennung zwischen Chaos und Zufall.

Bei einer Erzeugung der Renditen durch stochastische Bildungsgesetze wären die Renditen in jeder Zustandsdimension IID. Die Komplexität des Systems erhöht sich damit mit jeder zusätzlichen Dimension, was zu einer zunehmenden Korrelationsdimension führt. Die Erhöhung der Einbettungsdimension bewirkt daher bei stochastischen Systemen eine Zunahme der Korrelationsdimension, so daß die Korrelationsdimension stochastischer Systeme ∞ ist bzw. mit zunehmender Einbettungsdimension ebenfalls zunimmt. Die Existenz einer den analysierten Daten innewohnenden Struktur jedoch führt ab einer bestimmten Einbettungsdimension dazu, daß diese Struktur entdeckt wird. Die Komplexität des Systems bleibt unabhängig von N konstant, so daß die Korrelationsdimension ebenfalls konstant wird. Als Beispiel für diese Überlegung sei der Vektor $x_t^N = (x_t, x_{t+1})$ mit $N = 2$ betrachtet, wobei jedes x_t einer Gleichverteilung entstammt[8]. Eine Verdopplung der Distanz ϵ führt hierbei zu einer Vervierfachung der durch das Korrelationsintegral erfaßten Punktepaare – die Korrelationsdimension ist 2. Allgemein wäre die Korrelationsdimension einer N–History der Form $x_t^N = (x_t, ..., x_{t+N-1})$ einer beliebigen IID–Größe x_t somit N. Entstammte jedes x_t hingegen der Funktion der tent map, so lägen die Paare (x_t, x_{t+1}) auf einer Geraden. Eine Verdopplung der Distanz ϵ führt dann zu einer Verdopplung der durch das Korrelationsintegral erfaßten Punktepaare – die Korrelationsdimension ist 1. Die Schätzung der Korrelationsdimension aus dem GP–Graph für die Chaos- und Zufallsreihe führt zu den in den Abbildungen 4.5 bis 4.8 dargestellten

[8]Vgl. hierzu das graphische Beispiel in Abschnitt 3.1.4, S. 35ff. dieser Arbeit.

Ergebnissen, wobei die Distanz ϵ der Variablen r entspricht. Die höheren Kurven in den Abbildungen 4.5 und 4.7 entsprechen jeweils niedrigeren Einbettungsdimensionen N mit $N = 2, 3, \ldots, 10$. Es ist deutlich zu erkennen, daß der GP–Graph der Chaosreihe für einen bestimmten ϵ–Bereich eine von der Einbettungsdimension unabhängige Steigung aufweist, die bei ≈ 1.8 liegt. Dieser Wert gibt die fraktale Dimensionalität der Chaosreihe an. Im Gegensatz hierzu weist die Zufallsreihe eine in Abhängigkeit von N zunehmende Steigung auf, was das ihr zugrunde liegende Bildungsgesetz als stochastisch oder zumindest hochdimensional deterministisch identifiziert.

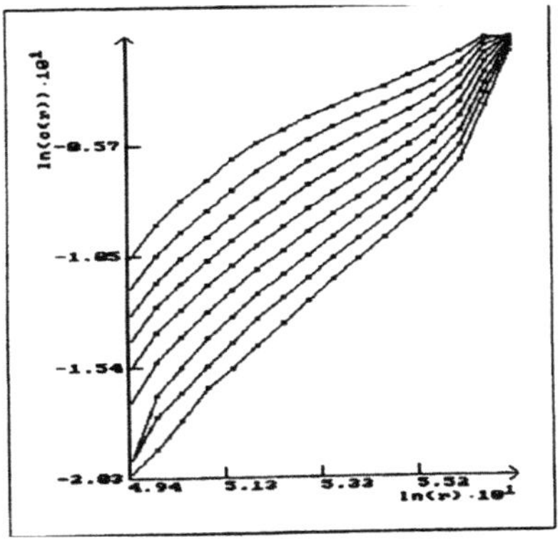

Abb. 4.5: GP–Graph der Chaosreihe

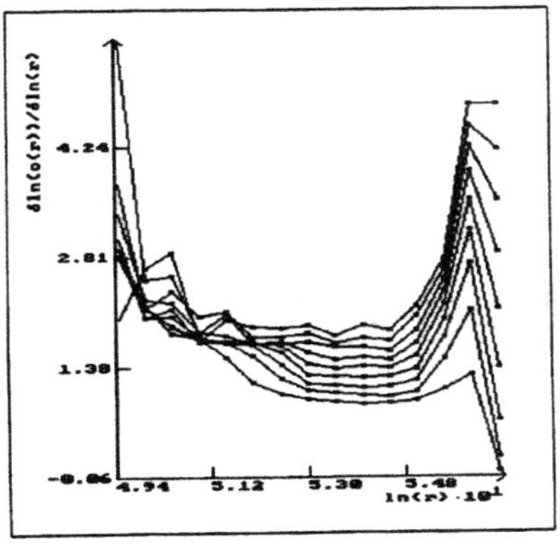

Abb. 4.6: Steigung des GP–Graphs in Abhängigkeit von ϵ

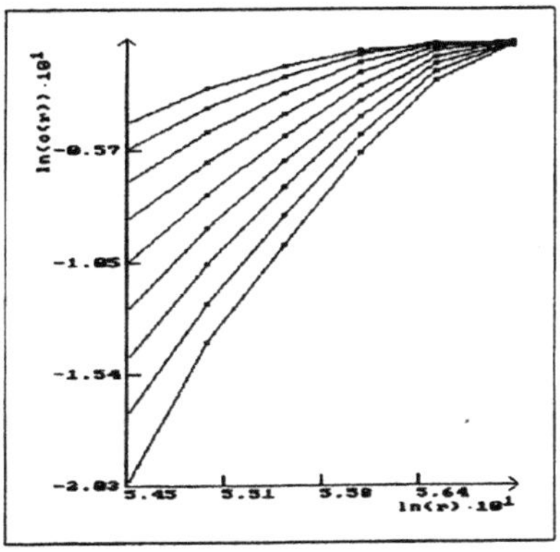

Abb. 4.7: GP–Graph der Zufallsreihe

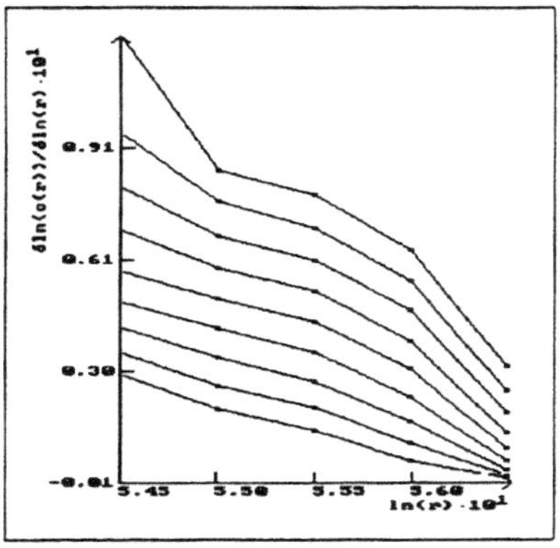

Abb. 4.8: Steigung des GP–Graphs in Abhängigkeit von ϵ

4.1.2 Recurrence Plot

Ein auf der Idee der Korrelationsdimension basierendes graphisches Verfahren zur Aufdeckung existierender Strukturen innerhalb einer Datenreihe ist der Recurrence Plot[9]. Die Darstellung erfolgt in einem Koordinatenkreuz, auf dessen beiden Achsen jeweils der gesamte Beobachtungszeitraum abgetragen wird. Diejenigen Koordinaten, für die gilt:

$$|x_t^N - x_s^N| < \epsilon \tag{4.7}$$

mit ϵ als Distanz und $x_t^N = (x_t, ..., x_{t+N-1})$ werden geschwärzt. Bei IID Bebachtungen müßte die gesamte Fläche eine einheitliche Musterung in Form einer annähernd gleichverteilten Schwärzung aufweisen. Eine Konzentration heller Flächen weist darauf hin, daß innerhalb der entsprechenden Zeitintervalle die Beobachtungen eine größere Distanz als ϵ zueinander aufweisen, was der IID–Hypothese widerspricht. Eine Konzentration schwarzer Flächen in bestimmten Intervallen weist dagegen auf zeitliche Strukturen innerhalb der Beobachtungen hin, wobei die Gestalt dieser Bereiche Aussagen über die zugrunde liegenden Strukturen ermöglicht. Eine vorhandene Periodizität wäre als Schachbrettmuster erkennbar, eine auf der Basis vergangener Daten mögliche perfekte Prognostizierbarkeit zukünftiger Beobachtungen ergäbe eine schwarze Diagonale parallel zur Hauptdiagonalen. Eine zeitweise Abnahme der Volatilität in den Beobachtungen hätte für diesen Zeitraum eine zunehmende Schwärzung zur Folge, da die Beobachtungen entsprechend enger beieinander lägen.

Der Recurrence Plot erlaubt damit das Erkennen von Strukturbrüchen im Systemverhalten, die z.B. durch strukturelle Einflüsse des makroökonomischen Umfeldes begründet sein können. Derartige Strukturbrüche ergäben im Recurrence Plot eine abrupte Änderung der bis zu diesem Zeitpunkt erkennbaren Musterung. Hieraus resultierte dann die Konsequenz, durch eine entsprechende Zerlegung der Beobachtungszeiträume diese Nichtstationaritäten zu berücksichtigen.

Die Recurrence Plots der Chaos- und Zufallsreihe ergeben sich für $\epsilon = 0.5\sigma$ mit σ als Standardabweichung der Beobachtungen und $N = 2$ zu den umseitigen Abbildungen 4.9 und 4.10. Während der Recurrence Plot der Zufallsreihe eine weitgehend gleichmäßige Schwärzung und damit keine Strukturen erkennen läßt, sind bei der Chaosreihe periodische Strukturen in Form

[9]Vgl. *Eckman/Kamphorst/Ruelle* [63] und *Brock/Hsieh/LeBaron* [34], S. 87f.

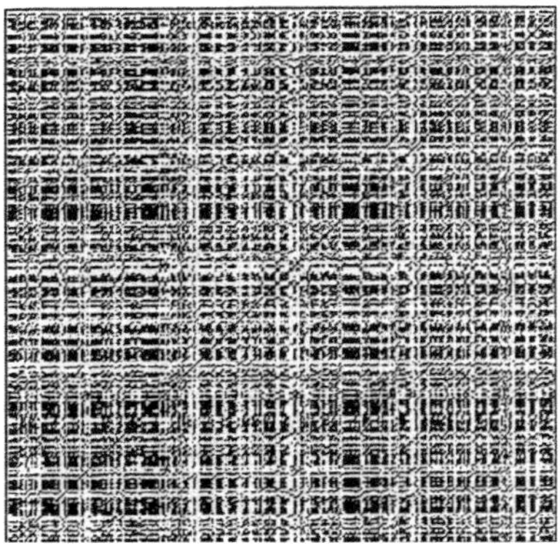

Abb. 4.9: Recurrence Plot der Chaosreihe

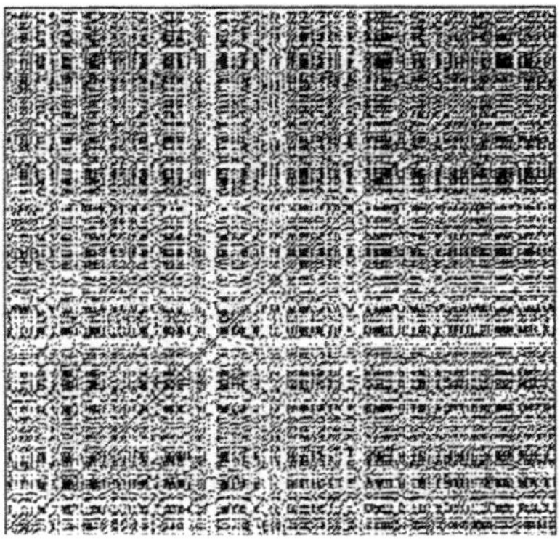

Abb. 4.10: Recurrence Plot der Zufallsreihe

einer Konzentration schwarzer Bereiche, ähnlich einem Schachbrettmuster, erkennbar[10]. Ein Strukturbruch in den die Daten generierenden Systemen ist für keine der Datenreihen erkennbar.

4.1.3 Shuffle Diagnostic

Die Shuffle Diagnostic wendet auf die Beobachtungen einen geeigneten Zeitreihenprozeß an, der in der Lage ist, die Struktur der Beobachtungen dahingehend zu verändern, daß deren Residuen IID sind. Das Ziel eines solchen Prozesses besteht in der Zerstörung existierender Abhängigkeiten in den analysierten Datenreihen, was durch ein entsprechendes Permutieren der Daten erreicht werden kann. Die vorliegenden Beobachtungen werden „neu gemischt", wodurch ursprüngliche Abhängigkeiten zerstört, die Verteilungseigenschaften der Daten aber beibehalten werden[11]. Für die dabei erhaltenen Residuen wird die Korrelationsdimension geschätzt. Da der Shuffle–Prozeß

[10] Es muß konstatiert werden, daß der Unterschied zwischen den obigen Graphen eher gering ausgeprägt ist. Dies ist darauf zurückzuführen, daß zur Darstellung des Recurrence Plot die vorhandenen Daten auf die vertikale Pixelanzahl von 480 Pixeln des verwendeten Rechnerbildschirms reduziert werden mußte. Diese Reduktion erfolgte durch Bildung des arithmetischen Mittels aus jeweils drei Beobachtungen, wodurch die Ergebnisse der resultierenden Graphen „verwaschen" wurden. Dieselbe Problematik stellte sich in Abschnitt 5.7, S. 153ff. dieser Arbeit. Trotz dieses Effektes veranschaulichen die dortigen Graphiken die Existenz von Strukturen jedoch wesentlich besser.

[11] Vgl. *Frank/Stengos* [81], S. 119f. In der vorliegenden Arbeit wird das Bootstrap–Verfahren angewendet. Vgl. hierzu *Efron* [66], S. 27ff.

eine vorhandene Struktur in den Beobachtungen zerstört, läßt sich anhand eines Vergleichs der Korrelationsdimension der originalen und der geshuffelten Datenreihe erkennen, inwieweit den Beobachtungen Strukturen innewohnen. Eine weitgehende Identität der Korrelationsdimension der ursprünglichen Beobachtungen mit der Korrelationsdimension der erzeugten Residuen bedeutet, daß die Originalbeobachtungen keine Struktur aufweisen, sondern IID sind. Eine signifikante Erhöhung der Korrelationsdimension für die erzeugten Residuen bedeutet, daß die Originalbeobachtungen eine Struktur aufweisen, die durch den Shuffle–Prozeß zerstört wurde. Die offensichtliche Bestätigung dieser Überlegung liefert die Anwendung des Verfahrens auf die vorliegende Chaos– und Zufallsreihe. Die Schätzung der Korrelationsdimension für diese Zeitreihen nach der Anwendung des Shuffle–Prozesses ist den Abbildungen 4.11 bis 4.14 zu entnehmen, wobei die Variable r die Distanz bezeichnet.
Der Vergleich dieser Graphiken mit den Schätzungen der Korrelationsdimension der originalen Daten in den Abbildungen 4.5 bis 4.8, Seite 91f. zeigt eine Identität für die Zufallsreihe und eine signifikante Zunahme der Korrelationsdimension für die Chaosreihe, wodurch die Existenz von Abhängigkeiten in den Originaldaten der Chaosreihe offenbart wird.

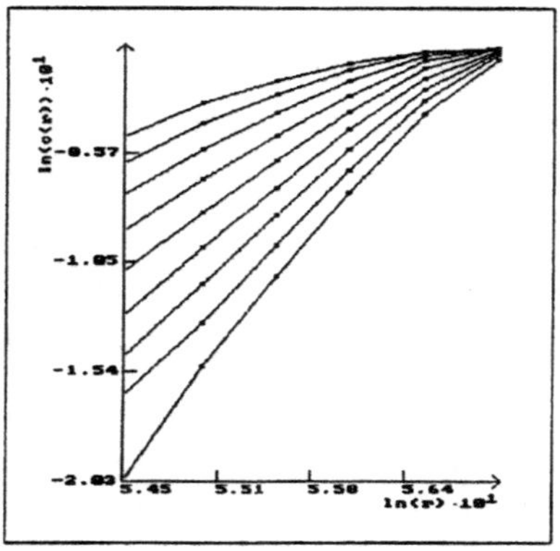

Abb. 4.11: GP–Graph der geshuffelten Chaosreihe

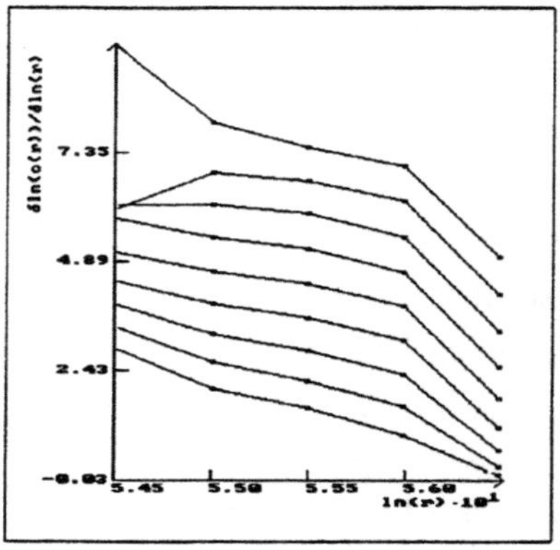

Abb. 4.12: Steigung des GP–Graphs in Abhängigkeit von ϵ

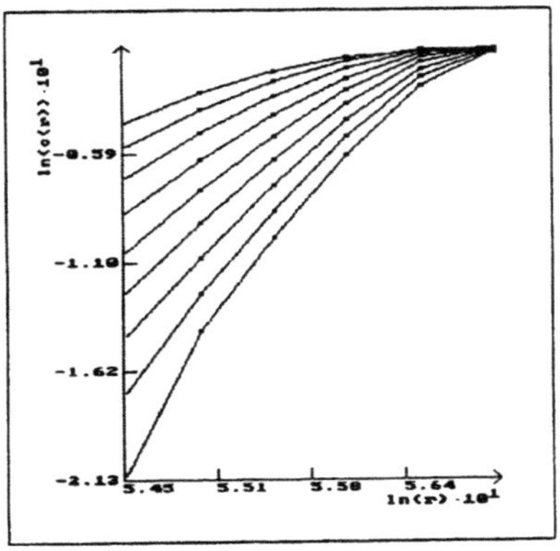

Abb. 4.13: GP–Graph der geshuffelten Zufallsreihe

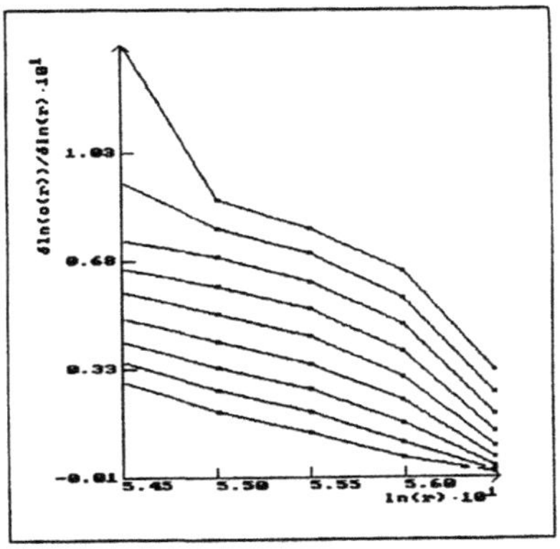

Abb. 4.14: Steigung des GP–Graphs in Abhängigkeit von ϵ

4.1.4 Conditionals

Eine weitere Untersuchung auf der Basis der Korrelationsdimension basiert auf der Interpretation des Korrelationsintegrals als Wahrscheinlichkeit, daß zwei N–Histories innerhalb einer ϵ–Distanz liegen[12]. Ausgehend von dieser Interpretation läßt sich die bedingte Wahrscheinlichkeit berechnen, daß wenn bei einer Einbettungsdimension von $N-1$ zwei $(N-1)$–Histories innerhalb der Distanz ϵ zueinander liegen, auch für eine Einbettungsdimension von N die beiden N–Histories innerhalb dieser Distanz liegen[13]. Die Berechnung dieser Wahrscheinlichkeit erfolgt durch

$$S^N(\epsilon) = \frac{C_N(\epsilon)}{C_{N-1}(\epsilon)}. \tag{4.8}$$

Bei fixem ϵ und einer zeitlichen Abhängigkeit der aufeinander folgenden Beobachtungen müßte S^N mit wachsendem N steigen. Läge dagegen Unabhängigkeit vor, müßte S^N unabhängig von N annähernd konstant bleiben. Die Überprüfung der Verhaltensweise von S^N erfolgt graphisch, indem für verschiedene ϵ–Werte S^N gegen N abgetragen wird.

Für die Chaos- und Zufallsreihe ergeben sich die Conditionals zu den Abbildungen 4.15 und 4.16. Die niedrigeren Kurven korrespondieren hierbei mit niedrigeren ϵ–Werten. Gewählt wurde $\epsilon = 1.5\sigma, 1.2\sigma, \sigma, 0.8\sigma$ und 0.5σ mit

[12] Zu näherem vgl. Abschnitt 4.2, S. 97ff. dieser Arbeit.

[13] Vgl. *Scheinkman/LeBaron* [194], S. 316f.

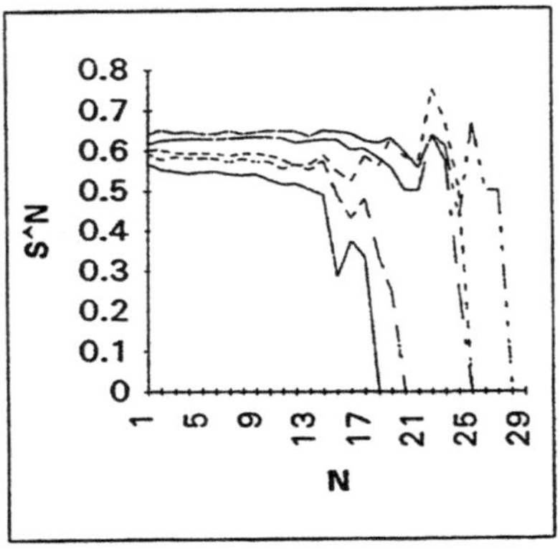

Abb. 4.15: Conditionals der Chaosreihe

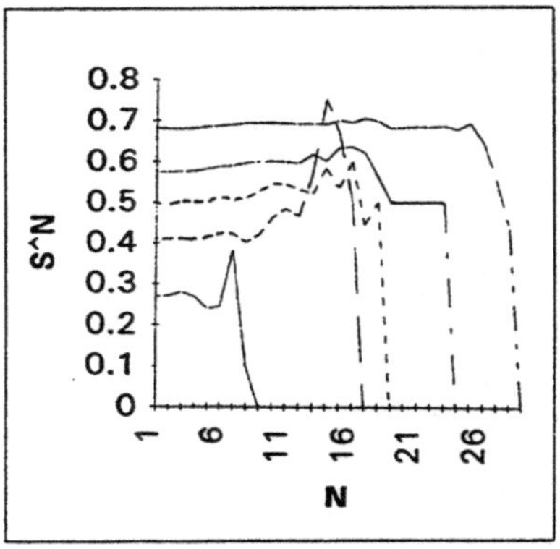

Abb. 4.16: Conditionals der Zufallsreihe

σ als Standardabweichung der Beobachtungen. Es ist zu erkennen, daß der nach obiger Beschreibung zu erwartende Anstieg von S^N nicht vorliegt. Es existiert jedoch ein für beide Datenreihen unterschiedliches Konvergenzverhaltens von S^N gegen Null. Dieses resultiert daraus, daß zufällig generierte Daten stärker streuen und daher bereits bei niedrigen Einbettungsdimensionen außerhalb der jeweiligen ϵ–Distanz liegen, wodurch das entsprechende Korrelationsintegral den Wert Null annimmt. Das im Vergleich zur Zufallsreihe späte Konvergieren der Chaosreihe gegen Null ist damit ein Hinweis auf die Existenz deterministischer Gesetzmäßigkeiten.
Zusammenfassend scheint das Verfahren der Conditionals für die vorliegenden Zeitreihen nur eingeschränkt dazu geeignet zu sein, zwischen Chaos und Zufall zu unterscheiden. Im Umkehrschluß kann damit gefolgert werden, daß ein Nachweis mittels der Conditionals einen starken Hinweis auf Abhängigkeiten in einer Datenreihe impliziert.

4.1.5 Brock's Residual Test

Brock's Residual Test wendet das Verfahren der Korrelationsdimension nicht auf die Originaldaten an sondern auf die Residuen, die sich aus einer geeigneten linearen Regression der Beobachtungen ergeben. Die Art einer solchen Regression kann hierbei beliebig gewählt werden. Entscheidend ist, daß die

mögliche Existenz eines linearen „Near Unit Root" Prozesses[14] zerstört wird, da dieser Strukturen generiert, die durch die Korrelationsdimension als chaotisch entdeckt würden.
Zur Begründung dieser Behauptung sei ein autoregressiver Prozeß erster Ordnung der Form $x_{t+1} = bx_t + u_{t+1}$ betrachtet, wobei die Residuen $\{u_t\}$ skaliert IID sind, so daß die Standardabweichung der stationären Verteilung von $\{x_t\}$ eins ist. Für $b \approx 1$ liegen die Paare (x_t, x_{t+1}) annähernd auf einer Geraden. Für $\{u_t\} \rightarrow N(0, \sigma^2)$ ist $\{x_t\} \rightarrow N(0, \frac{\sigma^2}{1-b^2})$. Da die Standardabweichung der $\{x_t\}$ eins ist, ergibt sich $\sigma^2 = 1 - b^2$, was für $b \approx 1$ zu einer Varianz der Residuen von Null führt. Die Residuen werden damit sehr eng beieinander liegen, was zu niedrigen Ergebnissen bei der Berechnung der Korrelationsdimension und damit zum Nachweis chaotischer Strukturen führen wird.
Die Anwendung der Korrelationsdimension auf die Residuen einer geeigneten linearen Regression der Beobachtungen führt bei der Existenz eines „Near Unit Root" Prozesses dazu, daß die Dimensionalität und der Lyapunov Exponent gegenüber den Ergebnissen für die Originalbeobachtungen ansteigen. Entsprechend bleiben bei der Existenz chaotischen Verhaltens die Korrelationsdimension und die aus ihr abgeleiteten Testergebnisse sowie der größte Lyapunov Exponent gleich[15].
Die bisher vorgestellten Verfahren sind überwiegend graphischer Natur und entsprechen damit nicht dem Ziel, eine quantifizierbare Aussage hinsichtlich der Existenz von Strukturen zu geben. Dieser Anforderung werden die nachfolgenden Verfahren gerecht.

4.2 Statistische Verfahren - Die BDS–Statistik

Die von *Brock/Dechert/Scheinkman* entwickelte BDS–Statistik testet die Nullhypothese, daß die Beobachtungen $\{x_t\}$ mit $t = 1, ..., T$ IID sind. Die Vorgehensweise dieses Verfahrens basiert auf dem Korrelationsintegral[16]. Die

[14]Vgl. *Nelson/Plosser* [160], S. 143f. Der Begriff des „Unit Root" Prozesses beschreibt die außerhalb des Einheitskreises liegende Wurzel des charakteristischen Polynoms eines autoregressiven Prozesses. Zu näherem vgl. u.a. *Hamilton* [102], S. 435ff.

[15]Zum Beweis vgl. *Brock* [23].

[16]Zur ausführlichen Herleitung vgl. *Brock/Dechert/Scheinkman* [33].

Grundidee bilden die beiden folgenden Eigenschaften des Korrelationsintegrals[17]:

- Für $T \to \infty$ existiert für das Korrelationsintegral $\mathcal{C}_{N,T}(\epsilon)$ der Grenzwert

$$\lim_{T\to\infty} \mathcal{C}_{N,T}(\epsilon) = \mathcal{C}_N(\epsilon) \tag{4.9}$$

  Die Existenz dieses Grenzwertes basiert sowohl für stochastische als auch für verrauschte deterministische Systeme auf dem „mean ergodic theorem[18]".

  Für ein stationäres stochastisches System wird $C_N(\epsilon)$ definiert als

$$C_N(\epsilon) = \int\limits_{y_1-\epsilon}^{y_1+\epsilon} \cdots \int\limits_{y_N-\epsilon}^{y_N+\epsilon} \int\limits_{x_1-\epsilon}^{x_1+\epsilon} \cdots \int\limits_{x_N-\epsilon}^{x_N+\epsilon} dF_{X_1,\ldots,X_N}(y_1 \ldots y_N) dF_{X_1,\ldots,X_N}(x_1 \ldots x_N)$$

$$= \Pr\{\|x_t^N - x_s^N\| < \epsilon\} \tag{4.10}$$

  wobei $F_{X_1,\ldots,X_N}$ die kumulierte Verteilungsfunktion der Zufallsvariablen $(X_{t+1}, \ldots, X_{t+N})$ ist, die wegen der Stationarität des Systems unabhängig von t ist. x_t^N, x_s^N stellt ein unabhängiges Ziehen aus der kumulierten Verteilungsfunktion dar, $\|\cdot\|$ bezeichnet die euklidische Norm. Die einzelnen Integrale geben die Wahrscheinlichkeit an, daß eine Ausprägung x_i der Zufallsvariablen X_i innerhalb des Intervalls $[x_i-\epsilon, x_i+\epsilon]$ liegt mit $i = 1, \ldots, N$. Das Korrelationsintegral entspricht damit einer Schätzung der Wahrscheinlichkeit, daß zwei N–Histories x_t^N und x_s^N innerhalb eines ϵ–Bereiches liegen. Bei Unabhängigkeit der Beobachtungen gilt so für $|t-s| \geq N$ und $T \to \infty$:

$$\mathcal{C}_{N,T}(\epsilon) \to \prod_{k=0}^{N-1} Pr\{|x_{t+k} - x_{s+k}| < \epsilon\}$$

- Sind die Daten zusätzlich identisch verteilt, so daß $\{x_t\}$ IID, so gilt für fixes N und ϵ und $T \to \infty$

$$\mathcal{C}_N(\epsilon) \to [\mathcal{C}_1(\epsilon)]^N \quad \forall\epsilon > 0 \quad \wedge \quad \forall N \geq 1 \tag{4.11}$$

  mit der Wahrscheinlichkeit Eins.

[17] Zum Beweis dieser Eigenschaften vgl. *Brock/Dechert* [29].

[18] Dieses Theorem besagt u.a., daß die Existenz eines invarianten Maßes $\mu(f^{-1}(s)) = \mu(s)$ eines deterministischen Systems auf einem Attraktor die Konvergenz von $\mathcal{C}_{N,T}(\epsilon)$ für nahezu alle Anfangsbedingungen innerhalb des „basin of attraction" dieses Attraktors impliziert. Vgl. *Brock/Dechert* [30].

Brock/Dechert/Scheinkman zeigen, daß für stochastische und chaotisch deterministische Systeme aus den Gleichungen 4.10 und 4.11 für $T \to \infty$ folgt, daß

$$\mathcal{C}_{N,T}(\epsilon) \to \mathcal{C}_N(\epsilon) \equiv \Pr\{\|x_t^N - x_s^N\| < \epsilon\}. \tag{4.12}$$

Für die daraus abgeleitete Statistik

$$B_{N,T}(\epsilon) = \sqrt{T}\{\mathcal{C}_{N,T}(\epsilon) - [\mathcal{C}_{1,T}(\epsilon)]^N\} \tag{4.13}$$

gilt, daß für $T \to \infty$ diese $N(0, \sigma_N^2(\epsilon))$-verteilt ist mit Erwartungswert 0 und Varianz $\sigma_N^2(\epsilon)$, wobei

$$\sigma_N^2(\epsilon) = 4[K^N + 2\sum_{j=1}^{N-1} K^{N-j}C^{2j} + (N-1)^2C^{2N} - N^2KC^{2N-2}] \tag{4.14}$$

mit:

$$C \;=\; C(\epsilon) \;=\; \int [F(z+\epsilon) - F(z-\epsilon)]dF(z)$$

$$K \;=\; K(\epsilon) \;=\; \int [F(z+\epsilon) - F(z-\epsilon)]^2 dF(z)$$

Die Schätzung erfolgt für $C(\epsilon)$ durch $C_{1,T}(\epsilon)$ und für $K(\epsilon)$ durch

$$K \;=\; K_T(\epsilon) \;=\; \frac{6}{T_N(T_N-1)(T_N-2)} \sum_{1\le t<s<r\le T_N} h_\epsilon(x_t^N, x_s^N, x_r^N)$$

mit:

$$h_\epsilon(i,j,k) \;=\; \frac{I_\epsilon(i,j)I_\epsilon(j,k) + I_\epsilon(i,k)I_\epsilon(k,j) + I_\epsilon(j,i)I_\epsilon(i,k)}{3}$$

und $T_N = T - (N-1)$. Durch das Einsetzen der Schätzer $C_{1,T}(\epsilon)$ und $K_T(\epsilon)$ in die Varianzgleichung 4.14 ergibt sich $\sigma_N^2(\epsilon)$ zu der geschätzten Varianz $\sigma_{N,T}^2(\epsilon)$. Die Normalisierung der Statistik $B_{N,T}(\epsilon)$ mittels der Standardabweichung $\sqrt{\sigma_{N,T}^2(\epsilon)}$ führt zu der BDS-Statistik $W_{N,T}(\epsilon)$ mit

$$W_{N,T}(\epsilon) = \frac{\sqrt{T}\{C_{N,T}(\epsilon) - [C_{1,T}(\epsilon)]^N\}}{\sqrt{\sigma_{N,T}^2(\epsilon)}} \tag{4.15}$$

Unter der Annahme, daß die Beobachtungen $\{x_t\}$ IID sind, konvergiert die BDS-Statistik für $T \to \infty$ gegen $N(0,1)$[19]. Eine signifikante Abweichung

[19]Zum Beweis vgl. *Brock/Dechert/Scheinkman* [33] und *Brock/Hsieh/LeBaron* [34], S. 42ff.

der BDS–Statistik von ihrem Erwartungswert 0 bewirkt die Ablehnung der Nullhypothese von IID Beobachtungen und offenbart Strukturen in den analysierten Daten. Diese können generiert worden sein durch

- Nichtstationaritäten im Sinne makroökonomischer und marktorganisatorischer Änderungen,
- lineare stochastische Einflüsse,
- nichtlineare stochastische Einflüsse,
- nichtlineare deterministische Einflüsse.

Die Eigenschaften der BDS–Statistik, insbesondere ihr Verhalten für endliche Datenmengen sowie ihre Fähigkeit zur Erkennung deterministischer Abhängigkeiten[20] werden eingehend von *Brock/Hsieh/LeBaron*[21] untersucht. Hierzu werden mittels Monte–Carlo–Simulation verschiedene Datenreihen aus linearen und nichtlinearen stochastischen und deterministischen Modellen generiert[22]. Anschließend erfolgt die Anwendung der BDS–Statistik auf diese Datenreihen für verschiedene Distanzmaße ϵ und Einbettungsdimensionen N sowie für unterschiedlich große Datenmengen. Als Ergebnis dieser Simulation offenbart die asymptotische Verteilung der BDS–Statistik eine gute Approximation ihrer Verteilung für mehr als 500 Beobachtungen, wobei ϵ zwischen 0.5σ und 2σ liegt und die Einbettungsdimension maximal 5 sein sollte. Für Datenmengen größer als 1000 kann die Einbettungsdimension auf bis zu 10 erweitert werden. Die Existenz breiter Enden und einer Schiefe der Verteilung, wie sie für finanzwirtschaftliche Zeitreihen charakteristisch ist, beeinflußt die Güte der Ergebnisse nicht. Die Begründung für eine Eingrenzung von ϵ und N auf die oben genannten Bereiche resultiert aus der Vorgehensweise des Korrelationsintegrals. Da dieses die räumliche

[20] Es sei an dieser Stelle angemerkt, daß die Existenz einer deterministischen Abhängigkeit die Existenz einer stochastischen Komponente des betrachteten Systems nicht ausschließt. Ein autoregressiver Prozeß besteht bspw. aus einer deterministisch generierten Autokorrelation und dem zusätzlichen Einfluß einer stochastischen Störgröße, wobei der deterministische Teil eines solchen Prozesses Strukturen generiert, die durch die BDS–Statistik erkannt werden.

[21] Vgl. *Brock/Hsieh/LeBaron* [34], S. 48ff.

[22] Die für die Verteilung von Aktienrenditen typischen Charakteristika der Schiefe und breiten Enden werden dabei durch die Student–t und $\chi^2(4)$ Verteilung berücksichtigt.

Struktur der Daten quantifiziert, muß die Distanz ϵ entsprechend in einer vernünftigen Relation zu der Standardabweichung σ der analysierten Daten stehen. Eine zu niedrig (zu hoch) gewählte Distanz wird zwangsläufig zu wenige (zu viele) Datenpaare erfassen. Analog zu dieser Überlegung muß die maximale Einbettungsdimension in einer vernünftigen Relation zu der Beobachtungsanzahl stehen, da eine zu hohe Einbettungsdimension die Anzahl der resultierenden N-Histories zu stark verkleinert.
Aus der oben dargestellten Grundidee der BDS-Statistik resultiert ihre Anwendung als einseitiger Test. Da die Existenz von Strukturen in einer analysierten Datenreihe bewirkt, daß bei gegebener Datenmenge mehr Paare innerhalb der zugrunde gelegten Distanz vorhanden sind als bei IID zu erwarten wäre, muß bei vorhandenen Strukturen $C_{N,T}(\epsilon) > [C_{1,T}(\epsilon)]^N$ sein. Ein entsprechend positiver Wert der BDS-Statistik belegt damit die Existenz von Abhängigkeiten während negative Werte nicht auf Strukturbildungen zurückgeführt werden können. Hinsichtlich des Untersuchungsgegenstandes einer durch die Existenz von Abhängigkeiten verursachten Struktur in den untersuchten Daten findet die BDS-Statistik damit als einseitiger Test Anwendung. Auf der Basis der im weiteren Verlauf der Untersuchung zugrunde gelegten Signifikanzniveaus bewirken Werte > 2.326 für den 1%-Level und Werte > 1.645 für den 5%-Level die Ablehnung der Nullhypothese, daß die analysierten Beobachtungen IID sind.
Die nachfolgende Anwendung der BDS-Statistik auf die Chaos- und Zufallsreihe zeigt deutlich die Möglichkeit dieses Testverfahrens zur Erkennung von IID Beobachtungen.

	Einbettungsdimension			
ϵ	2	3	4	5
0.5σ	669.67 *1.10*	902.06 *1.98*	1189.7 *3.40*	1630.5 *9.68*
0.75σ	611.33 *0.51*	695.05 *1.08*	755.40 *1.14*	866.96 *1.15*
1.0σ	247.03 *0.97*	241.13 *1.56*	237.27 *1.42*	235.29 *1.96*

Die oberen Werte entsprechen der BDS-Statistik für die Chaosreihe, die unteren, kursiv gedruckten Werte für die Zufallsreihe. Die BDS-Statistik lehnt in allen Fällen die Nullhypothese von IID für die Chaosreihe ab, während

sie diese für die Zufallsreihe bestätigt. Aus diesem Ergebnis resultiert die Frage nach dem Grund der Ablehnung von IID für die Chaosreihe, wobei die Antwort hierauf durch die Kenntnis über die Existenz eines die Chaosreihe generierenden deterministischen Systems trivial ist. Es ist damit deutlich die Fähigkeit der BDS–Statistik erkennbar, zwischen einer stochastischen Datengenerierung und der Existenz von Abhängigkeiten zu differenzieren. Die Charakterisierung des die Chaosreihe generierenden Systems als chaotisch ist hingegen auf der Basis der bisherigen Testergebnisse nicht möglich. Hierzu bedarf es eines weiteren Testverfahrens, der Berechnung des größten Lyapunov Exponenten, das im folgenden Abschnitt eingeführt wird.
Neben der Anwendung der BDS–Statistik als Test auf Abhängigkeiten liegt ihre zweite wesentliche Bedeutung in ihrer Funktion als nichtparametrischer Spezifikationstest[23]. Hierzu sei das stationäre Zeitreihenmodell

$$y_t = f(Y_{t-1}) + u_t \tag{4.16}$$

betrachtet mit $\{y_t\}$ als skalarer Zeitreihe, $\{u_t\}$ als Folge von IID–Inovationen mit Erwartungswert Null und endlicher Varianz, f als zu schätzender Funktion und $Y_{t-1} \equiv (y_{t-1}, y_{t-2}, \ldots)$. Auf der Basis einer endlichen Beobachtungsreihe T wird statt des exakten Modells 4.16 das Modell

$$y_t = g_T(Y_{t-1}) + v_{t,T} \tag{4.17}$$

geschätzt. Wenn $g_T(\cdot)$ für $T \to \infty$ gegen eine Funktion $g(\cdot)$ konvergiert, dann gilt $v_{t,T} \to v_t$, wobei aus 4.16 und 4.17

$$v_t = f(Y_{t-1}) - g(Y_{t-1}) + u_t \tag{4.18}$$

folgt. *Brock/Dechert*[24] weisen nach, daß aus $\{v_t\}$ IID $f = g$ folgt. Hierzu zeigen sie, daß die asymptotische Verteilung der BDS–Statistik für die wahren und die geschätzten Residuen identisch ist. Auf der Gültigkeit dieses „Nuisance Parameter Free" Theorems basiert die Anwendung der BDS–Statistik als nichtparametrischer Spezifikationstest. Die BDS–Statistik ist das zur Zeit in der Literatur gängigste Verfahren zur Aufdeckung deterministischer Abhängigkeiten. Ihre erfolgreiche Anwendung in zahlreichen Untersuchungen[25] sowie ihre Eigenschaft als Spezifikationstest sind die wesentlichen Gründe für ihre Anwendung in der vorliegenden Arbeit.

[23] Vgl. *Brock/Hsieh/LeBaron* [34], S. 62ff.

[24] Vgl. *Brock/Dechert* [29].

[25] Vgl. u.a. *Hsieh* [112] und [113], *Scheinkman/LeBaron* [194] und [195] sowie *Brock/Hsieh/LeBaron* [34].

Als bekannte alternative Testverfahren, die direkt auf die Existenz von Nichtlinearitäten testen, sind der Tsay Test[26], der auf dem ARCH[27] Test von *Engle*[28] basierende McLeod/Li Test[29] sowie der Bispektrum Test von *Hinich*[30] zu nennen. *Brock/Hsieh/LeBaron*[31] vergleichen mittels Monte-Carlo-Simulation die Ergebnisse der BDS-Statistik mit den Ergebnissen der oben genannten alternativen Testverfahren. Als Resultat weisen alle genannten Verfahren Schwächen bei der Erkennung von GARCH-Strukturen auf, während alle weiteren analysierten nichtlinearen stochastischen Modelle von allen Verfahren erkannt werden. Hinsichtlich der Erkennung von ARCH-Strukturen dominieren die BDS-Statistik und der McLeod/Li Test den Tsay und Bispektrum Test. Den Ausschlag für die Dominanz der BDS-Statistik gibt deren Eigenschaft, im Gegensatz zu den übrigen Verfahren auch nichtlineare deterministische Strukturen in der Varianz einer Zeitreihe erkennen zu können. Die relative Stärke der BDS-Statistik im Vergleich zu den genannten Alternativen ist ein weiteres Argument für ihre Anwendung in der vorliegenden Untersuchung.

4.3 Numerische Verfahren - Der Lyapunov Exponent

Die bislang vorgestellten Verfahren dienen der Aufdeckung von Abhängigkeiten innerhalb der zu untersuchenden Daten, wobei die Ergebnisse dieser Verfahren keine Aussage über die Art der vorhandenen Strukturen erlauben. Der direkte Test auf die Existenz chaotischen Verhaltens erfolgt über die Berechnung des größten Lyapunov Exponenten. Der in dieser Arbeit verwendete Algorithmus zur Berechnung des Lyapunov Exponenten von *Wolf/Swift/Swinney/Vastano* basiert auf der in Abschnitt 3.1.3.3 dargestellten Idee des Lyapunov Exponenten der Quantifizierung der lokalen Diver-

[26] Vgl. *Tsay* [211].

[27] Zum ARCH und GARCH Modell vgl. Abschnitt 5.5, S. 133ff. dieser Arbeit.

[28] Vgl. *Engle* [67].

[29] Vgl. *McLeod/Li* [149].

[30] Vgl. *Hinich* [108].

[31] Vgl. *Brock/Hsieh/LeBaron* [34], S. 59ff.

genzeigenschaft einer Zeitreihe und soll im folgenden kurz skizziert werden[32]. Da die Berechnung des Lyapunov Exponenten auf der Sensitivitätseigenschaft chaotischer Systeme basiert, ist es erforderlich, das Verhalten verschiedener Trajektorien hinsichtlich ihres Divergenz- und Kontraktionsverhaltens zu untersuchen. Hierzu wird die vorliegende Datenreihe als eine Trajektorie des Systems zugrunde gelegt, im folgenden Primärtrajektorie genannt. Darauf basierend erfolgt die quantitative Analyse der Sensitivitätseigenschaft des Systems in den folgenden Schritten:

I Zu der Anfangsbedingung der Primärtrajektorie, der Beobachtung y_0, wird innerhalb einer vorzugebenen Distanz ϵ ein Wert aus der Datenreihe bestimmt. Dieser wird als Anfangsbedingung der zweiten Trajektorie, im folgenden Vergleichstrajektorie genannt, definiert, wodurch zwei eng beieinanderliegende Anfangsbedingungen desselben Systems generiert sind. Die Distanz ϵ wird als Intervall vorgegeben. Dieses ist notwendig, da eine zu große Distanz zwischen beiden Werten der Intention des Algorithmus widerspräche, die lokalen Divergenz– und Kontraktionseigenschaften zu analysieren. Eine zu geringe Distanz birgt die Gefahr, daß die unterschiedlichen Werte nicht systembedingt, sondern das Ergebnis von den Daten innewohnendem Rauschen sind.

II Die Systementwicklung wird über eine fest vorzugebene Anzahl von n Iterationsschritten laufen gelassen. Bei der Bestimmung der Iterationsanzahl ist darauf zu achten, daß chaotische Systeme einem Dehnungs– und Faltungsprozeß folgen. Die Iterationsanzahl n muß daher so bestimmt werden, daß nach n Iterationen der Dehnungsprozeß dominiert. Es käme sonst zu einer Unterschätzung des Lyapunov Exponenten[33].

III Es wird die Distanz $L'(t_k)$ zwischen Primär– und Vergleichstrajektorie nach n Iterationen bestimmt und ins Verhältnis gesetzt zu der Distanz $L(t_{k-1})$ beider Trajektorien vor dem Iterationsprozeß[34], wobei t_k den

[32] Zu einer ausführlichen Darstellung vgl. *Wolf/Swift/Swinney/Vastano* [215]. Zu einer alternativen Möglichkeit der Bestimmung der Lyapunov Exponenten über neuronale Netze vgl. *Kaashoek/van Dijk* [115].

[33] Diese Vorgehensweise entspricht dem in der vorliegenden Arbeit verwendeten „fixed evolution time program". Zu alternativen Algorithmen vgl. *Wolf/Swift/Swinney/Vastano* [215].

[34] Die grundlegende Idee dieser Vorgehensweise des wiederholten Analysierens des Verhaltens zweier Trajektorien basiert auf der Idee, die Bewegungen der Trajektorien mittels

Zeitpunkt angibt, an dem der Iterationsprozeß gemäß Schritt II abgebrochen wird.

IV Der Wert der Vergleichstrajektorie wird ersetzt durch einen neuen Wert aus der Datenreihe, der zwei Bedingungen erfüllen muß: Er muß innerhalb der vorgegebenen Distanz ϵ zu dem iterierten Punkt auf der Primärtrajektorie liegen, und die Winkelabweichung θ bezüglich des zu ersetzenden Punktes der vorherigen Trajektorie muß minimal sein[35]. Es ist damit die Anfangsbedingung einer neuen Vergleichstrajektorie definiert. Die neue Anfangsbedingung der Primärtrajektorie entspricht ihrem aktuellen Wert. Die Distanz zwischen beiden Werten wird bestimmt und das Prozedere entsprechend Schritt II fortgesetzt.

Der Algorithmus endet, wenn die gesamte Primärtrajektorie durchlaufen ist. Der größte Lyapunov Exponent errechnet sich aus

$$\lambda_1 = \frac{1}{t_M - t_0} \sum_{k=1}^{M} \log_2 \frac{L'(t_k)}{L(t_{k-1})},$$

wobei M die gesamte Anzahl der Ersatzzeitpunkte ist. Die Vorgehensweise des Algorithmus ist nachfolgend graphisch dargestellt:

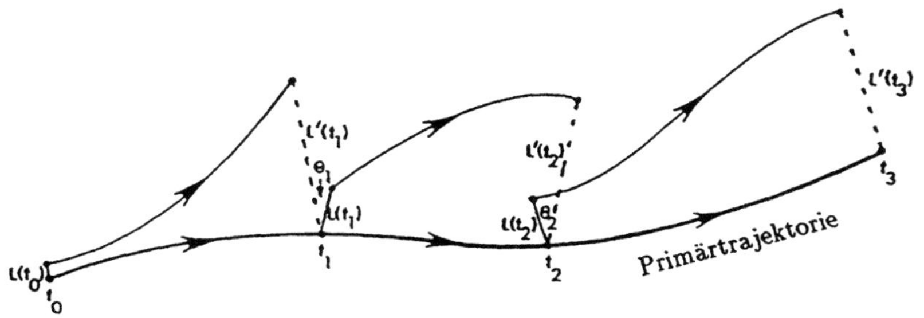

Abb. 4.17: Algorithmus zur Berechnung des größten Lyapunov Exponenten

eines Tangentialraumes an einen ϵ–Kreis, dessen Mittelpunkt die Anfangsbedingung der Primärtrajektorie ist, darzustellen. Die Reduktion der Distanz zwischen Primär– und Vergleichstrajektorie nach n Iterationen erfolgt durch Renormalisierung der Vektoren des Tangentialraumes. Vgl. hierzu *Wolf/Swift/Swinney/Vastano* [215], S. 290ff.

[35]Die Winkelabweichung ist bedeutend, da unterschiedliche Fehlerrichtungen die Berechnung des Lyapunov Exponenten bei begrenzten Datenmengen stark beeinflussen. Vgl. hierzu sowie zu Optimierungskriterien für die Winkelabweichung *Peitgen/Jürgens/Saupe* [167], S. 709ff., *Brock* [23], S. 177ff. und *Wolf/Swift/Swinney/Vastano* [215].

Der jeweils größte Lyapunov Exponent der Chaos- und Zufallsreihe ist in den Abbildungen 4.18 und 4.19 dargestellt, wobei die Bezeichnung LCE für Lyapunov Characteristic Exponent steht. Die Berechnung der Lyapunov

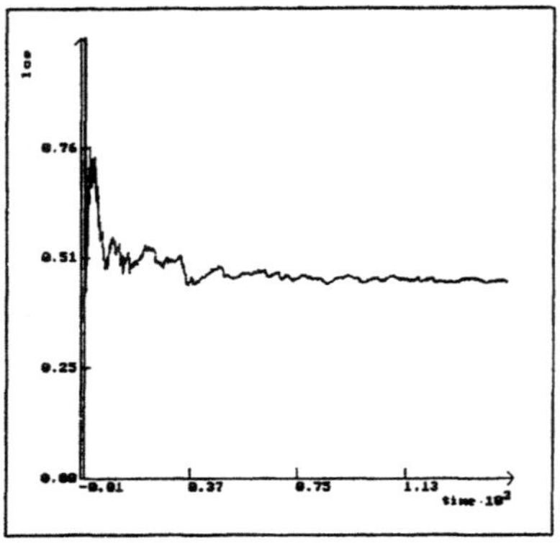

Abb. 4.18: Lyapunov Exponent der Chaosreihe

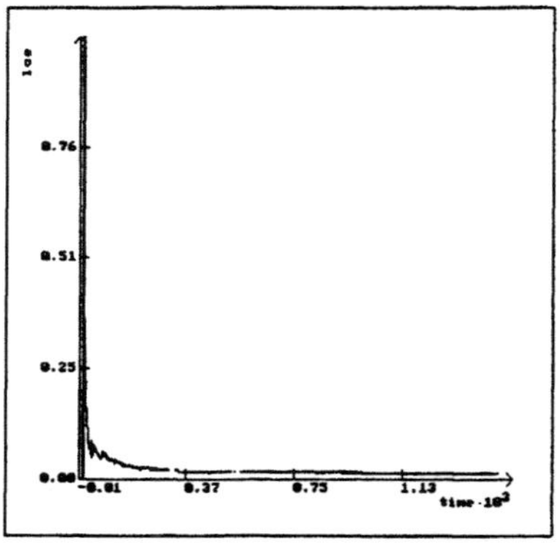

Abb. 4.19: Lyapunov Exponent der Zufallsreihe

Exponenten basiert auf $\epsilon \in [0.5\sigma, 2\sigma]$ mit σ als Standardabweichung der Beobachtungen und einer gewählten Schrittlänge von $n = 3$. Während der Lyapunov Exponent der Chaosreihe mit einem Wert von ≈0.4 deutlich chaotische Strukturen offenbart, bewegt er sich für die Zufallsreihe mit ≈0.01 wesentlich näher im Bereich der Nullinie, jedoch durchgehend im positiven Bereich. Der verwendete Zufallsgenerator wird damit als chaotisches System entlarvt[36]. Es ist auffällig, daß der Lyapunov Exponent als einziges Verfahren die chaotische Struktur des Zufallsgenerators entdeckt. Es muß jedoch darauf hingewiesen werden, daß diesem Nachweis einer chaotischen Gesetzmäßigkeit die Gewißheit der Existenz eines deterministischen Systems zugrunde liegt. Der Nachweis der Sensitivitätseigenschaft für dieses System ermöglicht die Charakterisierung seines Verhaltens als chaotisch. Läge hingegen keine Kenntnis hinsichtlich der Existenz eines solchen Systems vor, so könnte über die Positivität des Lyapunov Exponenten lediglich eine Aussage über die Verhaltenscharakteristika der analysierten Datenreihe erfolgen. Da Chaos in nichtlinearen deterministischen Systemen auftritt, die Existenz eines deterministischen Systems hingegen nicht nachgewiesen wäre, könnte entsprechend nicht auf chaotische und damit deterministische Gesetzmäßig-

[36] Die Berechnung wurde für verschiedene Spezifikationen des Algorithmus durchgeführt. Die Ergebnisse entsprachen obigen Aussagen.

keiten gefolgert werden.
Nach der bisher erfolgten Darstellung der möglichen Erklärungs- und Modellierungsalternativen für den Verlauf finanzwirtschaftlicher Zeitreihen gilt es im weiteren, deren Erklärungsgehalt für den deutschen Kapitalmarkt zu analysieren. Hierzu werden in den folgenden Kapiteln verschiedene deutsche Aktien und Aktienindices mittels der vorgestellten Verfahren analysiert.

Kapitel 5

Test auf stochastische Strukturen

Das Ziel der nachfolgenden Testverfahren wird es sein, die Frage nach der Existenz chaotischer Bildungsgesetze für die Renditeentwicklung am deutschen Kapitalmarkt zu beantworten. Hierzu ist es notwendig, sämtliche den Daten innewohnenden deterministischen Strukturen, die durch geeignete lineare und nichtlineare stochastische Modellierungen erklärbar sind[1], auszufiltern. Existieren in den verbleibenden Residuen weitere Strukturen, so liegt die Vermutung nahe, daß diese durch nichtlineare deterministische Bildungsgesetze generiert wurden, was in Kapitel 6 überprüft wird.
Für die Bewertung der im weiteren Verlauf dieses Kapitels erfolgenden Modellierung und Filterung stochastischer Strukturen wird die in Abschnitt 4.2 eingeführte BDS–Statistik verwendet. Die Anwendung der BDS–Statistik eröffnet hierbei neue Möglichkeiten für die Analyse finanzwirtschaftlicher Zeitreihen, die sich im wesentlichen auf die folgenden drei Bereiche erstrecken:

- Die BDS–Statistik ermöglicht die Erkennung von Strukturen in den untersuchten Daten.
- Die BDS–Statistik ermöglicht als parameterfreier Spezifikationstest die Beurteilung der Qualität theoretischer Modellierungen. Die Güte der in der finanzwirtschaftlichen Literatur diskutierten Modellansätze der linearen und nichtlinearen stochastischen Abhängigkeiten im ersten und

[1] Vgl. zum Zusammenhang von Determinismus und Stochastik Fußnote 20, S. 100 dieser Arbeit.

zweiten Moment einer Verteilung können damit einer objektiven Bewertung unterzogen werden.

- Die BDS–Statistik ermöglicht eine quantitative Aussage bezüglich des Anteils verschiedener Formen von Abhängigkeiten an den insgesamt festgestellten Strukturen in einer Datenreihe.

Hinsichtlich der Existenz von Abhängigkeiten in den zu untersuchenden Datenreihen gilt es zwischen Abhängigkeiten im ersten und zweiten Moment der jeweiligen Renditeverteilung zu unterscheiden. Während in der finanzwirtschaftlichen Literatur lange Zeit überwiegend Abhängigkeiten im ersten Moment der Verteilung Gegenstand der Forschung waren, wurden Abhängigkeiten im zweiten Moment weitgehend vernachlässigt. Ihren Niederschlag findet diese Ausrichtung in der weitgehend fehlenden Differenzierung zwischen der Darstellungsart der Preisänderungen als Random–Walk oder als Martingal Differenzen, wodurch die Idee eines unabhängigen und unkorrelierten Kursbildungsprozesses auf das erste Moment der Verteilung konzentriert wird. Diese einseitige Ausrichtung resultiert aus der einfachen Überlegung, existierende Abhängigkeiten im ersten Moment direkt in gewinnbringende Prognosen hinsichtlich des zukünftigen Kursverlaufes umsetzen zu können. Eine derartige Nutzung war für Abhängigkeiten im zweiten Moment lange Zeit nicht gegeben, so daß das wissenschaftliche Interesse entsprechend gering war. Die zunehmende Bedeutung derivativer Finanzinstrumente in Verbindung mit der von *Engle* entwickelten Modellierung einer heteroskedastischen Varianz führt jedoch zu einem zunehmenden Interesse in diesem Bereich, da durch derivative Finanzprodukte auch Abhängigkeiten in Momenten höherer Ordnung gewinnbringend genutzt werden können. So führt eine Änderung der Volatilität, gemessen als Varianz oder Standardabweichung der Verteilung, zu einer entsprechenden Preisänderung einer Option, was für den Investor ein Entscheidungskriterium hinsichtlich seiner Positionierung als Stillhalter bedeutet. Die Schiefe einer Verteilung läßt Aussagen über die einzugehende Position eines Call oder Put zu. Die Kenntnis der Kurtosis vermittelt exaktere Aussagen über die Verteilung der Renditen des Basiswertes, was im Vergleich zu den Investoren, die auf der Normalverteilungsannahme ihre Entscheidungen treffen, z.B. unter Einbeziehung des Black/Scholes–Optionspreismodells, zu entsprechenden Vorteilen führt. In diesem Zusammenhang ermöglicht die Anwendung der BDS–Statistik neue Erkenntnisse über die dem Kursbildungsprozeß innewohnenden Abhängigkeiten sowohl im Hinblick auf die Quantifizierung der Intensität dieser Abhängigkeiten als auch im Hinblick auf die Güte ihrer theoretischen Modellierung. Dementsprechend werden nachfolgend die in der finanzwirtschaftlichen Literatur diskutierten Ansätze der linearen und nichtlinearen stochastischen Modellierung des Kursbildungsprozesses an Kapitalmärkten mittels der BDS–Statistik beurteilt und ihr jeweiliger Einfluß auf die Kursbildung gegeneinander abgegrenzt.

5.1 Das Datenmaterial

Die im folgenden zu untersuchenden Zeitreihen deutscher Aktien und Aktienindices wurden von der „Karlsruher Kapitalmarktdatenbank - KKMDB" in Form von Kursdaten und dazugehörigen Termindaten zur Verfügung gestellt. Die Kursdaten reichen bis zum 30. Dezember 1993 und liegen für den DAX als Tagesschlußkurse, für die übrigen Werte in Form von Kassakursen der Frankfurter Wertpapierbörse vor. Die Termindaten beinhalten Dividenden, Kapitalerhöhungen und -herabsetzungen, Aktiensplits, Notizwechsel etc. Die Einbeziehung der Termindaten in den Kurs P_t erfolgte mittels der „Opération Blanche" durch retrograde Bereinigung.

Die Vorgehensweise der „Opération Blanche" basiert auf der Idee, daß keinerlei externe Zahlungen erfolgen. Alle mit dem zu bereinigenden Wertpapier in Verbindung stehenden Kapitalmaßnahmen werden in das Wertpapier reinvestiert, Kapitalzuflüsse und -entnahmen während des Beobachtungszeitraumes werden ausgeschlossen. Für die aus dieser Annahme resultierende Wertänderung des zu bereinigenden Wertpapiers werden für die verschiedenen Kapitalmaßnahmen entsprechende Bereinigungsfaktoren berechnet, mit denen die vor dem Bereinigungsereignis liegenden Kurse angepaßt werden. Steuerliche Aspekte bleiben unberücksichtigt. Die Anpassung der vor dem jeweiligen Bereinigungsereignis liegenden Kurse durch einen entsprechenden Bereinigungsfaktor wird als retrograde Bereinigung bezeichnet und hat den Vorteil, daß der aktuelle Kurs des jeweiligen Wertpapiers mit seinem bereinigten Kurs übereinstimmt[2].

Bei den in der vorliegenden Arbeit untersuchten Werten handelt es sich um:

[2]Als Alternative besteht die Möglichkeit der progressiven Bereinigung, bei der das Bereinigungsereignis in den zukünftigen Kursen berücksichtigt wird. Vgl. hierzu und zu einer zusammenfassenden Darstellung der Bereinigungsfaktoren *Sauer* [191].

Wertpapier-kennummer	Name des Unternehmens	Anzahl der Beobachtungen y_t
550 000	Daimler Benz AG	8.461
515 100	BASF AG	7.056
703 700	RWE AG	8.481
766 400	VW AG	5.858
846 900	DAX	8.503
846 902	FAZ–Index	8.072

Die Untersuchung basiert auf den täglichen Renditen y_t, die durch

$$y_t = \ln P_t - \ln P_{t-1}$$

mit P_t als Kurs des jeweiligen Wertpapiers zum Zeitpunkt t gebildet wurden. Die Auswahl der obigen Werte erfolgte in den folgenden Schritten:

1. In einem ersten Schritt wurden der DAX– und FAZ–Index zur Analyse des Gesamtmarktes ausgewählt. Der Grund für die Aufnahme von zwei verschiedenen Indices liegt in ihrer unterschiedlichen Berechnungsweise. Während der FAZ–Index 100 Werte umfaßt und auf der Basis der Kassakurse täglich nur einmal ermittelt wird, erfolgt die Berechnung des DAX–Index auf der Basis von 30 Werten in minütlichen Intervallen. Entsprechend liegen die Daten für den FAZ–Index als Kassakurse, für den DAX als Tagesschlußkurse vor.
   Da die Indizes aufgrund ihres Portfoliocharakters die Eigenschaften der ihnen zugrunde liegenden Einzelwerte aggregieren, stellt sich die Frage nach möglichen Unterschieden in den Ergebnissen für die Indizes und für ihre Einzelwerte[3].

2. In einem zweiten Schritt wurden daher aus 57 verfügbaren Werten vier Aktien zur Analyse ausgewählt[4]. Ihre Auswahl erfolgte, indem sämt-

[3]Einen Hinweis auf mögliche Unterschiede in den Ergebnissen geben *Dockner/Elsner/Geyer/Prskawetz* [59], die in ihrer Untersuchung für den österreichischen Aktienmarkt zu unterschiedlichen Resultaten für die analysierten Indizes und Einzelwerte gelangen.

[4]Die Beschränkung auf vier Werte resultiert aus dem zeitlichen Aufwand für die durchzuführenden Testverfahren. Diese Beschränkung hat zur Folge, daß die im weiteren Verlauf der Untersuchung ermittelten Testergebnisse und daraus resultierenden Aussagen keine Allgemeingültigkeit beanspruchen können, sondern sich nur auf die analysierten Werte beziehen.

liche Werte mittels der BDS–Statistik auf die Intensität der ihnen innewohnenden Strukturen hin analysiert wurden. Die Werte mit der größten und geringsten Intensität, die Daimler Benz AG und Volkswagen AG, wurden in die Untersuchung aufgenommen. Da es sich bei beiden Aktien um DAX–Werte handelt, wurden zwei weitere DAX–Werte mit unterschiedlicher Intensität der ihnen innewohnenden Strukturen hinzugenommen, die jeweils anderen Branchen als der Automobilindustrie angehören sollten. Die Auswahl dieser Werte war zufällig.

Nach Abschluß des Berechnungs– und Auswahlverfahrens der Renditezeitreihen erfolgte abschließend eine Plausibilitätskontrolle der erhaltenen Datenreihen, wobei auf Datenfehlern beruhende Extremwerte eliminiert wurden[5]. Die Anzahl dieser Fehler lag bei 2-6 Daten pro Zeitreihe. Eine kalendarische Adjustierung der Daten wurde nicht vorgenommen, da dies einen künstlichen Eingriff in die Zeitreihen erfordert hätte. Da das Ziel dieser Untersuchung die Analyse existierender Strukturen ist, bestand die Gefahr, durch derartige Eingriffe künstliche Strukturen zu generieren, weshalb auf eine entsprechende Anpassung verzichtet wurde.

5.2 Random–Walk und Martingal

Das Random–Walk–Modell bildet trotz vielfacher Zweifel an seiner Gültigkeit ein zentrales Element in der Modellierung der Preisbildung von Finanztiteln[6]. Seine wesentliche Aussage besteht darin, daß die Preisänderungen ϵ_t Realisationen einer unabhängig und identisch verteilten Zufallsvariable sind. Der beste Prediktor für den zukünftigen Kurs eines Wertpapiers ist somit dessen zuletzt verfügbarer Kurs. Die Beobachtung vergangener Kurse enthält keine Informationen bezüglich der zukünftigen Kursentwicklung. Die Konzentration der finanzwirtschaftlichen Forschung auf die Prognostizierbarkeit

[5]Da die Eliminierung dieser Datenfehler zu einer Veränderung der Struktur in den entsprechenden Datenreihen führte, wurde erneut die BDS–Statistik zur Quantifizierung der verbliebenen Strukturen angewendet. Die Ergebnisse entsprachen inhaltlichen den unter Punkt 2. beschriebenen Ergebnissen.

[6]Zur Bedeutung des Random–Walk–Modells hinsichtlich der Theorie effizienter Kapitalmärkte und der Theorie der Preisbildung von Finanztiteln vgl. auch Abschnitt 2.1, S. 8ff. dieser Arbeit.

des ersten Moments einer Verteilung führt zu der in der Literatur üblichen Darstellung des Random–Walk–Modells als

$$P_{t+1} = P_t + \epsilon_t \tag{5.1}$$

mit P_t als Preis und ϵ_t als Preisänderung zum Zeitpunkt t. Hinsichtlich der begrifflichen Abgrenzung eines Random–Walk ist die Modellierung der Preisänderungen von besonderer Wichtigkeit. Für die Existenz eines Random–Walk wird ϵ_t als white noise Prozeß angenommen, so daß die Preisänderungen einen Erwartungswert von Null haben, unkorreliert sind und eine konstante Varianz aufweisen. Die zusätzliche Unabhängigkeit der Preisänderungen wird als strict white noise bezeichnet, woraus der Begriff des strengen Random–Walk resultiert. Diese Vorgehensweise zur Definition eines Random–Walk basiert somit auf der Annahme bestimmter Eigenschaften der Preisänderungen, die diese zu erfüllen haben. Ihre Modellierung entspricht einem unabhängigen Ziehen aus einer fixen Verteilung, was die Konstanz aller Momente impliziert. Die zweite Darstellungsart resultiert aus einer entgegengesetzten Vorgehensweise und wird in der finanzwirtschaftlichen Literatur häufig ebenfalls als Random–Walk bezeichnet. Hierbei wird auf der Basis realer vergangener Beobachtungen die beste lineare Prognosefunktion zur Bestimmung der zukünftigen Kursentwicklung ermittelt. Ist der beste lineare Prediktor des zukünftigen Preises P_{t+1} der heutige Preis P_t, so erfüllt der hieraus resultierende stochastische Prozeß P_t die Martingal Eigenschaft, daß $E(P_{t+1}|\psi_t) = P_t$ ist, mit ψ_t als Informationsmenge zum Zeitpunkt t. Die entsprechende Funktion

$$P_{t+1} = P_t + \epsilon_t \tag{5.2}$$

mit $E[\epsilon_t] = 0$ und $Cov[y_t, y_{t-s}] = 0$ für $s \neq 0$ wird als Martingal Prozeß 2. Ordnung bezeichnet[7]. Für die als Martingal Differenzen bezeichneten Preisänderungen ϵ_t gilt die Eigenschaft eines als fair game bezeichneten stochastischen Prozesses ϵ_t, daß $E(\epsilon_{t+1}|\psi_t) = 0$ ist.

Die Identität der Gleichungen 5.1 und 5.2 begründet die in der Literatur häufig synonyme Verwendung dieser Modellierungansätze, wobei die wesentliche Implikation der Random–Walk–Hypothese, daß der beste Prediktor des morgigen Preises der heutige Preis ist, durch beide Modelle erfüllt wird. Beide Modellierungen sind damit kompatibel mit der Theorie effizienter Kapitalmärkte, da deren Implikationen sich auf das erste Moment einer Verteilung beziehen. Der wesentliche Unterschied liegt in dem Verhalten der

[7] Zur ausführlichen Herleitung vgl. *Granger/Morgenstern* [93], S. 71ff.

höheren Momente der zugrunde liegenden Verteilung. Während die Annahme eines white noise Prozesses keine Abhängigkeit in den Momenten einer Verteilung zuläßt, reduziert die Martingal Modellierung diese Eigenschaft auf den Erwartungswert der Verteilung. Die Implikationen der Martingal Modellierung sind damit schwächer als für eine white noise Annahme, da es sich hierbei nur um eine Aussage bezüglich des ersten Moments der Verteilung handelt.

Die in der Literatur häufig identische Bezeichnung beider Modellierungsmöglichkeiten als Random-Walk ist historisch zu begründen und resultiert aus der Konzentration der finanzwirtschaftlichen Forschung auf den Erwartungswert einer Verteilung. Die Notwendigkeit einer begrifflichen Differenzierung im Hinblick auf das Verhalten höherer Momente einer Verteilung war lange Zeit nicht gegeben, da diese nicht Gegenstand der Forschung waren[8].

Basierend auf der dargestellten definitorischen Unklarheit eines Random-Walk sowie den unterschiedlichen inhaltlichen Ausgestaltungen der jeweiligen Modellierung, werden in der finanzwirtschaftlichen Literatur die nachfolgenden Ausprägungen unter dem Oberbegriff Random-Walk subsumiert, teilweise bei gleichzeitiger Vermischung der genannten Modellansätze:

a) $(\epsilon_t, \epsilon_{t-s})$ mit $s \neq 0$ sind unkorreliert,

b) $(\epsilon_t, \epsilon_{t-s})$ mit $s \neq 0$ sind unabhängig,

c) $(\epsilon_t, \epsilon_{t-s})$ mit $s \neq 0$ sind unabhängig und ϵ_t sind identisch normalverteilt.

Die Tatsache, daß die vorstehenden Spezifikationen und Modellansätze unter dem Oberbegriff des Random-Walk-Modells zusammengefaßt werden, begründet die entstandenen Ungenauigkeiten bei der Interpretation dieses Begriffs. Die Vorgehensweise früherer empirischer Überprüfungen der Random-Walk-Hypothese orientiert sich an obiger Unterteilung und läßt sich entsprechend in drei Bereiche gliedern:

a) Test der Beobachtungen auf Autokorrelation
   Eine Autokorrelation im Bereich von Null führt zu einer Annahme der

[8] *Granger/Morgenstern* [93], S. 72 setzen bspw. einen Martingal Prozeß 2. Ordnung explizit einem Random-Walk gleich. Die aktuelle Literatur berücksichtigt jedoch die Hinwendung der finanzwirtschaftlichen Forschung zur Analyse des Verhaltens höherer Momente durch eine entsprechende Abgrenzung obiger Definitionen. Vgl. u.a. *Mills* [152] und *LeRoy* [129].

Random–Walk–Hypothese, eine Autokorrelation, die signifikant von Null verschieden ist, führt zu deren Ablehnung. Geringe Autokorrelationen werden als ökonomisch unbedeutend ignoriert und inhaltlich einer Autokorrelation von Null gleichgesetzt[9]. Die Unrichtigkeit der Schlußfolgerung, daß eine Autokorrelation im Bereich von Null einen ökonomisch nicht verwertbaren Zusammenhang in der Kursentwicklung impliziert, weisen *Shiller*[10] und *Summers*[11] nach. Sie präsentieren ein Modell, bei dem langsame, lang anhaltende Kursbewegungen zu einer nachhaltigen Entfernung des Aktienkurses von den fundamentalen Grunddaten führt – die daraus resultierende Autokorrelation jedoch gering bleibt. Ein solcher Markt wäre damit ineffizient und wiese zeitliche Dependenzen des Kursverlaufes auf, obwohl die Autokorrelation nahe bei Null liegt[12].

b) Test der Beobachtungen auf Unabhängigkeit
In allen dem Autor bekannten Untersuchungen werden zeitliche Abhängigkeiten in den Renditen festgestellt[13]. Teilweise wird die ermittelte Intensität dieser Dependenzen jedoch als zu gering eingestuft und hinsichtlich ihrer Bedeutung für das Random–Walk–Modell ignoriert. Fama begründet dieses Vorgehen wie folgt[14]:

> *„More specifically, the independence assumption is an adequate description of reality as long as the actual degree of dependence in the series of price changes is not sufficient to allow the past history of the series to be used to predict the future in a way which makes expected profits greater than they would be under a naive buy–and–hold model."*

---

[9]Vgl. *Fama* [71], S. 69ff.

[10]Vgl. *Shiller* [201].

[11]Vgl. *Summers* [207].

[12]Dieselbe Schlußfolgerung wird von *Granger/Andersen* [95] nachgewiesen, die bei der Untersuchung nichtlinearer Modelle Autokorrelationen im Bereich von Null bei gleichzeitiger Existenz nichtlinearer Abhängigkeiten feststellen. Ebenso weisen *Sakai/Tokumaru* [188] nach, daß ein einfaches chaotisches System trotz vorhandener zeitlicher Dependenzen Autokorrelationen von Null generiert.

[13]Vgl. hierzu u.a. *Fama* [71], *Reiss* [178] und *Uhlir* [212]. Für einen Überblick über weitere empirische Untersuchungen *Fama* [74] und *Geyer* [87].

[14]Vgl. *Fama* [71], S. 35.

Hierbei muß berücksichtigt werden, daß die Untersuchungsintervalle entscheidend sind. Ein Test tagesgleicher Renditen beinhaltet sicherlich andere zeitliche Dependenzen als ein Test wöchentlicher oder monatlicher Renditen. Es sei darauf hingewiesen, daß die vorstehend genannten Ergebnisse auf der Basis von Tests auf lineare Abhängigkeiten zustande gekommen sind. Die Einbeziehung nichtlinearer Abhängigkeiten, die den Schwerpunkt der vorliegenden Arbeit bilden, führt in allen dem Autor bekannten Untersuchungen zu einer Ablehnung der Unabhängigkeitsannahme.

c) Test der Beobachtungen auf die zugrunde liegende Verteilung.
Die Normalverteilung als Verteilungsannahme von Aktienrenditen wird abgelehnt und durch verschiedene andere Verteilungsannahmen ersetzt, wobei insbesondere die stabile Pareto–Levy Verteilung und Mischverteilungsmodelle zu nennen sind[15].

Die lange Zeit geltende Verifizierung der Random–Walk–Hypothese basierte auf einer unzureichenden Differenzierung der Bedeutung der Tests auf Autokorrelation und Unabhängigkeit. Eine Autokorrelation im Bereich von Null besagt lediglich, daß die untersuchten Daten unkorreliert sind. Es läßt sich hieraus nicht ableiten, daß sich die untersuchten Daten unabhängig voneinander entwickeln[16]. Der Nachweis der Unabhängigkeit konnte jedoch lange Zeit nicht direkt, sondern lediglich indirekt durch die Modellierung verschiedener Abhängigkeiten erfolgen. Da diese lediglich mittels linearer Modelle erfolgte und auf deren Basis die Existenz von Abhängigkeiten nicht verifiziert werden konnte, galt die Random–Walk–Hypothese als bestätigt. Die Möglichkeit der Existenz nichtlinearer Abhängigkeiten blieb damit unberücksichtigt. In der vorliegenden Untersuchung wird es daher von besonderem Interesse sein, in welchem Umfang nichtlineare stochastische und deterministische Abhängigkeiten in den analysierten Renditezeitreihen existieren.

[15]Vgl. *Mandelbrot* [143], *Fama* [71] und *Uhlir* [212]. Für einen Überblick *Fama* [74] und insbesondere *Geyer* [87], Kap. 2. Zur Ablehnung der Normalverteilungsannahme für den deutschen Aktienmarkt vgl. *Reiss* [178].

[16]Dieser Zusammenhang gilt lediglich bei Normalverteilung, was für finanzwirtschaftliche Zeitreihen gewöhnlich nicht zutrifft.

5.3 Datendiagnose

Zu Beginn der Tests auf Abhängigkeiten in den Zeitreihen deutscher Aktien und Aktienindices erfolgt die Diagnose der vorliegenden Datenreihen hinsichtlich ihrer Verteilung sowie hinsichtlich IID der Beobachtungen. Bezüglich der Verteilungsdiagnose wird dabei nicht versucht, die Existenz einer bestimmten Verteilung nachzuweisen, sondern es wird die Nullhypothese normalverteilter Beobachtungen gegen die Gegenhypothese nicht normalverteilter Beobachtungen getestet. Die Begründung für diese Vorgehensweise liegt in der Notwendigkeit, für verschiedene Signifikanzaussagen in den nachfolgenden Testverfahren eine Vorstellung von den Eigenschaften der Verteilung des jeweils analysierten Wertes zu haben. Es werden daher die ersten vier Momente für die Verteilung eines jeden Wertes berechnet, um eine Vorstellung von der Form der Verteilung zu gewinnen. Im einzelnen handelt es sich hierbei um den Erwartungswert, die Standardabweichung, die Schiefe und die Kurtosis. Ihre Berechnung führt zu[17]:

	Erwartungswert	Standardabweichung	Schiefe	Kurtosis
Daimler Benz	-0.0000138	0.01939159	-0.320	22.041
BASF	0.0004636	0.01223364	-0.458	8.490
RWE	0.0000616	0.01312415	-0.247	20.805
VW	-0.0001085	0.02132248	-0.485	11.766
DAX	0.0001953	0.01034729	-0.219	15.357
FAZ-Index	0.0001957	0.00932166	-0.042	9.931

Die Frage nach der Existenz einer Normalverteilung der vorliegenden Daten läßt sich anhand der Schiefe und Kurtosis ihrer empirischen Verteilung beurteilen[18]. Bei Normalverteilung ergibt sich die Schiefe zu Null, d.h. die Verteilung ist symmetrisch um ihren Erwartungswert. Negative Werte beschreiben eine linksschiefe, positive Werte eine rechtsschiefe Verteilung der Daten. Die Kurtosis oder Wölbung ergibt bei Normalverteilung den Wert 3. Für Werte > 3, wie sie in der vorliegenden Untersuchung auftreten, weist die Verteilung eine als leptokurtisch bezeichnete höhere Konzentration der Beobachtungen um den Mittelwert und breitere Enden auf. Die Bedeutung

[17] Vgl. zur Berechnung *D'Agostino/Stephens* [44], S. 375.

[18] Vgl. hierzu *D'Agostino/Stephens* [44], S. 375.

dieser Momente für die Gestalt einer Verteilung ist in den Abbildungen 5.1 und 5.2 verdeutlicht.

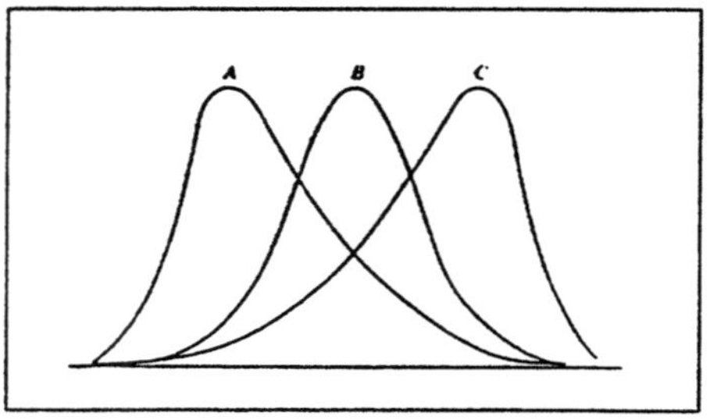

Abb. 5.1:
A: Schiefe > 0
B: Schiefe = 0
C: Schiefe < 0

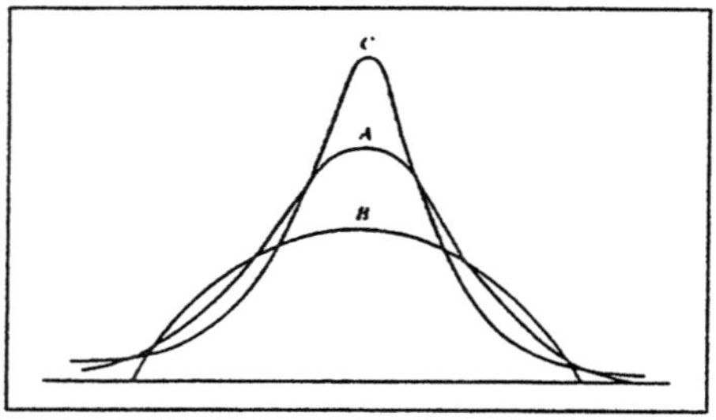

Abb. 5.2:
A: Kurtosis = 3
B: Kurtosis < 3
C: Kurtosis > 3

Ein Vergleich der Häufigkeitsverteilungen der analysierten Werte[19] mit diesen Abbildungen führt bereits optisch zu einer Ablehnung der Normalverteilungsannahme. Um eine quantifizierbare Aussage dieser These zu erhalten, werden das dritte und vierte Moment der einzelnen Werte auf die Nullhypothese getestet, daß diese gleich der bei Normalverteilung zu erwartenden Werte Null und 3 sind. Die Gegenhypothese ist jeweils die Ungleichheit der Schiefe von Null bzw. der Kurtosis von 3. Zusätzlich wird jede Datenreihe auf die Nullhypothese der Normalverteilung getestet, indem die Abweichung ihrer empirischen Verteilung von einer Normalverteilung quantifiziert wird. Die Gegenhypothese hierbei ist die nicht–Existenz einer Normalverteilung. Im einzelnen werden für den Test der Schiefe die Johnson S_U Approximation (S_U), für den Test der Kurtosis die Anscombe/Glynn Approximation

[19] Zur graphischen Darstellung der empirischen Häufigkeitsverteilungen der vorliegenden Werte vgl. Anhang B.

(A/G) und für den Test auf Normalverteilung der Anderson–Darling Test (AD) verwendet[20]. Zur Ablehnung der jeweiligen Nullhypothese müssen auf der Basis eines 5% Signifikanzlevels die Werte der Johnson S_U und Anscombe/Glynn Approximation außerhalb des Intervalls $[-1.96, 1.96]$ liegen, bei dem Anderson–Darling Test muß der Wert 0.752 überschritten werden. Die Ergebnisse der einzelnen Tests ergeben sich zu:

	Daimler Benz	BASF	RWE	VW	DAX	FAZ-Index
S_U	-8.30	-10.61	-6.47	-10.18	-5.76	-1.09
A/G	39.15	25.97	38.68	27.53	35.77	29.85
AD	218.30	61.21	164.91	74.00	51.82	62.24

Es bestätigt sich das vermutete Ergebnis einer deutlichen Ablehnung der Normalverteilung für die vorliegenden Werte. Die Ablehnung der Normalverteilung ist für den weiteren Verlauf der Untersuchung insofern von Bedeutung, als daß die auf der Basis der t–Statistik erfolgenden Aussagen hinsichtlich der Signifikanz von Parameterschätzungen an Wert verlieren, da die t–Statistik auf der Annahme normalverteilter Beobachtungen basiert, was auf die vorliegenden Datenreihen offensichtlich nicht zutrifft.

Nach der Diagnose der zu untersuchenden Werte bezüglich ihrer Verteilungseigenschaften erfolgt nachfolgend die Anwendung des in der klassischen Literatur verwendeten Verfahrens der Autoregressionsanalyse. Dieses auf die Aufdeckung linearer Abhängigkeiten begrenzte Verfahren wird einleitend angewendet, um die Unterschiede in seiner Aussagekraft im Vergleich zur BDS–Statistik zu skizzieren. Zur Analyse hinsichtlich der Existenz eines Random–Walk werden hierzu die Renditezeitreihen mittels eines autoregressiven Prozesses erster Ordnung (AR1) der Form

$$y_t = \alpha_0 + \alpha_1 y_{t-1} + u_t$$

mit $E[u_t] = 0$, $Var[u_t] = \sigma^2$ und $Cov[u_t, u_{t-s}] = 0$ für $s \neq 0$ modelliert. Zur Annahme der Random–Walk–Hypothese muß gelten, daß $\alpha_0 = \alpha_1 = 0$. Die Schätzung der Parameter erfolgt mittels der Kleinst Quadrate Methode. Für die vorliegenden Werte ergeben sich die Schätzungen zu:

[20]Vgl. zu den verschiedenen Testverfahren *D'Agostino/Stephens* [44], S. 372ff. Die Wahl dieser Testverfahren basiert auf den Ergebnissen einer vergleichenden Gegenüberstellung verschiedener Tests durch die vorstehend genannten Autoren.

	Daimler Benz	BASF	RWE	VW	DAX	FAZ-Index
α_0	-0.000014	0.000045	0.000058	-0.000104	0.000180	0.000177
	-0.064355	*0.311839*	*0.406855*	*-0.372818*	*1.609962*	*1.712653*
α_1	0.021494	0.029760	0.045789	0.067157	0.083447	0.103625
	1.977064	*2.500253*	*4.220004*	*5.149929*	*7.720162*	*9.358805*

Für ein Signifikanzniveau von 5% wird die Nullhypothese, daß der geschätzte Parameter gleich Null ist, verworfen, wenn die kursiv gedruckten Werte der t–Statistik außerhalb des Intervalls $[-1.96, 1.96]$ liegen. Obwohl die Ergebnisse der t–Statistik auf der unzulässigen Annahme normalverteilter Beobachtungen basieren, sind doch starke Unterschiede hinsichtlich der Signifikanz der Parameter zu erkennen. Zwar wird für alle untersuchten Werte die Existenz eines Random–Walk abgelehnt, die Intensität dieser Ablehnung variiert jedoch erheblich. In Verbindung mit der deutlichen Ablehnung der Normalverteilung für die analysierten Werte führt dies zu Zweifeln hinsichtlich der Aussagefähigkeit der t–Statistik bezüglich der Signifikanz der Parameter.
Die Anwendung der parameterfreien BDS–Statistik offenbart ein einheitlicheres Bild. Auf der Basis der obigen Ausführungen bedeutet die Existenz eines strikten Random–Walk, daß die Preisänderungen IID sind, was mittels der BDS–Statistik überprüft wird. Für die zu untersuchenden Werte ergibt sich diese zu:

Daimler Benz ($\sigma = 0.01939159$)

	Einbettungsdimension						
ϵ	2	3	4	5	6	7	8
0.5σ	23.49	29.79	35.12	40.60	47.25	55.41	65.72
σ	26.39	31.48	34.55	37.05	39.76	42.33	45.15
1.5σ	26.58	30.72	32.83	34.01	35.14	35.86	36.47
2σ	25.55	29.33	30.93	31.42	31.69	31.68	31.57

BASF ($\sigma = 0.01223364$)

	Einbettungsdimension						
ϵ	2	3	4	5	6	7	8
0.5σ	13.42	18.10	22.14	26.36	31.79	39.22	49.54
σ	14.58	18.63	21.65	24.60	27.44	30.62	34.35
1.5σ	15.46	18.95	21.28	23.28	24.71	26.11	27.80
2σ	15.45	18.32	20.39	21.81	22.62	23.25	24.07

RWE ($\sigma = 0.01312415$)

	Einbettungsdimension						
ϵ	2	3	4	5	6	7	8
0.5σ	23.43	29.78	35.89	42.60	50.30	60.32	72.75
σ	23.22	27.70	31.46	34.96	38.40	42.24	46.37
1.5σ	21.62	24.57	26.80	28.79	30.45	31.89	33.28
2σ	18.89	21.08	22.33	23.63	24.62	25.28	25.83

VW ($\sigma = 0.02132248$)

	Einbettungsdimension						
ϵ	2	3	4	5	6	7	8
0.5σ	12.73	16.62	19.16	22.31	25.95	31.01	37.09
σ	15.41	18.70	20.51	22.22	24.07	26.27	28.69
1.5σ	18.24	21.48	22.76	23.82	24.69	25.64	26.53
2σ	21.27	24.57	25.62	26.25	26.56	26.86	27.01

DAX ($\sigma = 0.01034729$)

	Einbettungsdimension						
ϵ	2	3	4	5	6	7	8
0.5σ	18.67	25.84	32.98	38.96	46.25	54.26	63.97
σ	19.51	26.00	31.40	35.69	40.16	44.70	49.77
1.5σ	20.87	26.80	31.16	34.32	36.93	39.27	41.63
2σ	21.85	27.60	31.33	33.81	35.38	36.58	37.66

FAZ–Index ($\sigma = 0.00932166$)

	Einbettungsdimension						
ϵ	2	3	4	5	6	7	8
0.5σ	20.91	27.46	34.53	41.54	49.42	58.95	71.30
σ	22.02	28.14	33.45	38.22	42.84	47.82	53.46
1.5σ	22.63	28.55	32.78	36.01	38.64	41.04	43.41
2σ	22.44	28.17	31.92	34.30	35.90	37.13	38.18

Die Ablehnung der Nullhypothese von IID Beobachtungen erfolgt auf der Basis eines 5% Signifikanzniveaus für Werte > 1.645, auf der Basis eines 1% Signifikanzniveaus für Werte > 2.326. Die Ergebnisse zeigen für beide Niveaus eine eindeutige Ablehnung der Nullhypothese, daß die analysierten Daten IID sind. Es existieren damit Abhängigkeiten in den Preisbildungsprozessen der vorliegenden Werte.

Welcher Art diese Abhängigkeiten sind, in welchem Moment der Verteilung sie mit welcher Intensität auftreten und in welchem Zusammenhang sie zur Random–Walk–Hypothese und zur Theorie effizienter Märkte stehen, wird Inhalt der folgenden Abschnitte sein. Die Vorgehensweise wird dabei so gewählt, daß in einem ersten Schritt die vorstehende Ablehnung der klassischen Random–Walk–Hypothese dahingehend erweitert wird, daß möglichst alle existierenden linearen Abhängigkeiten im ersten Moment aus den Datenreihen eliminiert werden. Daran anschließend wird der Einfluß der in der neueren finanzwirtschaftlichen Literatur diskutierten heteroskedastischen Varianz auf die Datenreihen analysiert. Diese rein technische Vorgehensweise dient ausschließlich der Eliminierung sämtlicher den Daten innewohnender stochastischer Strukturen. Eventuell verbleibende Strukturen in den resultierenden Residuen wären ein gewichtiges Indiz für die Existenz deterministischer Gesetzmäßigkeiten. Dieser Vorgehensweise folgt eine auf die Gültigkeit der Martingal Modellierung ausgerichtete Untersuchung der vorliegenden Werte. Die Analyse von Nichtstationaritäten und deterministischen Gesetzmäßigkeiten vervollständigt die Untersuchung der vorliegenden Datenreihen auf die Existenz von Abhängigkeiten.

5.4 Lineare stochastische Abhängigkeit

Die Ergebnisse des vorstehenden Abschnitts belegen die Existenz von Abhängigkeiten in den vorliegenden Datenreihen. Aufgabe dieses Abschnitts wird es sein, die im ersten Moment auftretenden Abhängigkeiten aus den Daten herauszufiltern. Hierzu wird mittels der partiellen Autokorrelationsfunktion (PACF) die jeweilige Spezifikation eines autoregressiven Prozesses für die einzelnen Werte ermittelt, indem die lags der außerhalb des Konfidenzintervalls liegenden partiellen Autokorrelationen für die Bildung des autoregressiven Prozesses herangezogen werden[21]. Das Konfidenzintervall wurde sowohl für die Annahme normalverteilter Beobachtungen als auch für die Annahme eines den Beobachtungen zugrunde liegenden ARCH–Prozesses gebildet[22]. Für unkorrelierte, normalverteilte Beobachtungen wird dieses bei einem Signifikanzniveau von 5% üblicherweise als

$$\pm 1.96 \cdot \frac{1}{\sqrt{T}}$$

angegeben mit T als Beobachtungsanzahl[23]. Der Wert 1.96 resultiert aus dem Wert des $(1-\frac{\alpha}{2})$–Fraktils der N(0,1)–Verteilung für ein Signifikanzniveau von $\alpha = 0.05$.

Es sei an dieser Stelle ausdrücklich darauf hingewiesen, daß es das Ziel dieser Spezifikation ist, sämtliche lineare Strukturen aus den Daten zu entfernen, um damit ihren Einfluß auf die Ergebnisse der BDS–Statistik zu eliminieren. Das Kriterium für die Güte des gewählten autoregressiven Prozesses ist ausschließlich die Autokorrelation der Residuen. Liegt diese im Bereich von Null,

[21]Die PACF hat gegenüber der Autokorrelationsfunktion (ACF) den Vorteil, daß ausschließlich die sich aus dem jeweiligen lag k ergebende Abhängigkeit ermittelt wird. Die Berechnung der Autokorrelation eines lag k hingegen berücksichtigt auch den Zusammenhang der zwischen y_t und y_{t-k} liegenden Beobachtungen mit der Beobachtung y_{t-k}. Vgl. hierzu *Mills* [153], S. 65f.

[22]Die Verifizierung eines ARCH–Prozesses für die vorliegenden Datenreihen erfolgt in Abschnitt 5.5, S. 133ff. dieser Arbeit. Für die Existenz eines ARCH–Prozesses ergibt sich das Konfidenzintervall zu $\pm\sqrt{\frac{1}{T}\left(1+\frac{\gamma_{y^2}(k)}{\sigma^4}\right)}$ wobei $\gamma_{y^2}(k)$ die Autokovarianzen von y_t^2 für lag k und σ^2 die unbedingte Varianz von y_t bezeichnet. Vgl. hierzu *Diebold* [55]. Da die Anwendung dieses Konfidenzintervalls für die Spezifikation der AR–Prozesse ungeeignet war hinsichtlich der verbleibenden Autokorrelationen in den Residuen, wird auf eine weitergehende Darstellung verzichtet.

[23]Vgl. *Box/Jenkins* [21], Kap. 2 und *Mills* [153], S. 65.

so hat der gewählte Prozeß die linearen Strukturen gefiltert[24]. Dieses wird mittels der von *Box/Pierce* entwickelten und von *Ljung/Box* modifizierten Statistik

$$Q = T(T+2)\sum_{k=1}^{m}\frac{\hat{r}_k^2}{(T-k)}$$

überprüft mit $\hat{r}_k$ als Autokorrelation des lag k der Beobachtungen[25]. Die Statistik ist χ^2–verteilt mit $(m-p)$ Freiheitsgraden, wobei p die Anzahl der Regressoren bezeichnet. Ein Überschreiten der tabellierten $\chi^2(m-p)$–Werte durch Q widerspräche der Nullhypothese, daß die Residuen unkorreliert sind. Entsprechend wird die Autokorrelation der Residuen anhand der als Signifikanzlevel bezeichneten Wahrscheinlichkeit $P(Q < \chi^2(m-p))$ beurteilt. Der Signifikanzlevel gibt die Wahrscheinlichkeit an, einen Q–Wert innerhalb des entsprechenden $\chi^2(m-p)$–Fraktils zu finden oder anders ausgedrückt, bei Ablehnung der Nullhypothese einen Fehler erster Art zu begehen[26].
Die partiellen Autokorrelationsfunktionen bis zum lag 1000 (PACF(1000)) ergeben sich für die zu analysierenden Werte wie folgt[27]:

[24]Vgl. hierzu *Mills* [153], S. 143ff. Die Konzentration auf die Autokorrelation der Residuen führt bei der in Anhang C dokumentierten Spezifikation der autoregressiven Prozesse zu einer relativ umfangreichen Parametrisierung. Hinsichtlich der Signifikanz dieser Parametrisierung ist festzustellen, daß diese auf der Basis der t–Statistk teilweise erst auf dem 20%–Niveau signifikant ist, wobei diese Aussage wegen der Ablehnung der Normalverteilungsannahme für die analysierten Werte zusätzlich eingeschränkt werden muß. Diese statistisch unbefriedigende Vorgehensweise ist jedoch notwendig, um eine hinreichende Reduktion der Autokorrelation der Residuen zu erreichen.

[25]Vgl. *Box/Pierce* [20] und *Ljung/Box* [133].

[26]Zusätzliche, an dieser Stelle nicht dokumentierte Testergebnisse haben eine ausgeprägte negative Korrelation zwischen der Höhe des Signifikanzlevels und den Werten der BDS–Statistik gezeigt. Eine Reduktion der verwendeten AR–Parameteranzahl führte hierbei zu einer Reduktion des Signifikanzlevels, was wiederum zu einer Erhöhung der Werte der BDS–Statistik für die resultierenden Residuen führte. Eine Reduktion in der Parametrisierung der AR–Prozesse führt damit zu einer Verstärkung der verbleibenden Strukturen in den Daten. Da diese Wirkung dem Ziel dieses Abschnitts widerspricht, wird als Kriterium für die Filterung linearer Abhängigkeiten ausschließlich die Autokorrelation der Residuen, dargestellt durch den Signifikanzlevel, zugrunde gelegt.

[27]Die Wahl des lag 1000 resultiert aus Untersuchungsergebnissen von *Fama/French* [76], die eine maximale Abhängigkeit in finanzwirtschaftlichen Zeitreihen von 3-5 Jahren (600-1000 Handelstage) festgestellt haben. Der Versuch einer Reduktion dieser lag–Anzahl führte zu einer Reduktion der Signifikanzlevel der Q–Statistik, was wiederum eine Erhöhung der BDS–Statistik zur Folge hatte. Da das Ziel dieses Abschnitts in der maximalen Reduktion linearer Strukturen besteht, wurde somit die lag–Anzahl 1000 beibehalten.

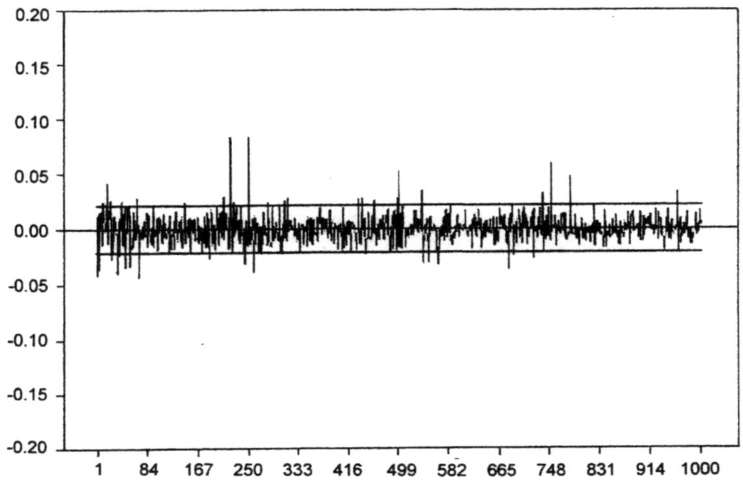

Abb. 5.3: PACF (1000) Daimler Benz

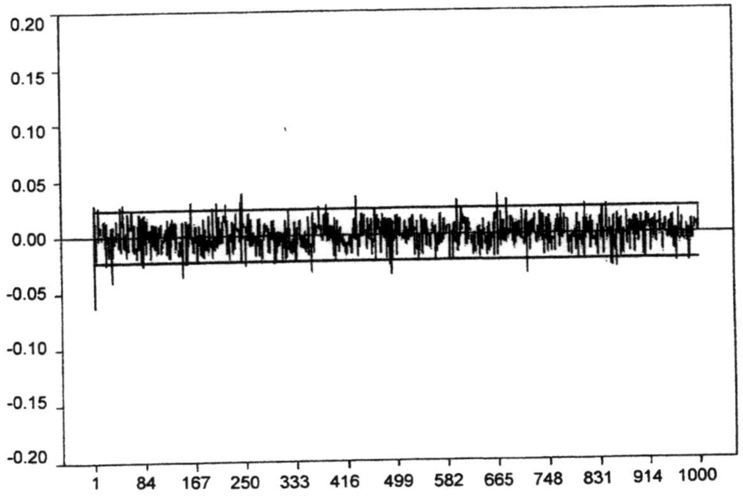

Abb. 5.4: PACF (1000) BASF

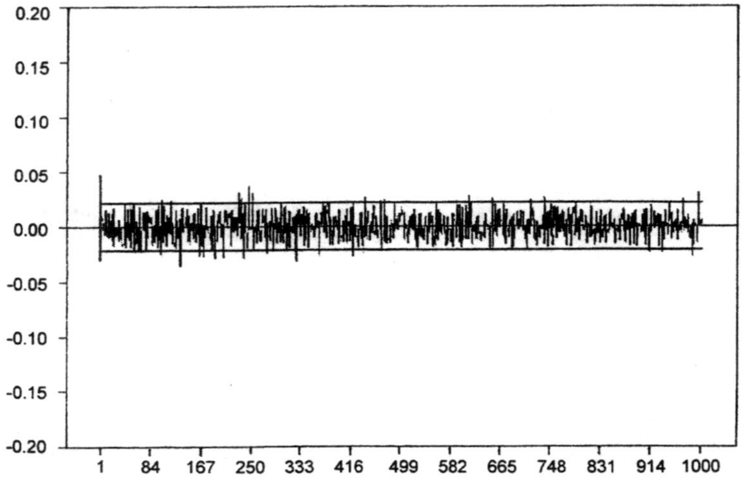

Abb. 5.5: PACF (1000) RWE

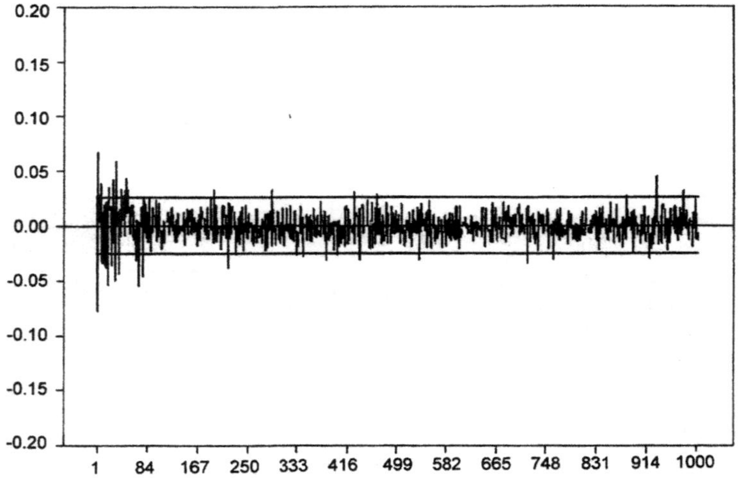

Abb. 5.6: PACF (1000) VW

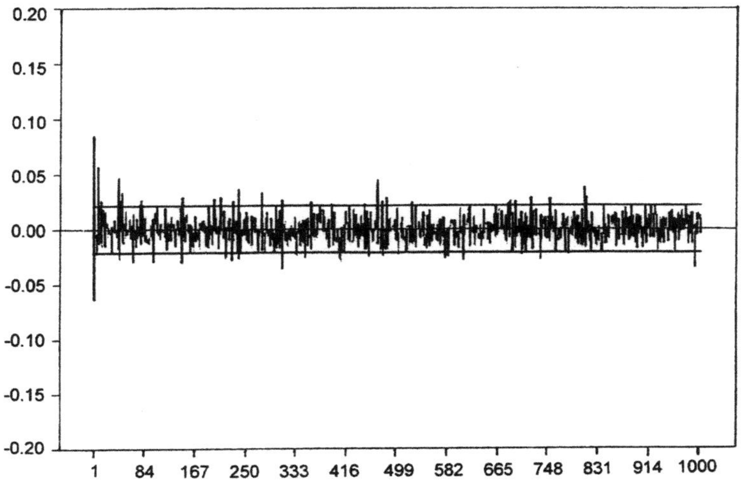

Abb. 5.7: PACF (1000) DAX

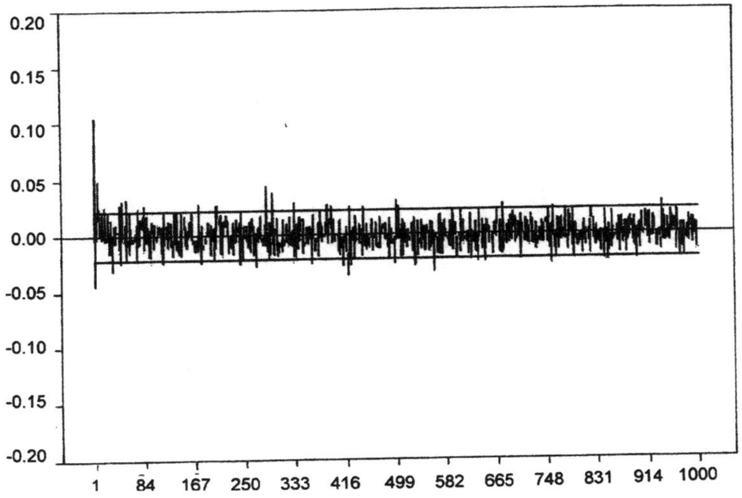

Abb. 5.8: PACF (1000) FAZ–Index

Auf den vorstehenden PACF basieren die autoregressiven Prozesse

$$y_t = \alpha_0 + \sum_k \alpha_k y_{t-k} + \epsilon_t$$

für die einzelnen Werte mit k als lag k[28].
Die Signifikanzlevel $P(Q < \chi^2(p-m))$ dieser Prozesse ergeben sich zu:

	Daimler Benz	BASF	RWE	VW	DAX	FAZ-Index
Sig.-level	0.99999	0.99550	0.99977	0.99995	0.99999	0.99993

Für alle vorliegenden Datenreihen übersteigt der Signifikanzlevel 99%. Die Residuen der autoregressiven Prozesse können damit als unkorreliert, die linearen Strukturen in den Originalbeobachtungen als gefiltert bezeichnet werden. Erkennbar ist dieses Ergebnis auch an den PACF (1000) der aus den AR-Prozessen resultierenden Residuen, die sich wie folgt darstellen:

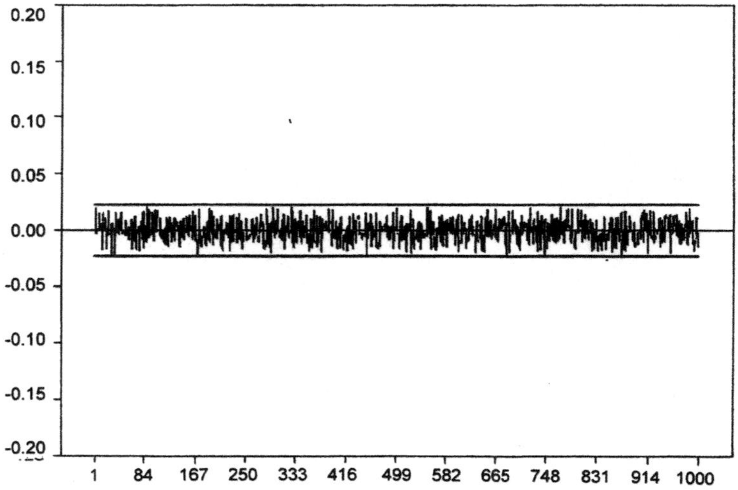

Abb. 5.9: PACF (1000) der AR-Residuen Daimler Benz

[28]Die jeweilige Spezifikation für die einzelnen Werte ist in Anhang C dokumentiert.

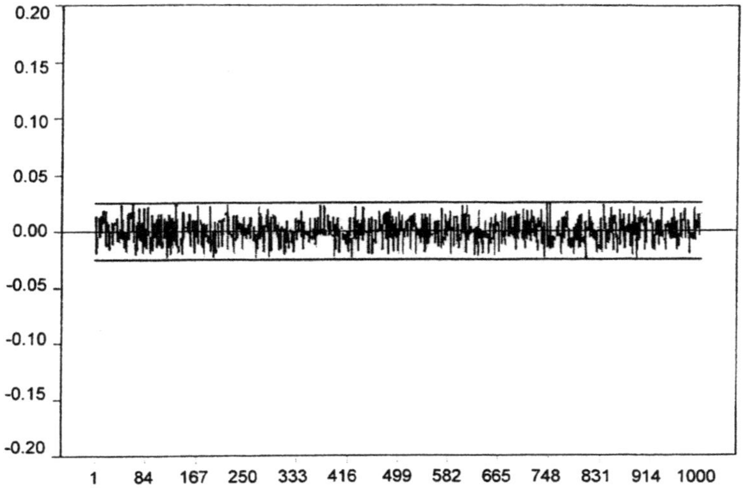

Abb. 5.10: PACF (1000) der AR–Residuen BASF

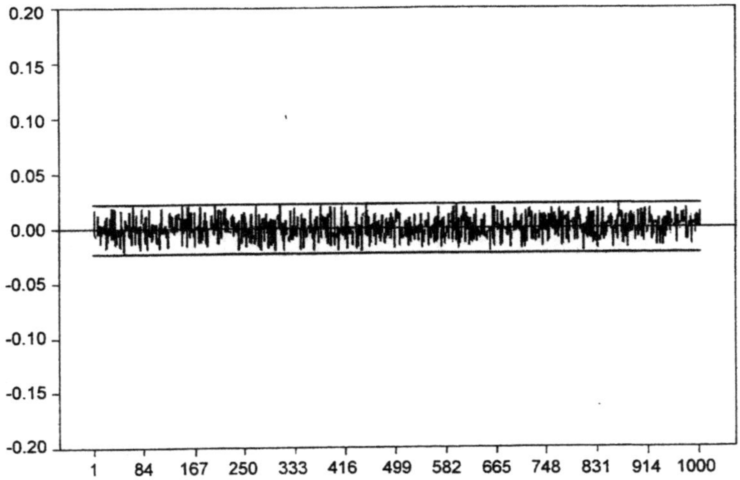

Abb. 5.11: PACF (1000) der AR–Residuen RWE

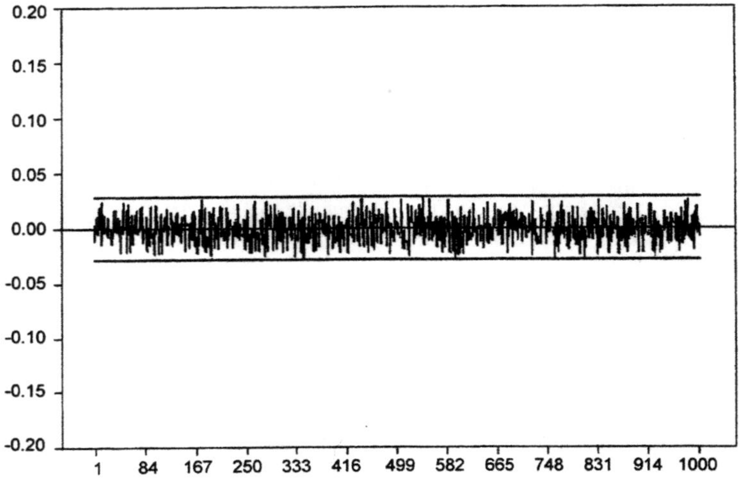

Abb. 5.12: PACF (1000) der AR–Residuen VW

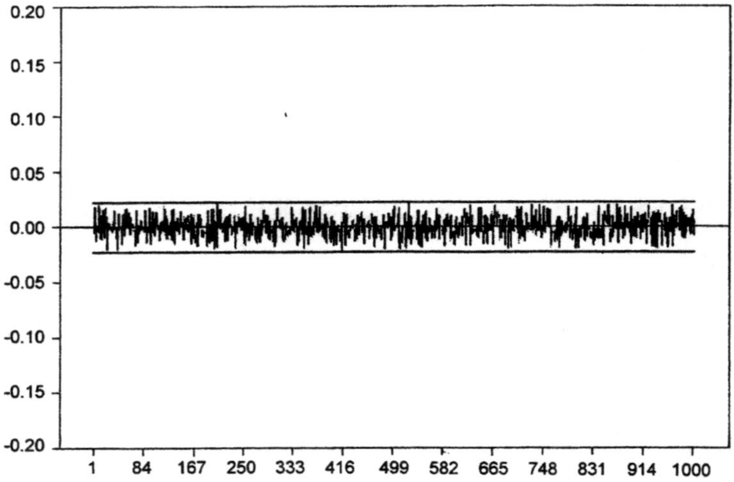

Abb. 5.13: PACF (1000) der AR–Residuen DAX

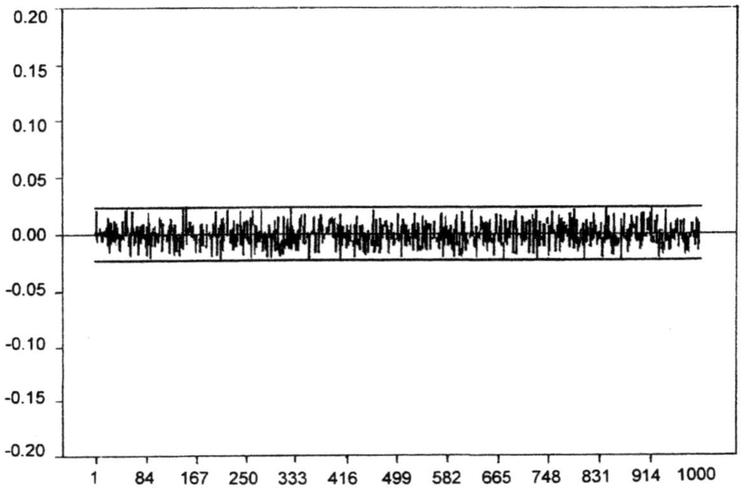

Abb. 5.14: PACF (1000) der AR–Residuen FAZ–Index

Im Vergleich zu den partiellen Autokorrelationsfunktionen der Originalbeobachtungen ist deutlich die Eliminierung linearer Abhängigkeiten auf dem 5% Signifikanzniveau zu erkennen. Inwieweit die eliminierten linearen stochastischen Abhängigkeiten für die durch die BDS–Statistik in den Originaldaten entdeckten Strukturen verantwortlich sind, zeigt die nachfolgend auf die Residuen der AR–Prozesse angewendete BDS–Statistik.

Daimler Benz ($\sigma = 0.01406278$)

	Einbettungsdimension						
ϵ	2	3	4	5	6	7	8
0.5σ	15.23	19.18	23.26	27.33	32.41	38.81	46.46
σ	16.78	20.89	24.11	27.00	29.99	33.04	36.29
1.5σ	17.38	21.22	23.71	25.64	27.45	28.91	30.23
2σ	17.30	20.89	22.86	24.03	25.11	25.78	26.26

BASF ($\sigma = 0.01212617$)

	Einbettungsdimension						
ϵ	2	3	4	5	6	7	8
0.5σ	11.29	13.83	16.37	19.54	22.82	26.89	32.38
σ	12.01	14.51	16.88	19.44	21.72	24.20	27.12
1.5σ	12.71	15.04	17.22	19.22	20.54	21.78	23.20
2σ	12.97	14.83	16.77	18.37	19.20	19.86	20.54

RWE ($\sigma = 0.01175133$)

	Einbettungsdimension						
ϵ	2	3	4	5	6	7	8
0.5σ	20.65	25.36	29.63	34.47	39.82	46.58	55.36
σ	20.84	24.90	28.25	31.56	34.71	38.37	42.47
1.5σ	19.68	22.51	24.85	26.98	28.73	30.41	32.03
2σ	17.69	19.58	21.09	22.61	23.78	24.64	25.36

VW ($\sigma = 0.01642425$)

	Einbettungsdimension						
ϵ	2	3	4	5	6	7	8
0.5σ	8.05	11.52	13.63	16.12	19.13	23.18	28.50
σ	8.88	12.03	13.69	15.45	17.44	19.67	22.35
1.5σ	9.80	12.64	14.01	15.26	16.46	17.69	19.10
2σ	10.25	12.72	13.97	15.02	15.85	16.54	17.34

DAX ($\sigma = 0.00960896$)

	Einbettungsdimension						
ϵ	2	3	4	5	6	7	8
0.5σ	10.47	16.24	21.67	25.67	30.53	36.03	42.31
σ	11.98	17.59	22.57	26.14	29.68	33.15	36.98
1.5σ	14.09	19.32	23.72	26.63	28.98	31.11	33.22
2σ	16.19	21.04	24.81	27.13	28.68	29.98	31.16

FAZ–Index ($\sigma = 0.00896612$)

	Einbettungsdimension						
ϵ	2	3	4	5	6	7	8
0.5σ	12.75	17.16	21.08	24.58	28.10	32.35	38.12
σ	14.16	18.79	22.36	25.27	27.90	30.61	33.78
1.5σ	15.84	20.65	24.13	26.54	28.44	30.13	31.81
2σ	17.19	21.94	25.28	27.22	28.53	29.59	30.47

Trotz einer teilweise deutlichen Abnahme der Werte der BDS–Statistik, resultierend aus der erfolgten Eliminierung der linearen Strukturen, verwirft die BDS–Statistik weiterhin die Nullhypothese von IID Beobachtungen für alle vorliegenden Datenreihen.
Der Nachweis noch vorhandener Strukturen in den Residuen der AR–Prozesse führt in Verbindung mit der in der neueren finanzwirtschaftlichen Literatur verifizierten Existenz einer heteroskedastischen Varianz in finanzwirtschaftlichen Zeitreihen zu einer Analyse nichtlinearer stochastischer Abhängigkeiten im zweiten Moment der Verteilung der vorliegenden Werte.

5.5 Nichtlineare stochastische Abhängigkeit

Die im vorstehenden Abschnitt nachgewiesenen linearen Abhängigkeiten im Erwartungswert der analysierten Datenreihen waren nicht in der Lage, die Ablehnung der Nullhypothese von IID in den Originalbeobachtungen zu erklären. Die im Vergleich zu den Originalbeobachtungen erfolgte teilweise Reduktion in den Werten der BDS–Statistik läßt zwar auf die Existenz von Abhängigkeiten im ersten Moment der Verteilungen schließen, die weiterhin eindeutige Ablehnung von IID für die AR–Residuen weist jedoch die Existenz weiterer Abhängigkeiten in den Daten nach. Aufbauend auf den in Abschnitt 5.2 gegebenen unterschiedlichen Modellierungsansätzen für die Preisbildung erlaubt deren Darstellung als Martingal Prozeß 2. Ordnung die Abhängigkeit in Momenten höherer Ordnung einer Verteilung. Diese Lockerung gegenüber der klassischen Random–Walk–Hypothese erlaubt die Existenz von Abhängigkeiten im zweiten Moment einer Verteilung und ist damit kompatibel mit dem realen Verhalten der Varianz, daß von *Mandelbrot*[29] entdeckt

[29]Vgl. *Mandelbrot* [143].

wurde und mit dem Begriff des „volatility clustering" bezeichnet wird. Dieser Ausdruck beschreibt die beobachtbare Eigenschaft finanzwirtschaftlicher Zeitreihen, daß auf große (kleine) Preisänderungen ebenfalls große (kleine) Preisänderungen folgen, ohne daß hinsichtlich deren Richtung eine Aussage getroffen werden kann. Zu beobachten ist das volatility clustering u.a. an den in Abbildung 5.13 dargestellten Preisänderungen des DAX-Index.

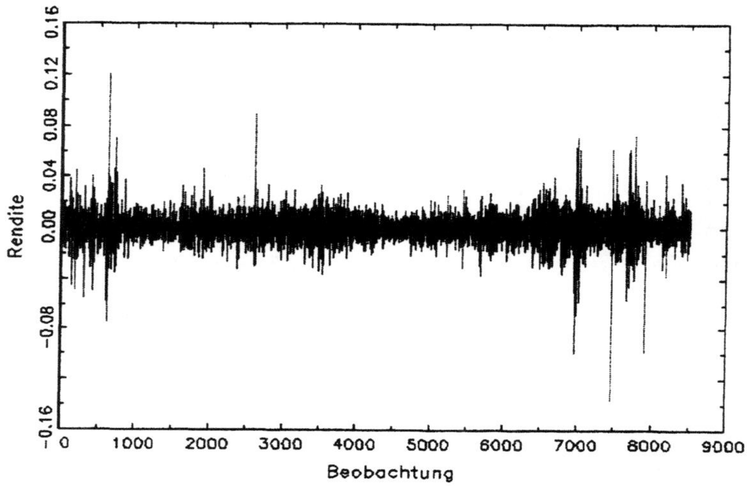

Abb. 5.15: Renditen des DAX

Es ist deutlich zu erkennen, daß große und kleine Preisänderungen gebündelt auftreten, wobei deren Richtung variiert. Für eine adäquate Modellierung der Preisänderungen ist es notwendig, derartige offensichtliche Abhängigkeiten in der Varianz der Verteilung von Preisänderungen zuzulassen, was durch deren Darstellung als Martingal Differenzen gewährleistet ist.

Die Existenz einer heteroskedastischen Varianz führt zu der Frage einer adäquaten Modellierung ihres Verhaltens. Diese muß in der Lage sein, die charakteristischen Eigenschaften des gebündelten Auftretens großer und kleiner Schwankungen sowie ihr sich abrupt änderndes Verhalten zu erfassen, was zu nichtlinearen Ansätzen führt. Eine durch eine Vielzahl von Untersuchungen bestätigte Möglichkeit, diese Abhängigkeiten im zweiten Moment der Verteilung finanzwirtschaftlicher Zeitreihen adäquat zu modellieren, ist die von *Engle* entwickelte Klasse der Autoregressive Conditional Heteroskedasticity

(ARCH)-Modelle[30].

Ausgehend von einem normalverteilten white noise Prozeß ϵ_t mit Mittelwert $\mu_t = E[\epsilon_t] = 0$ und Varianz $\sigma_\epsilon^2 = E[\epsilon_t^2] = 1$ seien die Beobachtungen y_t modelliert als ARCH(1)-Prozeß der Form

$$y_t = \epsilon_t h_t^{0.5} \qquad y_t|y_{t-1} \sim N(0, h_t)$$

wobei h_t die zeitabhängige Varianz des Prozesses y_t ist mit

$$h_t = \alpha_0 + \alpha_1 y_{t-1}^2$$

mit $\alpha_1 > 0$[31]. Die Wahl der quadrierten Realisation y_{t-1} als bestimmendes Element der Varianz folgt aus der Identität des bedingten Erwartungswertes von y_t^2 und der Varianz des Prozesses zum Zeitpunkt t:

$$y_t^2 = \epsilon_t^2 h_t$$

$$E[y_t^2|y_{t-1}] = E[\epsilon_t^2]h_t = h_t$$

Der dargestellte ARCH(1)-Prozeß läßt sich zu einem ARCH(p)-Prozeß verallgemeinern als

$$y_t = \epsilon_t h_t^{0.5} \qquad y_t|\psi_{t-1} \sim N(0, h_t)$$

mit

$$h_t = \alpha_0 + \sum_{i=1}^{p} \alpha_i y_{t-i}^2$$

[30]Vgl. *Engle* [67]. Zu der folgenden Darstellung auch *Geyer* [87], Kap. 5. Zu weiteren Ansätzen, ein nichtlineares Verhalten der Varianz zu modellieren vgl. *Mills* [152], S. 94ff. Es sei in diesem Zusammenhang darauf hingewiesen, daß die Begrifflichkeit einer nichtlinearen Varianz für ARCH- und GARCH-Modelle nicht unumstritten ist. Je nach Auffassung wird in der Literatur von Nichtlinearität im Zusammenhang mit den quadrierten Beobachtungen y_t oder von Linearität unter Hinweis auf den linearen Zusammenhang der einzelnen Terme gesprochen. Vgl. u.a. *Mills* [152], der ARCH- und GARCH-Modelle im Zusammenhang mit einer nichtlinearen Modellierung der Varianz einführt und *Geyer* [87], S. 184, der von einem linearen Zusammenhang spricht.

[31]Dieser Ansatz offenbart den Zusammenhang zu den in Abschnitt 5.2 dargestellten unterschiedlichen Modellierungen der Preisänderungen. Der Ausgangspunkt eines white noise Prozesses ϵ_t entspricht der klassischen Annahme der Random-Walk-Hypothese mit konstanter Varianz σ^2. Die durch h_t symbolisierte bedingte Varianz dieses Prozesses entspricht der durch die Martingal Modellierung ermöglichten Aufhebung der Annahme einer konstanten Varianz.

wobei analog zum ARCH(1)–Prozeß gilt:

$$E[y_t^2|\psi_{t-1}] = h_t$$

mit ψ_{t-1} als Informationsmenge, die sämtliche in die Varianzgleichung einfließenden vergangenen Realisationen des Prozesses y_t enthält. Im finanzwirtschaftlichen Kontext bewirkt der Einfluß vergangener Realisationen des Prozesses y_t auf die aktuelle Varianz, daß die vergangene Kursentwicklung mitbestimmend für die aktuelle Volatilität eines Wertes ist und im Zeitablauf einen anhaltenden Einfluß auf sie ausübt. Der Ansatz der ARCH–Modelle ermöglicht daher die Modellierung des volatility clustering.
Die praktische Anwendung von ARCH(p)–Modellen hat gezeigt, daß eine umfangreiche lag–Struktur zur Modellierung notwendig ist[32]. Eine Verbesserung sowohl im Hinblick auf eine sparsamere Parametrisierung als auch auf die Anpassungsgüte bietet die Klasse der Generalized Autoregressive Conditional Heteroskedasticity (GARCH)–Modelle. Diese entsprechen einer Erweiterung der ARCH–Modelle, indem zusätzlich zu den vergangenen Realisationen des Prozesses y_t auch die vergangenen Varianzen in die Bestimmung der aktuellen Varianz einfließen. Damit entspricht die Varianzgleichung des GARCH–Modells hinsichtlich ihrer Struktur einem Autoregressive Moving Average (ARMA)–Modell. Der erste Term der Varianzgleichung 5.4 entspricht hierbei dem MA–Teil, der zweite Term dem AR–Teil[33]. Bereits erfolgte Untersuchungen auf diesem Gebiet haben zu dem Ergebnis geführt, daß eine Darstellung auf der Basis eines GARCH–Modells den Kursverlauf am besten approximiert[34]. Die allgemeine Form eines GARCH(p,q)–Prozesses stellt sich wie folgt dar:

$$y_t = \epsilon_t h_t^{0.5} \qquad y_t|\psi_{t-1} \sim N(0, h_t) \tag{5.3}$$

mit:

$$h_t = \alpha_0 + \sum_{i=1}^{p} \alpha_i y_{t-i}^2 + \sum_{j=1}^{q} \beta_j h_{t-j} \tag{5.4}$$

[32] Vgl. *Engle* [67] und *Engle/Kraft* [68].

[33] Vgl. zum GARCH–Modell *Bollerslev* [18], zum ARMA–Modell *Box/Jenkins* [21], S. 51ff. Zu einer ausführlichen Diskussion des GARCH–Modells sowie zu dessen Zusammenhang zum ARMA–Modell vgl. *Geyer* [87], S. 204ff.

[34] Vgl. zur Anwendung von GARCH–Modellen u.a. *Hsieh* [111] und [112], *Brock/Hsieh/LeBaron* [34], *Akgiray* [1] und *Geyer* [87] und [88].

und

$$\begin{array}{lllllll} p & > & 0, & q & \geq & 0 & \\ \alpha_0 & > & 0, & \alpha_i & \geq & 0, & i=1,\ldots,p \\ \beta_j & \geq & 0, & & & & j=1,\ldots,q \end{array}$$

Der Term y_t beschreibt die diskreten Beobachtungen eines stochastischen Prozesses. Im vorliegenden Abschnitt handelt es sich hierbei um die Residuen der in Abschnit 5.4 spezifizierten autoregressiven Prozesse.
Die unbedingte Varianz eines GARCH(p,q)–Prozesses ergibt sich zu[35]:

$$E[y_t^2] = \alpha_0 \left[1 - \sum_{i=1}^{p} \alpha_i - \sum_{j=1}^{q} \beta_j \right]^{-1}$$

Hieraus folgt, daß der Prozeß y_t nur für $\sum \alpha_i + \sum \beta_j < 1$ mit $i, j \geq 1$ eine endliche Varianz aufweist. Für $\sum \alpha_i + \sum \beta_j \geq 1$ ist die Varianz unendlich. Im Zusammenhang mit der aktuellen Diskussion über eine geeignete Verteilungsannahme für finanzwirtschaftliche Zeitreihen lassen sich damit über die Schätzung der Parameter des GARCH–Modells Rückschlüsse hinsichtlich einer geeigneten Verteilungsannahme ziehen[36].
Die Schätzung eines GARCH(p,q)–Modells erfolgt auf der Basis der Normalverteilungsannahme für die Beobachtungen mittels der Maximum Likelihood Methode[37]. Als bedingte Dichtefunktion für die Realisation y_t erhält man:

$$f(y_t; \omega) = \frac{1}{\sqrt{h_t}\sqrt{2\pi}} \, e^{-\frac{1}{2h_t} y^2}$$

mit $\omega = \{\alpha_0, \alpha_1, \ldots, \alpha_p, \beta_1, \ldots, \beta_q\}$. Die zugehörige Likelihood Funktion lautet

$$L_t(\omega; y_t) = \frac{1}{\sqrt{h_t}\sqrt{2\pi}} \, e^{-\frac{1}{2h_t} y^2},$$

[35] Zur Herleitung vgl. *Bollerslev* [18], S. 323ff.

[36] Die Varianz ist insofern von Bedeutung, als daß die zur Zeit geeignetsten Verteilungsannahmen in der stabilen Pareto–Levy Verteilung und in Mischverteilungsmodellen bestehen. Während Erstere eine unendliche Varianz aufweist, ist die Varianz von Mischverteilungsmodellen endlich. Vgl. hierzu *Geyer* [87], S. 19ff.

[37] Eine in der Literatur als geeignete Verteilungsannahme für finanzwirtschaftliche Zeitreihen diskutierte Modellierung sind Mischverteilungsmodelle. Diese Modelle basieren auf der Annahme, daß die Verteilung der Aktienkurse innerhalb eines Tages jeweils einer Normalverteilung entspricht, wobei die jeweiligen Verteilungseigenschaften von Tag zu Tag variieren. Diese Annahme wird auch in der vorliegenden Untersuchung zugrunde gelegt. Vgl. u.a. *Geyer* [87]. Zur log Likelihood Funktion vgl. *Engle* [67].

Durch logarithmieren ergibt sich als zu maximierende log Likelihood Funktion:

$$\begin{aligned}\ln L_t &= \ln h_t^{-0.5} + \ln e^{-\frac{y_t^2}{2h_t}} \\ &= -0.5 \ln h_t - 0.5 y_t^2 h_t^{-1},\end{aligned}$$

wobei der in den folgenden Ableitungen verschwindende konstante Term $\frac{1}{\sqrt{2\pi}}$ weggelassen wurde. Die Schätzung der Parameter α_i mit $i = 0, 1, \ldots, p$ und β_j mit $j = 1, \ldots, q$ erfolgt durch Maximierung der log Likelihood Funktion. Diese Vorgehensweise basiert auf der Überlegung, die durch die Likelihood Funktion dargestellte Wahrscheinlichkeit für die Realisation der Beobachtungen in Abhängigkeit von den Parametern zu maximieren. Hierzu sei $\ln L_t$ nach der Varianz h_t abgeleitet, was zu

$$\frac{\delta \ln L_t}{\delta h_t} = -\frac{1}{2h_t} + \frac{y_t^2}{2h_t^2}$$

führt. Die Multiplikation dieses Ausdrucks mit $\frac{\delta\omega}{\delta\omega}$ ergibt

$$\begin{aligned}\frac{\delta \ln L_t}{\delta h_t}\frac{\delta\omega}{\delta\omega} &= \frac{\delta\omega}{\delta\omega}\left(-\frac{1}{2h_t} + \frac{y_t^2}{2h_t^2}\right) \\ \Leftrightarrow \quad \frac{\delta \ln L_t}{\delta\omega} &= \frac{1}{2h_t}\frac{\delta h_t}{\delta\omega}\left(\frac{y_t^2}{h_t} - 1\right)\end{aligned}$$

als erste Ableitung der log Likelihood Funktion nach den Parametern ω. Die Ableitungen $\frac{\delta h_t}{\delta\omega}$ ergeben sich aus der Varianzgleichung 5.4 zu

$$\frac{\delta h_t}{\delta\omega} = z_t + \sum_{j=1}^{q} \beta_j \frac{\delta h_{t-j}}{\delta\omega}$$

mit $z_t = \{1, y_{t-1}^2, \ldots, y_{t-q}^2, h_{t-1}, \ldots, h_{t-p}\}$. Als Bedingung 2. Ordnung ergeben sich die Terme der Hesse–Matrix zu

$$\frac{\delta^2 \ln L_t}{\delta\omega\delta\omega'} = -\frac{1}{2h_t^2}\frac{\delta h_t}{\delta\omega}\frac{\delta h_t}{\delta\omega'}\left(\frac{y_t^2}{h_t}\right) + \left[\frac{y_t^2}{h_t} - 1\right]\frac{\delta}{\delta\omega'}\left[\frac{1}{2h_t}\frac{\delta h_t}{\delta\omega}\right]$$

Da die gemeinsame Dichtefunktion des Prozesses y_t sich aus dem Produkt der einzelnen bedingten Dichtefunktionen ergibt[38], ist die log Likelihood Funktion $\ln L$ eines GARCH(p,q)–Prozesses die Summe der einzelnen bedingten log Likelihood Funktionen, so daß gilt:

$$\ln L \quad = \quad -0.5T^{-1}\sum_t \ln h_t - 0.5T^{-1}\sum_t y_t^2 h_t^{-1} \quad = \quad \frac{1}{T}\sum_{t=1}^{T} \ln L_t$$

[38] Vgl. *Engle* [67], S. 990.

Als Resultat dieses Schätzverfahrens ergeben sich die Parameter der jeweiligen GARCH-Prozesse für die Residuen der in Abschnitt 5.4 spezifizierten autoregressiven Prozesse zu[39]:

Parameter	Daimler Benz	BASF	RWE	VW	DAX	FAZ Index
$\sqrt{\alpha_0}$	0.004313	0.004596	0.003300	0.002600	0.002312	0.001751
$\sqrt{\alpha_1}$	0.473373	0.374866	0.496839	0.278369	0.258437	0.331818
$\sqrt{\alpha_2}$	-	0.164927	0.206333	-	0.238981	0.134062
$\sqrt{\alpha_3}$	-	-	0.125761	-	0.250216	0.031998
$\sqrt{\alpha_4}$	-	-	-	-	0.001694	-
$\sqrt{\beta_1}$	0.845307	0.631523	0.509972	0.948745	0.678450	0.914523
$\sqrt{\beta_2}$	-	0.548345	0.412904	-	0.387161	-
$\sqrt{\beta_3}$	-	-	0.363432	-	0.286302	-
$\sqrt{\beta_4}$	-	-	0.319729	-	0.196312	-
$\sqrt{\beta_5}$	-	-	-	-	0.138391	-
$\sqrt{\beta_6}$	-	-	-	-	0.102881	-

Auf der Basis der obigen GARCH-Prozesse werden die bedingten Varianzen h_t für die einzelnen Werte gebildet. Durch

$$u_t = \frac{\epsilon_t}{\sqrt{h_t}}$$

werden die Residuen ϵ_t der AR-Prozesse mittels ihrer jeweiligen bedingten Varianz standardisiert und die BDS-Statistik auf die standardisierten Residuen u_t angewendet[40]. Bei einer Bestätigung, daß die Residuen IID sind, ist der Nachweis dafür erbracht, daß die Strukturen in den Kursverläufen der untersuchten Werte durch lineare und nichtlineare stochastische Abhängigkeiten erklärbar sind.

---

[39]Als Kriterium für die Optimalität der obigen Parameterschätzungen wurde der Funktionswert der log Likelihood Funktion zugrunde gelegt. Dieser wurde jeweils für die Umgebung der obigen Spezifikationen berechnet, wobei eine Schätzung als optimal beurteilt wurde, wenn die Funktionswerte der log Likelihood Funktion in deren Umgebung niedriger waren. Für das GARCH(1,1)-Modell der Daimler Benz AG bedeutet dies z.B., daß alle Parameterkombinationen bis zum GARCH(2,2)-Modell geschätzt wurden. In allen Fällen nahm der Funktionswert der log Likelihood Funktion gegenüber dem GARCH(1,1)-Modell ab, weshalb diese Modellierung für Daimler Benz als optimal bezeichnet wurde.

[40]Für die nachfolgenden Ergebnisse der BDS-Statistik sei angemerkt, daß die Standardabweichung σ der Daten aufgrund ihrer Standardisierung 1 ist.

Daimler Benz

	Einbettungsdimension						
ϵ	2	3	4	5	6	7	8
0.5σ	-1.29	-1.76	-1.20	-0.77	-0.17	0.08	0.33
σ	-1.52	-1.88	-1.57	-1.42	-0.91	-0.56	-0.30
1.5σ	-1.49	-1.88	-1.82	-1.85	-1.60	-1.53	-1.48
2σ	-1.17	-1.54	-1.67	-1.93	-1.98	-2.14	-2.25

BASF

	Einbettungsdimension						
ϵ	2	3	4	5	6	7	8
0.5σ	0.58	-0.08	0.19	0.99	1.47	1.66	1.89
σ	0.78	-0.00	0.28	0.95	1.29	1.69	2.18
1.5σ	1.01	0.24	0.56	1.14	1.30	1.50	1.83
2σ	0.94	0.24	0.54	1.04	1.09	1.13	1.26

RWE

	Einbettungsdimension						
ϵ	2	3	4	5	6	7	8
0.5σ	1.39	1.45	1.51	1.83	1.63	1.67	1.81
σ	0.57	0.50	0.50	0.73	0.57	0.47	0.30
1.5σ	-0.50	-0.77	-0.79	-0.73	-0.98	-1.11	-1.27
2σ	-1.16	-1.54	-1.59	-1.71	-2.06	-2.28	-2.51

VW

	Einbettungsdimension						
ϵ	2	3	4	5	6	7	8
0.5σ	0.03	0.50	0.55	0.67	1.05	1.45	2.28
σ	0.19	0.51	0.29	0.34	0.47	0.58	0.85
1.5σ	0.05	0.11	-0.23	-0.36	-0.40	-0.41	-0.31
2σ	-0.21	-0.16	-0.47	-0.65	-0.77	-0.85	-0.87

DAX

	Einbettungsdimension						
ϵ	2	3	4	5	6	7	8
0.5σ	-1.02	-0.09	0.71	0.88	1.01	1.38	1.69
σ	-0.67	0.10	0.80	0.96	1.16	1.21	1.24
1.5σ	0.06	0.54	1.12	1.24	1.25	1.14	1.04
2σ	1.25	1.37	1.73	1.74	1.59	1.38	1.17

FAZ–Index

	Einbettungsdimension						
ϵ	2	3	4	5	6	7	8
0.5σ	-0.90	-1.02	-0.44	-0.57	-0.92	-0.95	-0.23
σ	-0.63	-0.94	-0.48	-0.43	-0.61	-0.79	-0.88
1.5σ	-0.21	-0.43	0.05	-0.01	-0.30	-0.56	-0.74
2σ	0.45	0.49	0.98	0.83	0.44	0.11	-0.16

Für alle untersuchten Datenreihen liegen nahezu sämtliche Werte der BDS–Statistik unterhalb der zur Ablehnung von IID maßgeblichen Werte 2.326 für den 1% bzw. 1.645 für den 5% Signifikanzlevel. Die Ergebnisse der BDS–Statistik dokumentieren damit für alle untersuchten Datenreihen die Eliminierung sämtlicher in den Originaldaten erkennbarer Strukturen. Die Abhängigkeiten im Preisbildungsprozeß der analysierten Werte sind ausschließlich stochastischer Natur, die Existenz deterministischer Gesetzmäßigkeiten muß abgelehnt werden.
Zur Unterstützung dieser Aussage werden die standardisierten Residuen u_t im weiteren Verlauf dieser Arbeit noch auf deterministische Strukturen hin analysiert. Inwieweit ein Einfluß chaotischer Prozesse auf den Preisbildungsprozeß am deutschen Aktienmarkt vorhanden ist und inwieweit ihm eine theoretisch verwertbare Dimensionalität zugeordnet werden kann, ist Inhalt des Kapitels 6.

5.6 Martingal und Effizienz

Das Ziel der beiden vorstehenden Abschnitte war die Eliminierung stochastisch generierter Strukturen aus den vorliegenden Datenreihen, wobei ein

dominierender Einfluß der Heteroskedastizität auf die Strukturbildung in den untersuchten Datenreihen ausgemacht werden konnte. Hinsichtlich der in Abschnitt 5.2 dargestellten Modellierungsmöglichkeiten der Preisänderungen kann damit die Existenz eines als white noise Prozeß definierten Random–Walk ausgeschlossen werden. Die dieser Definition innewohnende Unabhängigkeit der Momente einer Verteilung ist mit der empirischen heteroskedastischen Varianz der analysierten Datenreihen nicht kompatibel. Da die Modellierung der Preisänderungen als Martingal Differenzen die Abhängigkeit in höheren Momenten einer Verteilung erlaubt, ist es von Interesse, inwieweit dieser Modellierungsansatz auf die vorliegenden Datenreihen anwendbar ist.
Das Problem der in den vorstehenden Abschnitten gewählten Vorgehensweise war die autoregressive Filterung im ersten Moment der Verteilung der Aktienrenditen, die zu einer sehr umfangreichen Parametrisierung der AR–Prozesse geführt hat. Diese Vorgehensweise war notwendig, um ausschließen zu können, daß die nach einer nichtlinearen stochastischen Filterung eventuell verbleibenden Strukturen linearer Natur sind. Es ging hierbei nicht um die Frage nach der Existenz signifikanter Abhängigkeiten im ersten Moment der Verteilung, sondern um die Existenz linearer Strukturen. Die Signifikanz der geschätzten AR–Parameter wurde mittels der t–Statistik beurteilt, wobei eine nur sehr geringe Signifikanz für eine Vielzahl der Parameter attestiert werden muß und die Aussagekraft der t–Statistik durch die fehlende Normalverteilung der Daten zusätzlich abgeschwächt wird. Aus diesen Ergebnissen lassen sich somit keine Aussagen hinsichtlich der Möglichkeit einer Martingal Modellierung ableiten. Die für die Martingal Modellierung zulässige Abhängigkeit in den Momenten höherer Ordnung einer Verteilung läßt es sinnvoll erscheinen, in einem ersten Schritt den Einfluß der heteroskedastischen Varianz aus den Daten zu eliminieren. Aufgrund der Abhängigkeit der Varianz von den Renditen der vergangenen Perioden beinhaltet die Standardisierung der vorliegenden Datenreihen mittels ihrer bedingten Varianz bereits einen Einfluß vergangener Renditen auf die aktuelle Kursentwicklung. Da dieser Einfluß nicht im Erwartungswert sondern im zweiten Moment der Verteilung zur Geltung kommt, ist er mit der Modellierung der Preisänderungen als Martingal Differenzen kompatibel. Um von einer Ablehnung der Martingal Eigenschaft für die analysierten Werte sprechen zu können, müssen nach einer Standardisierung der Originaldaten mittels ihrer

bedingten Varianz signifikante Abhängigkeiten im ersten Moment der Verteilungen vorhanden sein.
Zum Test der Martingal Eigenschaft wurden daher in einem ersten Schritt für die Originalbeobachtungen der vorliegenden Werte entsprechend der im vorstehenden Abschnitt beschriebenen Vorgehensweise die nachfolgenden GARCH–Modelle geschätzt.

Parameter	Daimler Benz	BASF	RWE	VW	DAX	FAZ–Index
$\sqrt{\alpha_0}$	0.003723	0.004576	0.003264	0.002651	0.003017	0.001706
$\sqrt{\alpha_1}$	0.509635	0.387410	0.565746	0.293818	0.392512	0.375586
$\sqrt{\alpha_2}$	0.447058	0.220813	0.313481	-	0.293497	-
$\sqrt{\alpha_3}$	0.219738	-	0.159951	-	0.239017	-
$\sqrt{\beta_1}$	0.608838	0.625295	0.494338	0.947512	0.608811	0.910317
$\sqrt{\beta_2}$	0.506180	0.534834	0.398933	-	0.512836	-
$\sqrt{\beta_3}$	-	-	0.299158	-	-	-
$\sqrt{\beta_4}$	-	-	0.205272	-	-	-
$\sqrt{\beta_5}$	-	-	0.179639	-	-	-
$\sqrt{\beta_6}$	-	-	0.171352	-	-	-
$\sqrt{\beta_7}$	-	-	0.148476	-	-	-
$\sqrt{\beta_8}$	-	-	0.012001	-	-	-
$\sum\alpha + \sum\beta$	1.134775	0.875886	1.062894	0.930987	0.937819	0.969742

Bezüglich der Anmerkungen in Abschnitt 5.5 über die Varianz der verschiedenen Prozesse kann für BASF, VW, den DAX und FAZ–Index festgestellt werden, daß $\sum \alpha_i + \sum \beta_j < 1$ ist mit $i, j \geq 1$, die Varianz dieser Werte somit endlich ist. Für Daimler Benz und RWE ist $\sum \alpha_i + \sum \beta_j > 1$ mit $i, j \geq 1$, so daß deren Varianz unendlich ist. Da diese Ergebnisse jedoch aus den zufällig gewählten Beobachtungsintervallen der vorliegenden Datenreihen resultieren, läßt sich hieraus keine statistisch signifikante Aussage über das zu erwartende Verhalten der Varianz der untersuchten Werte ableiten. Eine Variation der Beobachtungslänge oder des Beobachtungsintervalls könnte zu anderen Ergebnissen führen, eine Aussage hinsichtlich einer adäquaten Modellierung der Verteilungen durch Mischverteilungsmodelle mit endlicher Varianz oder durch die stabile Pareto–Levy Verteilung mit unendlicher Varianz ist damit nicht möglich[41]. Nach der Standardisierung der Originalbeobachtungen mittels ihrer bedingten Varianz ergibt sich die BDS–Statistik für die einzelnen Werte zu:

Daimler Benz

	Einbettungsdimension						
ϵ	2	3	4	5	6	7	8
0.5σ	3.40	2.80	2.23	1.48	1.51	1.70	2.16
σ	2.93	2.02	1.09	0.04	-0.38	-0.86	-1.24
1.5σ	2.74	1.61	0.49	-0.66	-1.23	-1.91	-2.41
2σ	1.94	0.90	-0.04	-1.05	-1.73	-2.32	-2.79

BASF

	Einbettungsdimension						
ϵ	2	3	4	5	6	7	8
0.5σ	1.21	1.63	2.12	2.62	3.30	4.07	5.30
σ	1.54	1.52	1.99	2.50	2.82	3.19	3.73
1.5σ	1.81	1.36	1.54	1.88	1.91	1.99	2.34
2σ	1.52	0.82	0.91	1.13	1.03	0.92	1.08

RWE

	Einbettungsdimension						
ϵ	2	3	4	5	6	7	8
0.5σ	3.59	3.79	4.25	5.18	6.10	7.30	8.63
σ	1.61	1.22	1.16	1.56	1.65	1.68	1.48
1.5σ	-0.00	-0.64	-0.93	-0.88	-0.98	-1.07	-1.27
2σ	-0.88	-1.53	-1.89	-2.11	-2.41	-2.64	-2.91

[41] Dem Autor ist kein Testverfahren bekannt, das eine entsprechende signifikante Aussage über das Verhalten der Varianz ermöglicht.

VW

	Einbettungsdimension						
ϵ	2	3	4	5	6	7	8
0.5σ	1.54	2.42	2.64	3.13	3.58	4.11	4.78
σ	1.21	1.70	1.76	2.06	2.30	2.64	2.98
1.5σ	0.60	0.78	0.62	0.69	0.77	0.93	0.97
2σ	-0.15	0.12	-0.08	-0.04	-0.04	0.05	-0.04

DAX

	Einbettungsdimension						
ϵ	2	3	4	5	6	7	8
0.5σ	2.23	3.12	3.60	3.22	2.73	2.98	3.41
σ	1.80	2.28	2.59	2.25	2.02	1.66	1.43
1.5σ	1.77	1.87	1.91	1.54	1.26	0.78	0.45
2σ	2.51	2.19	2.01	1.62	1.24	0.70	0.32

FAZ–Index

	Einbettungsdimension						
ϵ	2	3	4	5	6	7	8
0.5σ	3.13	3.18	4.40	4.67	4.84	4.99	4.31
σ	3.08	2.94	3.95	4.27	4.25	4.14	3.99
1.5σ	3.25	2.94	3.80	3.98	3.76	3.48	3.15
2σ	3.39	3.10	3.84	3.94	3.65	3.30	2.91

Die Ergebnisse der BDS–Statistik für die mittels GARCH–Modellen standardisierten Beobachtungen[42] offenbaren im Vergleich zu den Werten für die Originalbeobachtungen in Abschnitt 5.3 eine massive Reduktion. Auf der Basis eines 1% Signifikanzniveaus lehnen Werte > 2.326, auf der Basis eines 5% Signifikanzniveaus Werte > 1.645 die Nullhypothese von IID Beobachtungen ab.

[42] Im Zusammenhang mit dem Distanzmaß ϵ der BDS–Statistik sei daran erinnert, daß aus der Standardisierung der Beobachtungen eine Standardabweichung von $\sigma = 1$ für die analysierten Daten resultiert.

Mit Ausnahme des FAZ–Index kann bei allen Werten von einer Annahme der Nullhypothese auf dem 1%–Level gesprochen werden. Auf der Basis des 5%–Levels muß konstatiert werden, daß diese Aussage an Eindeutigkeit abnimmt; allerdings nur hinsichtlich der Distanzmaße 0.5σ und σ, wobei die Ergebnisse für den DAX auf dieser Basis eher auf eine Ablehnung der Nullhypothese hindeuten, während sie für die Einzelwerte angenommen werden kann. Die geringe Einschränkung der Annahme der Nullhypothese für den 5%–Level und die weitgehend uneingeschränkte Annahme für den 1%–Level führen zu der Schlußfolgerung, daß es sich bei der vereinzelt erfolgenden Ablehnung von IID um eine eher zufällige Eigenschaft der jeweiligen Datenreihe handelt denn um die Existenz signifikanter Abhängigkeiten. Diese Aussage wird unterstützt durch eine Quantifizierung der Reduktion in den Werten der BDS–Statistik. Die in den Originalbeobachtungen vorhandenen Strukturen werden bei allen Werten zu 95 - 100% durch die Modellierung einer heteroskedastischen Varianz ausgefiltert. Es erscheint daher vertretbar, die standardisierten Beobachtungen der Einzelwerte als IID und die für einzelne Kombinationen aus Distanz und Einbettungsdimension verbleibende Ablehnung der Nullhypothese als ökonomisch unbedeutend bzw. zufällig generiert zu bezeichnen, wobei für den DAX eine eindeutige Interpretation nicht möglich erscheint.

Die einzige Ausnahme dieses Resultats bildet der FAZ–Index. Die Reduktion in den Werten der BDS–Statistik beträgt hier im Vergleich zu den Originaldaten nur etwa 90% und es wird unabhängig von der gewählten Distanz, Einbettungsdimension sowie dem zugrunde gelegten Signifikanzniveau die Nullhypothese von IID abgelehnt. Unter Berücksichtigung der Ergebnisse der vorstehenden Abschnitte muß diese Ablehnung aus linearen Abhängigkeiten im ersten Moment der Verteilung der Renditen resultieren.

Zur Überprüfung dieser Vermutung sowie zur Beurteilung verbliebener Abhängigkeiten in den Residuen der übrigen Werte wurden die nachstehenden autoregressiven Prozesse der Form

$$u_t = \alpha_0 + \sum_{k=1}^{2} \alpha_k u_{t-k} + \epsilon_t$$

mit k als lag k und u_t als standardisierte Originalbeobachtung zum Zeitpunkt t spezifiziert. Die Beschränkung auf die ersten zwei lags resultiert hierbei aus den partiellen Autokorrelationsfunktionen der standardisierten Beobachtungen. Da aus den Abschnitten 5.4 und 5.5 bekannt ist, daß die verbliebenen Strukturen mittels sehr umfangreicher autoregressiver Prozesse eliminiert werden können, wurden zur Modellierung der nachfolgenden Prozesse nur die kurzfristigen, signifikanten Abhängigkeiten herangezogen. Diese Vorgehensweise soll die Beurteilung der Martingal Eigenschaft für die analysierten Datenreihen ermöglichen[43]. Die Existenz verbleibender signifikanter Autokorrelationen in den standardisierten Beobachtungen und damit die Existenz von Abhängigkeiten im ersten Moment der jeweiligen Verteilung würde zu einer Ablehnung der Martingal Eigenschaft für den jeweiligen Wert führen. Die Schätzwerte und t–Statistiken für die Parameter der AR–Prozesse ergeben sich zu:

	Daimler Benz	BASF	RWE	VW	DAX	FAZ–Index
α_0	-0.003277	-0.001131	-0.001203	0.001819	0.013039	0.019781
	-0.302830	*-0.095409*	*-0.113027*	*0.139513*	*1.215180*	*1.79675*
α_1	0.085674	0.064259	0.078149	0.076788	0.146819	0.154331
	7.907730	*5.399913*	*7.217023*	*5.879877*	*13.54678*	*13.86867*
α_2	-	-0.038847	-	-0.040922	-0.043753	-0.029933
	-	*-3.264456*	-	*-3.133515*	*-4.036735*	*-2.689933*

Die kursiv gedruckten Werte geben die t–Statistik an. Ihre Werte offenbaren die Signifikanz der geschätzten Parameter auf dem 5% Signifikanzniveau, wobei analog zu Abschnitt 5.3 deutliche Unterschiede in der Intensität sowohl für die geschätzten Parameterwerte als auch für die Werte der t–Statistik festzustellen sind. Eingedenk der unzulässigen Annahme der Normalverteilung für die standardisierten Beobachtungen[44] und der daraus resultierenden eingeschränkten Aussagefähigkeit der t–Statistik sind die nachstehenden Ergebnisse der BDS–Statistik von besonderem Interesse hinsichtlich eines erkennbaren Einflusses der AR–Prozesse auf die verbliebenen Strukturen.

[43]Der Möglichkeit von Periodizitäten wurde durch Dummy–Variablen Rechnung getragen, wobei keine signifikanten Periodizitäten feststellbar waren.

[44]An dieser Stelle nicht dokumentierte Tests führen erwartungsgemäß zu einer deutlichen Ablehnung der Normalverteilung für die mittels ihrer heteroskedastischen Varianz standardisierten Beobachtungen.

Daimler Benz ($\sigma = 0.99517432$)

	Einbettungsdimension						
ϵ	2	3	4	5	6	7	8
0.5σ	3.20	2.57	1.99	1.12	1.11	1.20	1.42
σ	2.72	1.78	0.90	-0.17	-0.86	-1.07	-1.48
1.5σ	2.34	1.12	0.08	-1.05	-1.65	-2.28	-2.78
2σ	1.57	0.45	-0.45	-1.44	-2.08	-2.66	-3.13

BASF ($\sigma = 0.99547996$)

	Einbettungsdimension						
ϵ	2	3	4	5	6	7	8
0.5σ	1.43	1.60	2.14	2.63	3.33	4.12	5.11
σ	1.84	1.51	1.95	2.53	2.89	3.27	3.84
1.5σ	2.20	1.46	1.65	2.01	2.06	2.14	2.47
2σ	1.98	1.11	1.20	1.43	1.32	1.21	1.35

RWE ($\sigma = 0.98041043$)

	Einbettungsdimension						
ϵ	2	3	4	5	6	7	8
0.5σ	2.82	3.21	3.75	4.73	5.62	6.74	8.04
σ	1.21	0.97	0.97	1.40	1.54	1.59	1.40
1.5σ	-0.16	-0.77	-0.10	-0.97	-1.03	-1.10	-1.29
2σ	-0.93	-1.60	-1.92	-2.16	-2.44	-2.67	-2.92

VW ($\sigma = 0.99741875$)

	Einbettungsdimension						
ϵ	2	3	4	5	6	7	8
0.5σ	1.08	1.97	2.23	2.83	3.26	3.77	4.35
σ	0.77	1.25	1.31	1.72	2.00	2.38	2.72
1.5σ	0.34	0.57	0.42	0.56	0.67	0.84	0.89
2σ	-0.19	0.24	0.07	0.10	0.10	0.17	0.07

DAX ($\sigma = 0.98894646$)

	Einbettungsdimension						
ϵ	2	3	4	5	6	7	8
0.5σ	-0.99	-0.06	0.29	0.06	0.25	0.37	0.36
σ	-1.21	-0.60	-0.22	-0.27	-0.19	-0.34	-0.41
1.5σ	-0.81	-0.51	-0.35	-0.42	-0.41	-0.68	-0.87
2σ	0.43	0.43	0.39	0.24	0.13	-0.22	-0.49

FAZ–Index ($\sigma = 0.98794143$)

	Einbettungsdimension						
ϵ	2	3	4	5	6	7	8
0.5σ	-0.34	-0.09	1.19	1.95	2.38	2.50	2.70
σ	-0.27	-0.24	0.98	1.60	1.85	1.92	1.90
1.5σ	0.24	0.20	1.37	1.86	1.93	1.82	1.65
2σ	1.23	1.20	2.30	2.69	2.66	2.47	2.19

Für die Einzelwerte Daimler Benz, BASF, RWE und VW sind die Auswirkungen der autoregressiven Filterung marginal. Die Ergebnisse der BDS–Statistik für die AR–Residuen sind nahezu identisch mit den Ergebnissen für die standardisierten Beobachtungen aus der GARCH–Modellierung. Ein Einfluß kurzfristiger vergangener Renditen auf die aktuelle Rendite scheint damit nicht vorhanden zu sein[45]. Die vorstehenden Aussagen hinsichtlich einer Annahme der Nullhypothese von IID für die standardisierten Beobachtungen bleiben entsprechend bestehen. Die in den Originalbeobachtungen festgestellte Ablehnung von IID ist durch die heteroskedastische Varianz des jeweiligen Preisbildungsprozesses verursacht. Die Preisbewegung dieser

[45] Es ist offensichtlich, daß diese Schlußfolgerung im Widerspruch zur Signifikanzaussage für die geschätzten Parameter durch die t–Statistik steht. Hinsichtlich ihrer Aussagekraft gilt es jedoch zu beachten, daß die vorliegenden Datenreihen nicht normalverteilt sind und daß für Daimler Benz und RWE die Varianz der Datenreihen unendlich ist. Beide Eigenschaften reduzieren die Aussagefähigkeit der t–Statistik. Vgl. *Krämer/Runde* [117] und [118]. Die Anwendung der BDS–Statistik als parameterfreien Spezifikationstest verdeutlicht wesentlich besser den Einfluß der gewählten AR–Prozesse auf die Struktur der Daten und bewertet damit die Signifikanz der gewählten Parameter. Die Signifikanz der geschätzten Parameter im Sinne eines quantifizierbaren Einflusses auf die Strukturbildung in den Datenreihen wird daher anhand der BDS–Statistik beurteilt.

Werte folgt damit einem Martingal Prozeß 2. Ordnung, die Preisänderungen einem fair game.
Die Verifizierung der Martingal Eigenschaft für die Renditen der analysierten Einzelwerte führt zu der Frage der Effizienz für die Märkte dieser Werte. Vor dem Hintergrund der aktuellen Diskussion sei zunächst darauf hingewiesen, daß in der finanzwirtschaftlichen Literatur eine eindeutige formale Definition des Begriffs eines effizienten Marktes nicht existiert. Die auf der Martingal Eigenschaft basierende Einbettung der Kapitalmarkteffizienz in einen gleichgewichtstheoretischen Kontext führt zu unterschiedlichen Interpretationen hinsichtlich der inhaltlichen Bedeutung des Begriffs Effizienz. Diese resultieren insbesondere aus den Widersprüchen zwischen der möglichen Existenz eines effizienten Marktes und verschiedenen hiermit nicht vereinbaren Charakteristika, die *LeRoy*[46] beispielhaft wie folgt beschreibt:

> *„... several considerations suggest that the problems with market efficiency go deeper.*
> *The high volume of trade on organized securities markets poses a serious problem; no minor tinkering with efficient markets models seems likely to provide an intelligible reason why rational agents would exchange securities as much as real world market participants do. The willingness of investors to pay for information is equally problematic: As noted in the introduction, if the purchased information makes profitable trades possible, securities markets cannot be informationally efficient, while if it does, agents are irrationally wasting their money. Neither is consistent with efficiency. ... Regrettably, it appears as if it is the assumption of rationality and rational expectations that require reformation.“*

Sowohl die inhaltliche Ausgestaltung als auch die formale Definition des Begriffs der Kapitalmarkteffizienz sind damit im gleichgewichtsheoretischen Kontext nicht eindeutig definiert und weiterhin Gegenstand der Diskussion. Für die vorliegende Untersuchung wird daher die von *Fama* gegebene intuitive Definition eines effizienten Marktes herangezogen, nach dem sämtliche aktuell öffentlich verfügbaren Informationen im aktuellen Kurs eskompiert sein müssen. Hieraus resultiert unter Einbeziehung der Martingal Eigenschaft

[46] Vgl. *LeRoy* [129], S. 1615f.

die Konsequenz, daß die Existenz einer Abhängigkeit im Erwartungswert der analysierten Werte als Ineffizienz zu interpretieren ist[47]. Da derartige Abhängigkeiten für Daimler Benz, BASF, RWE und VW nicht nachgewiesen werden konnten, ist die Preisbildung der analysierten Einzelwerte effizient im oben beschriebenen intuitiven Sinne der Theorie effizienter Märkte.
Für die analysierten Indices, insbesondere den FAZ-Index, muß dieses Ergebnis abgelehnt oder zumindest eingeschränkt werden. Für beide Datenreihen ist eine erkennbare Reduktion in den Werten der BDS-Statistik festzustellen. Ein Einfluß kurzfristiger linearer stochastischer Abhängigkeiten auf den Preisbildungsprozeß dieser Werte ist damit vorhanden[48]. Hinsichtlich der Intensität dieser Abhängigkeiten muß jedoch zwischen den Ergebnissen für den DAX und FAZ-Index unterschieden werden. Für den DAX konnten die Beobachtungen bereits nach der GARCH-Modellierung als eingeschränkt IID charakterisiert werden. Die autoregressive Filterung hat diese Einschränkungen beseitigt und zu einer uneingeschränkten Annahme von IID der Residuen geführt. Die Existenz linearer Abhängigkeiten im ersten Moment ist damit eindeutig vorhanden, die Intensität dieser Abhängigkeiten scheint hingegen sehr gering und für die Existenz einer Strukturbildung nur marginal verantwortlich zu sein. Wesentlich eindeutiger ist das Ergebnis für den FAZ-Index. Während die BDS-Statistik für die standardisierten Beobachtungen der GARCH-Modellierung die Nullhypothese von IID eindeutig ablehnt, nimmt sie diese für die AR-Residuen ebenso eindeutig an. Die Modellierung kurzfristiger linearer Abhängigkeiten im ersten Moment führt damit beim FAZ-Index als einzigem der analysierten Werte zu einer deutlichen Veränderung der Aussage der BDS-Statistik gegenüber ihren Ergebnissen für die

[47]Die grundsätzliche Annahme der Martingal Eigenschaft als Effizienzkriterium ist in der finanzwirtschaftlichen Literatur weit verbreitet und wird u.a. auch von *LeRoy* [129], S. 1595 akzeptiert. *Schwaiger* dagegen widerspricht im Zusammenhang mit gleichgewichtstheoretischen Überlegungen dieser intuitiven Definition der Markteffizienz. Er argumentiert, daß die Ablehnung eines Random-Walk oder der Martingal Eigenschaft für die Preisänderungen durchaus mit der Effizienz eines Marktes vereinbar sind. Random-Walk und Martingal Eigenschaft entsprechen hierbei lediglich einem Spezialfall eines effizienten Marktes, sie sind jedoch keineswegs Voraussetzung für einen solchen. Vgl. *Schwaiger* [197].

[48]Diese Aussage ist kompatibel mit den vorstehenden Schätzergebnissen für die autoregressiven Prozesse. Die geschätzten Parameterwerte sind hierbei für die Indizes in etwa doppelt so groß wie für die analysierten Einzelwerte. Die Schätzergebnisse der autoregressiven Prozesse offenbaren damit ebenfalls einen Unterschied in der Intensität der linearen Abhängigkeiten für die Einzelwerte und Indices.

GARCH–Modellierungen. Die Modellierung der Preisbildung als Martingal Prozeß 2. Ordnung ist damit für den DAX eingeschränkt, für den FAZ–Index eindeutig abzulehnen. Der durch die Indices repräsentierte Gesamtmarkt ist demnach nicht effizient, die Märkte der analysierten Einzelwerte müssen dagegen als effizient charakterisiert werden.
Dieses auf den ersten Blick widersprüchliche Ergebnis läßt sich darauf zurückführen, daß einzelne, in der vorliegenden Untersuchung nicht analysierte Werte eine derart intensive kurzfristige lineare Abhängigkeit im Erwartungswert aufweisen, daß hierdurch eine entsprechend starke Wirkung auf die Indizes ausgeht. Die durch den Portfoliocharakter der Indizes bewirkte Aggregation der Eigenschaften ihrer Einzelwerte bewirkt dann im Sinne einer durchschnittlichen linearen Abhängigkeit der Einzelwerte die Ergebnisse für die Indizes[49]. Es muß angemerkt werden, daß dieser Erklärungsansatz eine qualitative Kategorisierung der Einzelwerte in effiziente und ineffiziente Werte impliziert, was durch einen „thin trading" Effekt erklärbar ist. Dies bedeutet, daß aufgrund seltener Handelsaktivitäten in einzelnen Werten identische aufeinander folgende Kurse für diese Aktien festgestellt werden, was statistisch zu entsprechenden Autokorrelationen führt, die dann als Ineffizienz interpretiert werden. Diese Erklärung ist damit kompatibel mit den unterschiedlich stark ausgeprägten Autokorrelationen für den DAX und FAZ–Index. Während der FAZ–Index sich aus 100 Einzelwerten zusammensetzt, die entsprechend ihres börsennotierten Grundkapitals gewichtet sind, besteht der DAX aus 30 Werten, die entsprechend ihrer Marktkapitalisierung gewichtet sind. Dementsprechend beinhaltet der FAZ–Index eine größere Anzahl „kleiner" Aktien, so daß der Einfluß eines „thin trading" Effektes beim FAZ–Index ausgeprägter vorhanden sein muß als beim DAX, wodurch die unterschiedliche Intensität der Autokorrelationen für die beiden Indizes erklärbar wird.
Im weiteren Verlauf der Untersuchung werden zur Unterstützung des Ergebnisses von IID für die linear und nichtlinear stochastisch gefilterten Residuen diese in Kapitel 6 weiteren Tests zur Erkennung verbleibender Strukturen unterzogen. Ohne den Ergebnissen dieser Tests vorweggreifen zu wollen, sei darauf hingewiesen, daß sie für die Residuen beider gewählter Vorgehensweisen identisch sind, weshalb nur die Ergebnisse für die aus Abschnitt 5.5 hervorgegangenen Residuen dokumentiert werden.

[49] Hierzu wäre die Analyse sämtlicher Einzelwerte der betrachteten Indizes notwendig, was aus zeitlichen Gründen an dieser Stelle nicht erfolgen kann.

5.7 Stationarität

Nach der erfolgten Eliminierung der durch stochastische Modellansätze erklärbaren Strukturen wird nachfolgend das graphische Verfahren des Reccurence Plots auf die erhaltenen Residuen angewendet, um einerseits die Existenz von Strukturen bzw. deren Eliminierung zu visualisieren, andererseits um die Möglichkeit der Nichtstationarität der vorliegenden Zeitreihen zu analysieren. Die Existenz solcher Nichtstationaritäten müßte graphisch zu einem Bruch in der Struktur des Reccurence Plots führen. Die nachfolgenden Graphen sind für die Einbettungsdimension 2 und die Distanz σ erstellt worden, mit σ als Standardabweichung der Beobachtungen.

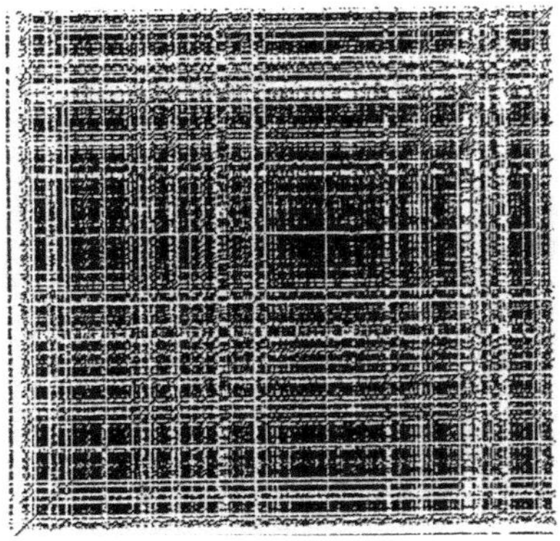

Abb. 5.16: Reccurence Plot der Originalbeobachtungen Daimler Benz

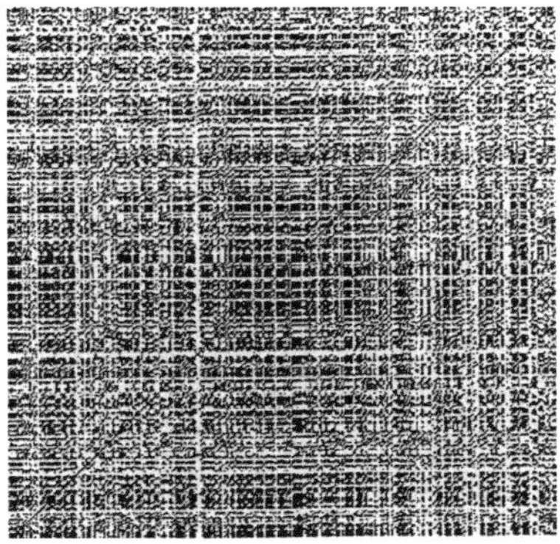

Abb. 5.17: Reccurrence Plot der stochastisch gefilterten Beobachtungen Daimler Benz

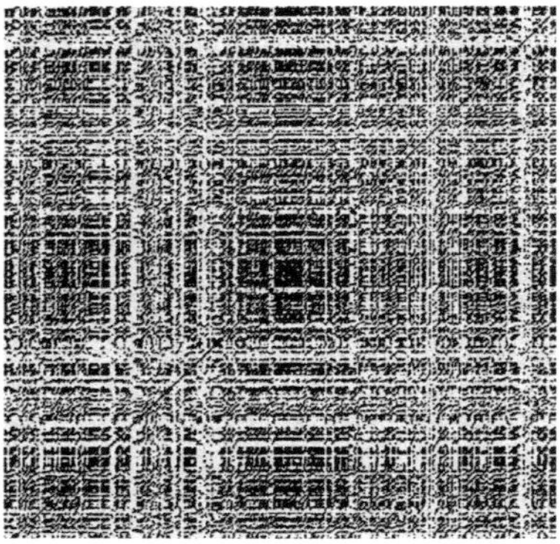

Abb. 5.18: Reccurence Plot der Originalbeobachtungen BASF

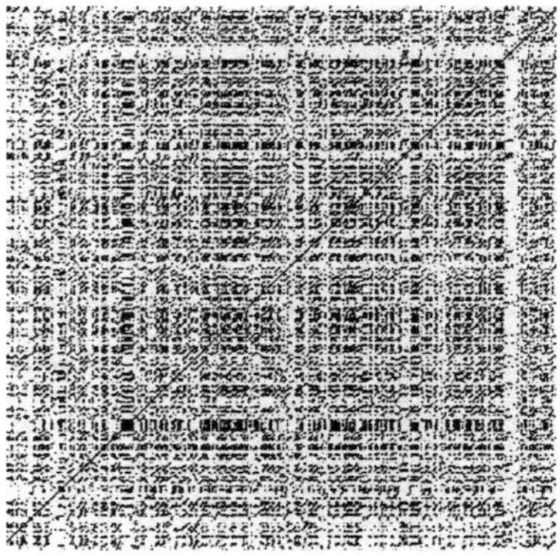

Abb. 5.19: Reccurrence Plot der stochastisch gefilterten Beobachtungen BASF

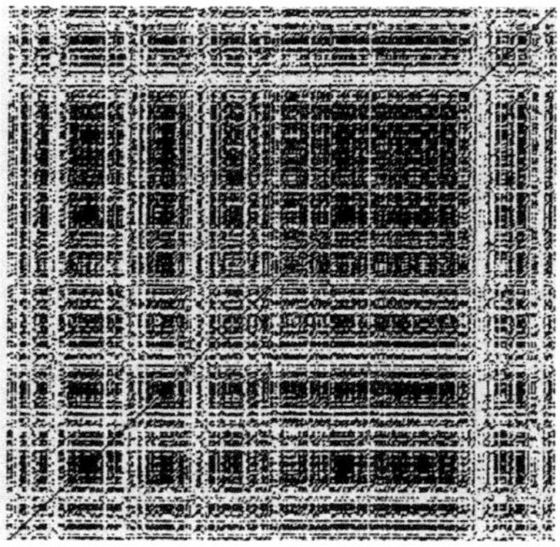

Abb. 5.20: Reccurence Plot der Originalbeobachtungen RWE

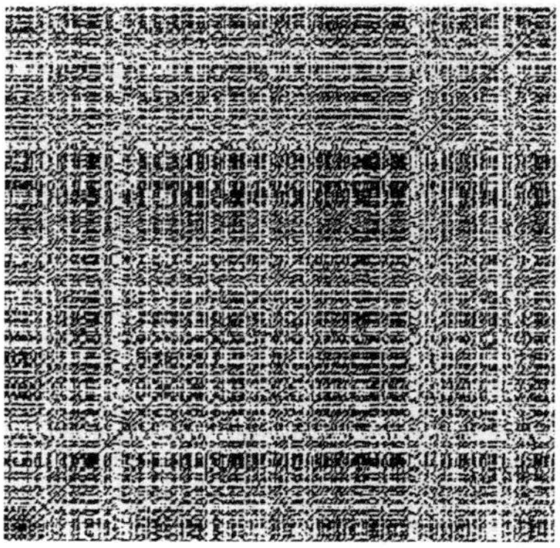

Abb. 5.21: Reccurrence Plot der stochastisch gefilterten Beobachtungen RWE

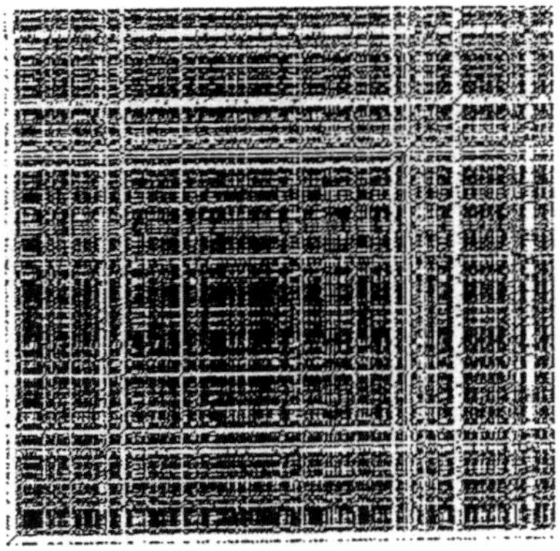

Abb. 5.22: Reccurence Plot der Originalbeobachtungen VW

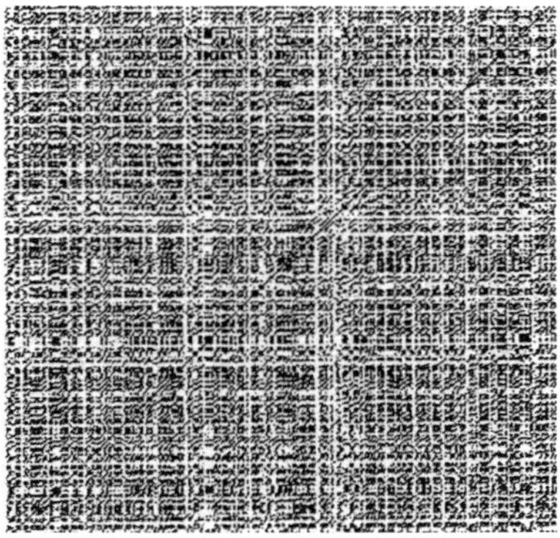

Abb. 5.23: Reccurrence Plot der stochastisch gefilterten Beobachtungen VW

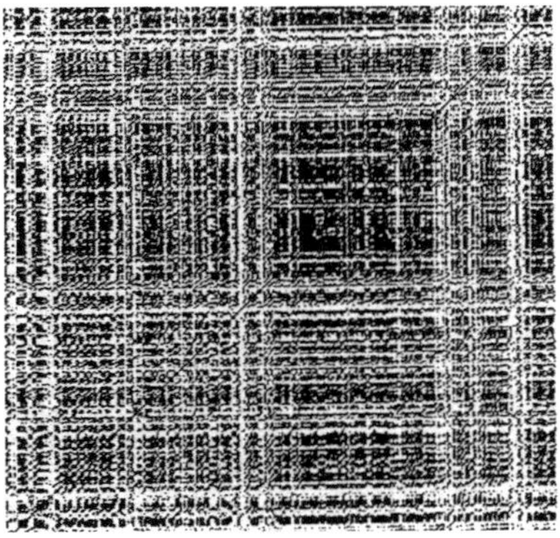

Abb. 5.24: Reccurence Plot der Originalbeobachtungen des DAX

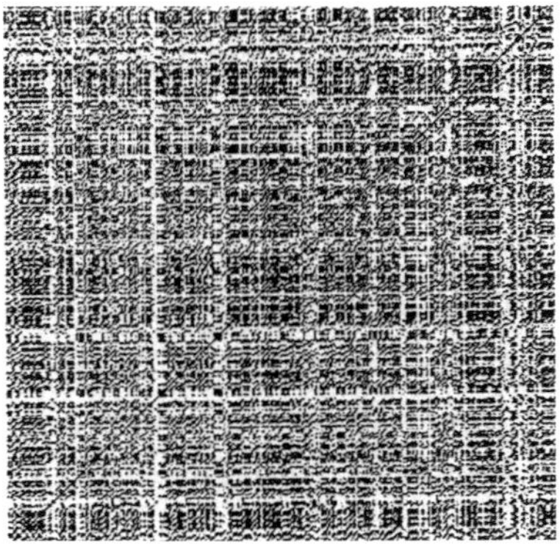

Abb. 5.25: Reccurrence Plot der stochastisch gefilterten Beobachtungen des DAX

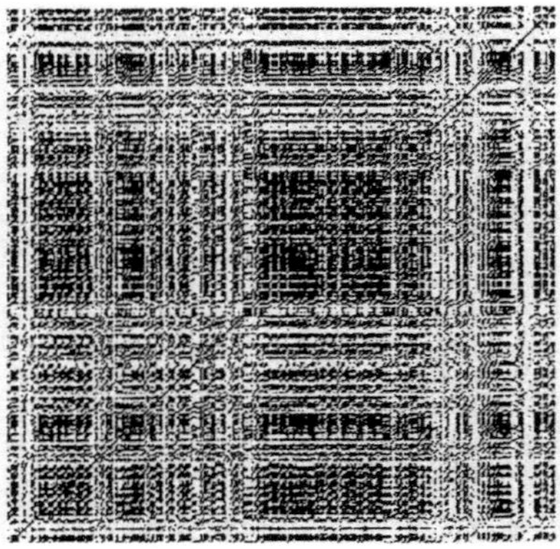

Abb. 5.26: Reccurence Plot der Originalbeobachtungen des FAZ–Index

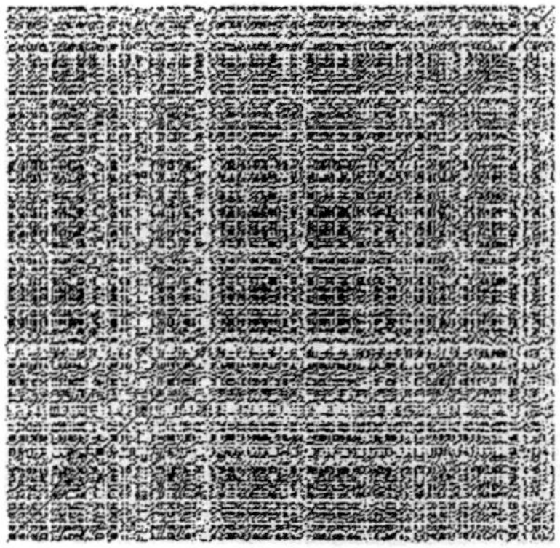

Abb. 5.27: Reccurrence Plot der stochastisch gefilterten Beobachtungen des FAZ–Index

Für alle Datenreihen ist deutlich die Reduktion der in den Originalbeobachtungen existierenden Strukturen erkennbar. Im Gegensatz zu der bei den Originalbeobachtungen erkennbaren Konzentration schwarzer Flächen ergibt sich bei den Residuen eine relativ gleichmäßige Verteilung, was die Eliminierung existierender Strukturen visualisiert.
Hinsichtlich der Frage der Nichtstationarität sind in keiner Datenreihe Strukturbrüche erkennbar. Zwar existieren Bereiche stärkerer und schwächerer Abhängigkeiten, eine Veränderung der diesen Abhängigkeiten zugrunde liegenden Systematik ist hingegen nicht erkennbar. Die den Preisbildungsprozeß beeinflussenden politischen, volkswirtschaftlichen und marktorganisatorischen Strukturen scheinen damit weitgehend konstant zu sein, die Zerlegung einzelner Datenreihen in Subperioden erscheint nicht opportun. Die Existenz von Nichtstationaritäten als erklärendem Element für die durch die BDS–Statistik festgestellten Strukturen in den Originalbeobachtungen kann abgelehnt werden.

Kapitel 6

Test auf chaotische Strukturen

In Kapitel 5 wurde der Nachweis dafür erbracht, daß sämtliche den Datenreihen innewohnenden Strukturen aus linearen und nichtlinearen stochastischen Abhängigkeiten resultieren. Zur Unterstützung dieses Ergebnisses wird nachfolgend das Verfahren der Schätzung der Korrelationsdimension auf die gefilterten Residuen angewendet.

6.1 Schätzung der Korrelationsdimension

In Anlehnung an die Abschnitte 3.1.4 und 4.1.1 dieser Arbeit sei daran erinnert, daß zufällige Datenreihen eine mit zunehmender Einbettungsdimension ebenfalls zunehmende Dimensionalität generieren, ein Konvergenzverhalten also nicht erkennbar ist; deterministisch generierte Datenreihen hingegen mit zunehmender Einbettungsdimension gegen die Dimensionalität des ihnen zugrunde liegenden Systems konvergieren. Vor diesem Hintergrund sind nachfolgend die GP–Graphen der untersuchten Datenreihen für die Einbettungsdimensionen 2 bis 20 dargestellt. Für die Wahl einer maximalen Einbettungsdimension von 20 gibt es zwei Gründe. Zum einen wird im finanzwirtschaftlichen Bereich eine Attraktordimension von 7 als Grenze zwischen Chaos und Zufall gewählt[1], was nach Takens' Theorem zu einer Einbettungsdimension von $2 * 7 + 1 = 15$ führt. Das hier gewählte Maximum der Einbettungsdimension von 20 würde damit auch eine bereits als Zufall definierte Dimensionalität offenbaren. Zum anderen besteht hinsichtlich der Exaktheit der

[1]Vgl. Fußnote 7, S. 89 dieser Arbeit.

Korrelationsdimensionsschätzung das Problem der Datenmengen. *Smith*[2] hat gezeigt, daß auf der Basis eines 5% Signifikanzlevels zur Schätzung der Korrelationsdimension D_C eine Datenmenge von 42^{D_C} Beobachtungen notwendig wäre. Eine beliebige Erhöhung der Einbettungsdimension ist somit nicht möglich. *Ruelle*[3] weist nach, daß die Schätzung der Korrelationsdimension für kleine Datenmengen einen Wert von $2 * \log_{10} N$ mit N als Beobachtungsanzahl nicht überschreitet, auch wenn es sich bei den zugrunde liegenden Daten um einen reinen white noise Prozeß handelt. Nahezu alle dem Autor bekannten Untersuchungen von Aktienkursverläufen basieren auf einem relativ begrenzten Datenmaterial und zeigen ein Konvergenzverhalten bei einer Dimensionalität von 6 bis 7, was dem von *Ruelle* ermittelten Wert entspricht[4]. Im weiteren Verlauf auftretende Ergebnisse bezüglich einer erkennbaren Dimensionalität müssen damit entsprechend vorsichtig interpretiert werden.

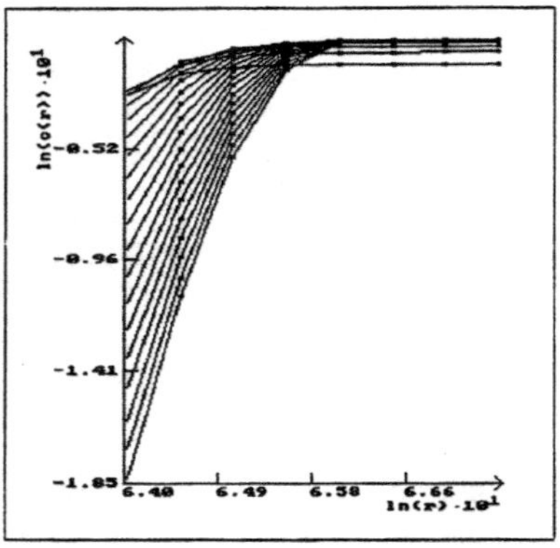

Abb. 6.1: GP–Graph Daimler Benz

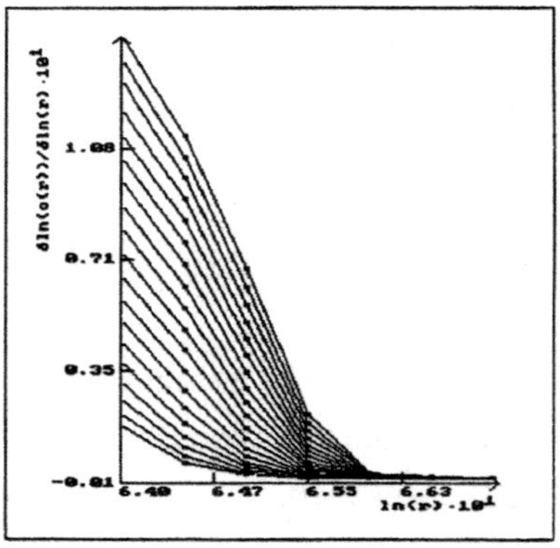

Abb. 6.2: Steigung des GP–Graphen in Abhängigkeit von ϵ

---

[2]Vgl. *Smith* [202].

[3]Vgl. *Ruelle* [187].

[4]Vgl. hierzu *Scheinkmann/LeBaron* [194], *Brock* [24] und *Liu/Granger/Heller* [132]. Die Ergebnisse dieser Untersuchungen müssen vor diesem Hintergrund neu beurteilt werden. Die Ergebnisse anderer Untersuchungen für Währungen und Renten hingegen offenbaren eine geringere Dimensionalität im Bereich von 2 und erweisen sich damit als resistent gegenüber obiger Kritik. Für einen Überblick vgl. *Lux* [140].

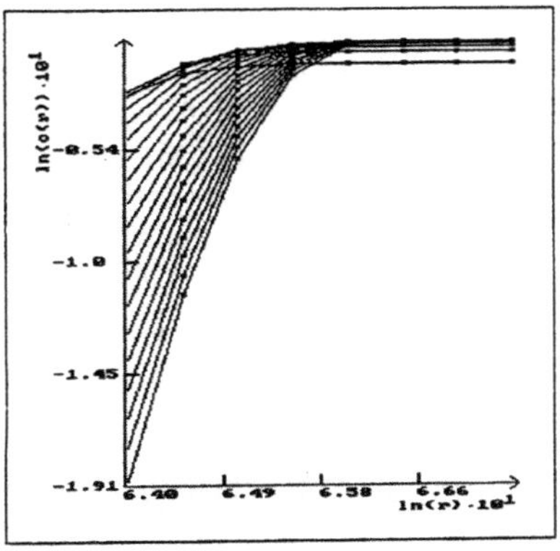

Abb. 6.3: GP–Graph BASF

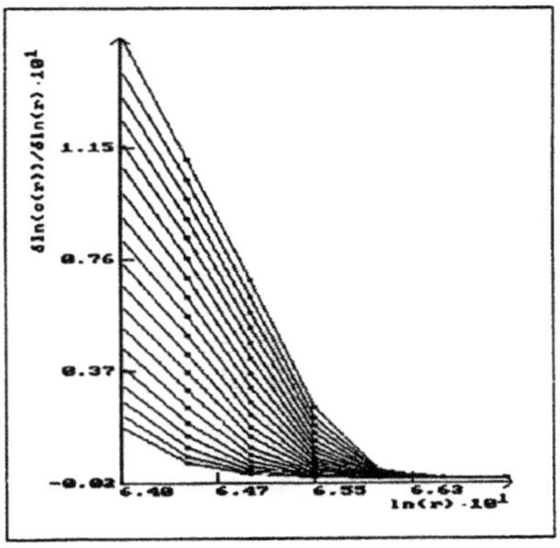

Abb. 6.4: Steigung des GP–Graphen in Abhängigkeit von ϵ

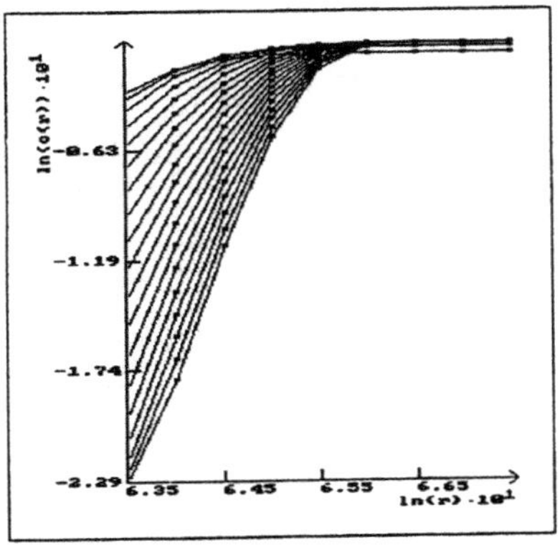

Abb. 6.5: GP–Graph RWE

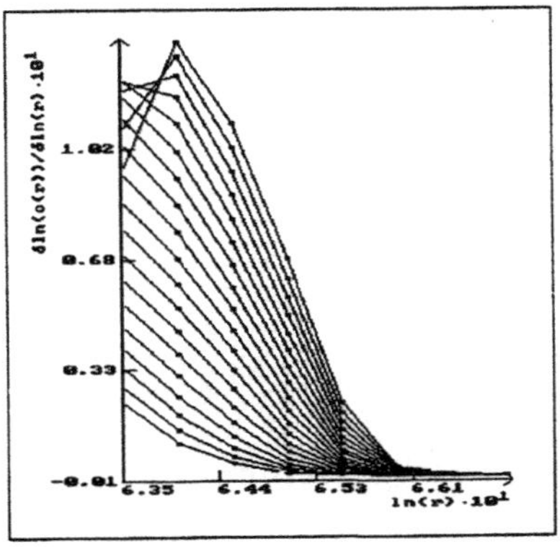

Abb. 6.6: Steigung des GP–Graphen in Abhängigkeit von ϵ

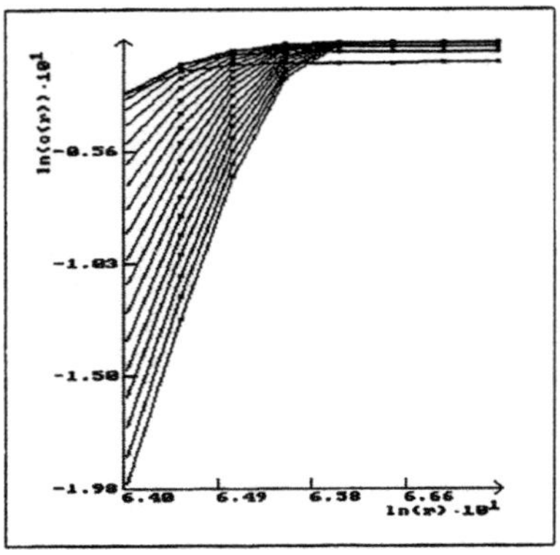

Abb. 6.7: GP–Graph VW

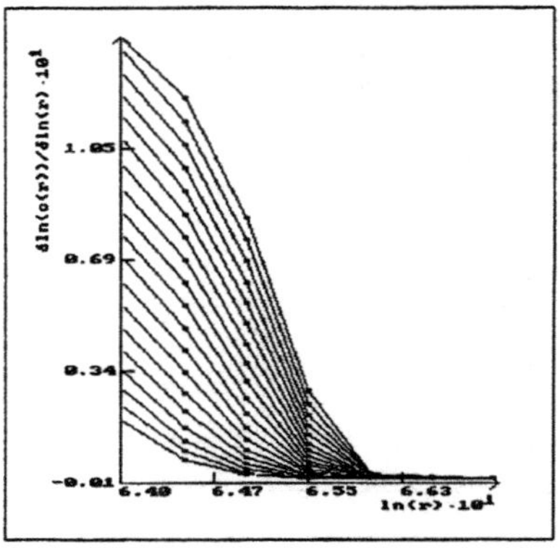

Abb. 6.8: Steigung des GP–Graphen in Abhängigkeit von ϵ

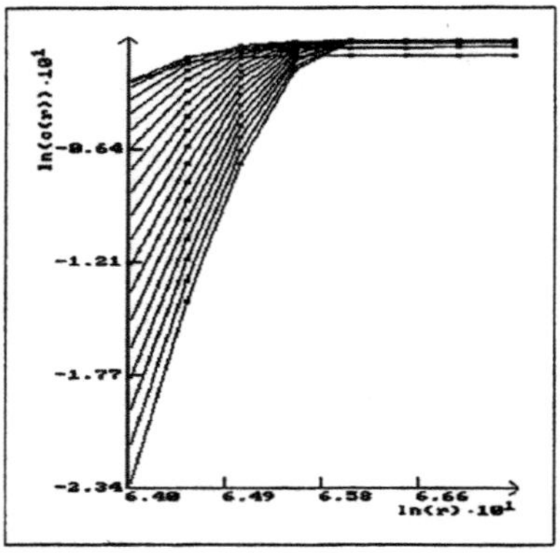

Abb. 6.9: GP–Graph DAX

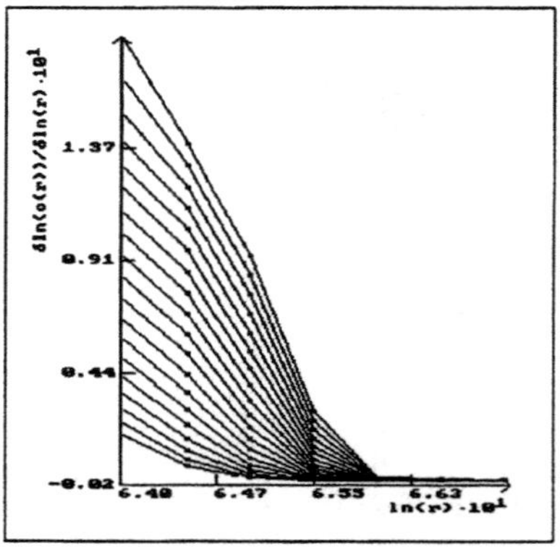

Abb. 6.10: Steigung des GP–Graphen in Abhängigkeit von ϵ

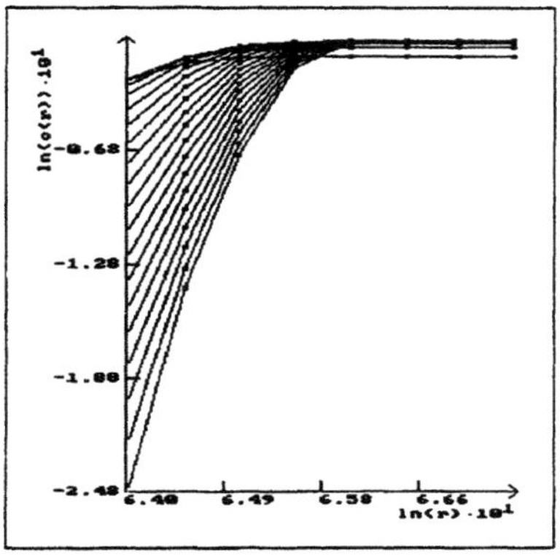

Abb. 6.11: GP–Graph FAZ–Index

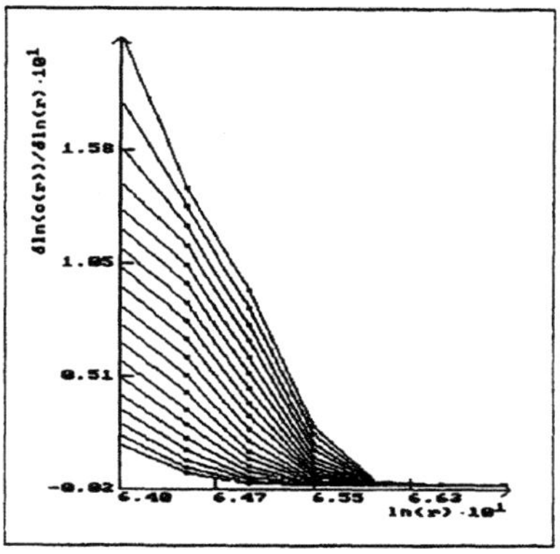

Abb. 6.12: Steigung des GP–Graphen in Abhängigkeit von ϵ

Analog den Ergebnissen für die Zufallsreihe in Abschnitt 4.1.1 ist für keine der untersuchten Datenreihen ein Konvergenzverhalten erkennbar[5]. Für alle analysierten Werte erhöht sich die Steigung des GP–Graphen mit zunehmender Einbettungsdimension. Eine endliche Dimensionalität ist somit innerhalb des hier gewählten Bereiches der Einbettungsdimension nicht feststellbar. Die Ergebnisse der Korrelationsdimension zeigen, daß es innerhalb der gewählten Einbettungsdimensionen nicht zu einer Attraktorbildung kommt. Ein dem Preisbildungsprozeß eventuell zugrunde liegendes nichtlineares deterministisches System müßte damit entsprechend höherdimensional sein. Dies bedeutet in letzter Konsequenz, daß die Frage nach der Existenz eines solchen Systems allein aufgrund der verfügbaren Datenmengen auf absehbare Zeit nicht beantwortbar sein wird[6]. Da die Existenz eines Attraktors somit nicht nachweisbar ist, die Beobachtungen also bis zu der gewählten Dimensionalität keine Strukturen generieren, kann entsprechend nicht auf ein dem Preisbildungsprozeß zugrunde liegendes niedrigdimensionales chaotisches System gefolgert werden. Die Ergebnisse der BDS–Statistik aus Kapitel 5, die die Existenz deterministischer Strukturen für alle untersuchten Datenreihen ablehnen, sind damit bestätigt. Die auf dem Konzept der Korrelationsdi-

[5]Dieses Ergebnis deckt sich mit einer Untersuchung von *Reiner/Ginter/Schnabl* [177], die für ausgewählte deutsche Werte auf der Basis eines Beobachtungszeitraums von 1974 bis 1989 ebenfalls kein Konvergenzverhalten feststellen konnten.

[6]Für eine angenommene Attraktordimension von 10 wären nach *Smith* [202] bspw. 42^{10} Beobachtungen notwendig, was auf täglicher Basis einem Beobachtungszeitraum von immerhin etwa 13 Mrd. Jahren entspräche.

mension basierenden Verfahren der Shuffle Diagnostic und der Conditionals führen zwangsläufig zu demselben Resultat, weshalb auf ihre Darstellung nachfolgend verzichtet wird.
Als Ergebnis kann an dieser Stelle festgehalten werden, daß mittels des Verfahrens der Korrelationsdimension eine Struktur in den untersuchten Datenreihen nicht nachgewiesen werden kann. Die Schätzung der Korrelationdimension bestätigt die Ergebnisse der BDS-Statistik aus Kapitel 5 und identifiziert das Verhalten der vorliegenden Datenreihen als stochastisch. Die Ausbildung eines Attraktors ist nicht erkennbar. Die Filterung in Kapitel 5 hat sämtliche theoretisch verwertbaren Strukturen aus den Daten entfernt.
Mit diesem Ergebnis ist jedoch noch keine Aussage über die Existenz der Sensitivitätseigenschaft für die vorliegenden Datenreihen getroffen. Es verbleibt damit als abschließendes Verfahren der direkte Test auf diese für chaotische Systeme charakteristische Eigenschaft mittels des Lyapunov Exponenten.

6.2 Schätzung des Lyapunov Exponenten

Die Schätzung des Lyapunov Exponenten wirft das Problem der vorherigen Bestimmung der vermuteten Attraktordimension auf. Wie dem vorstehenden Abschnitt zu entnehmen ist, konnte mittels der Korrelationsdimension kein Konvergenzverhalten für die vorliegenden Datenreihen festgestellt werden. Da die Dimensionsschätzung bis zur Einbettungsdimension 20 reicht, entspricht dies nach Takens einer realen Attraktordimension von 9. Unter der Annahme, daß dem Preisbildungsprozeß am deutschen Aktienmarkt deterministische Bildungsgesetze zugrunde liegen, müssen diese entsprechend höherdimensional sein. Die nachfolgenden Schätzungen des Lyapunov Exponenten basieren daher auf einer geschätzten Attraktordimension von 12. Als Schrittweite werden 5 Beobachtungen zugrunde gelegt, das Distanzminimum beträgt $0.5 * \sigma$, das Distanzmaximum $2 * \sigma$, mit σ als Standardabweichung der Beobachtungen.

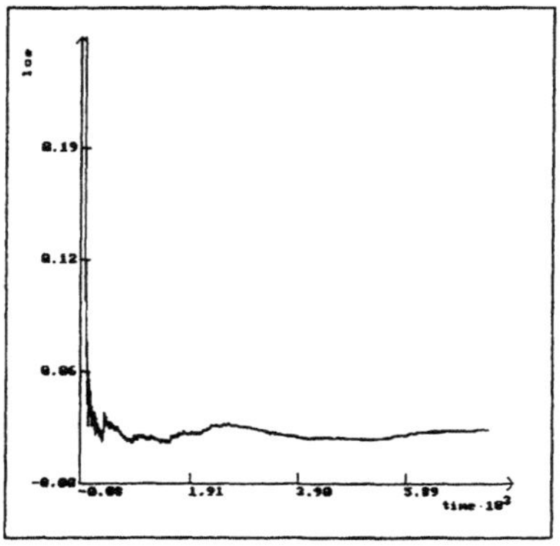

Abb. 6.13: Lyapunov Exponent Daimler Benz

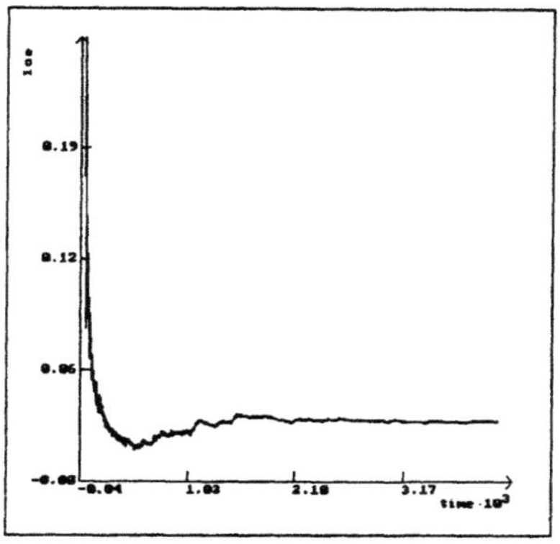

Abb. 6.14: Lyapunov Exponent BASF

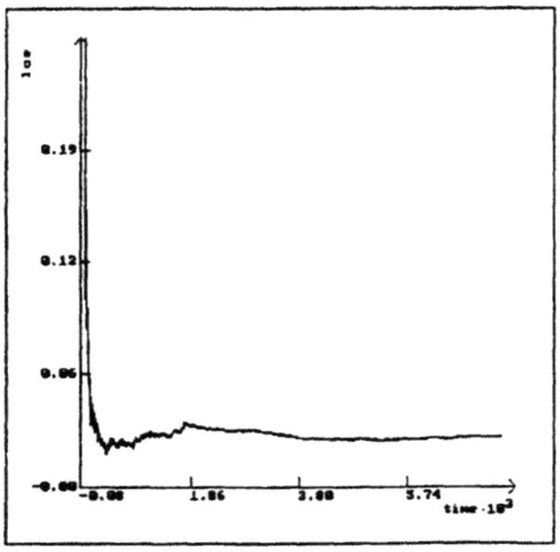

Abb. 6.15: Lyapunov Exponent RWE

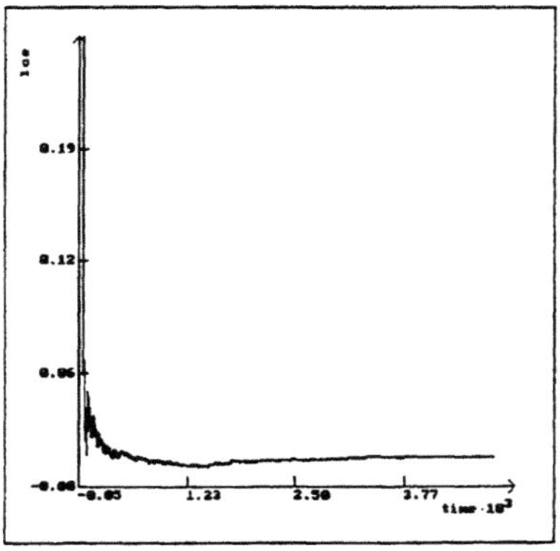

Abb. 6.16: Lyapunov Exponent VW

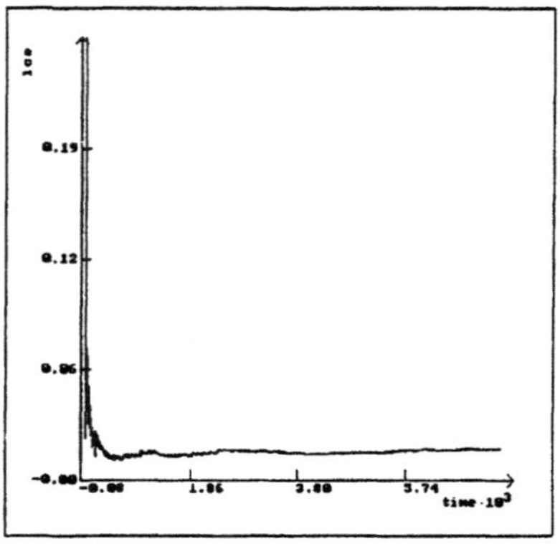

Abb. 6.17: Lyapunov Exponent DAX

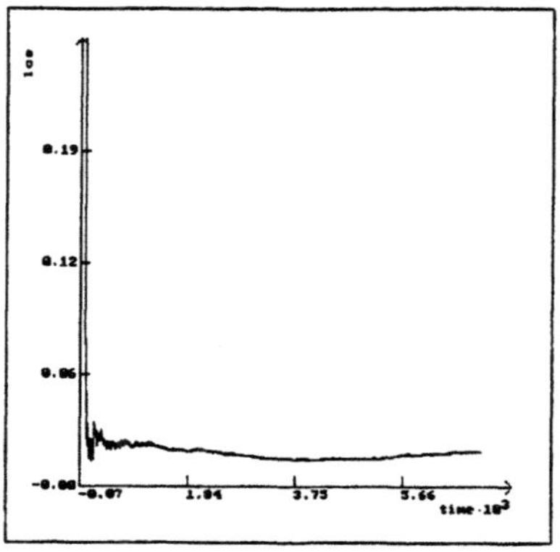

Abb. 6.18: Lyapunov Exponent FAZ–Index

Als Ergebnis ist generell eine Positivität des Lyapunov Exponenten und damit generell die für chaotische Systeme charakteristische Sensitivitätseigenschaft in den Datenreihen festzustellen. Diese Aussage behält unabhängig von der geschätzten Attraktordimension ihre Gültigkeit. Zwar variiert die Höhe des Lyapunov Exponenten in Abhängigkeit von der geschätzten Attraktordimension, die Positivität aber bleibt erhalten[7]. An dieser Stelle muß dem Problem der Schätzung der Attraktordimension besondere Beachtung zukommen.

Ausgehend von den bisherigen Testergebnissen ist kein Hinweis auf eine Strukturbildung durch einen Attraktor gegeben, da dies zu einem endlichen Wert für die Korrelationdimension und zu einer Ablehnung der Nullhypothese durch die BDS–Statistik hätte führen müssen. Die hier vorgenommene Schätzung der Dimensionalität eines nicht nachweisbaren Attraktors ist daher von vornherein fragwürdig. Diese Vorgehensweise basiert hingegen auf der Annahme, daß Attraktoren existieren, die aufgrund ihrer hohen Dimensionalität nicht nachweisbar sind, wie dies bei der in Kapitel 4 analysierten Zufallsreihe der Fall ist. Die gewählte Attraktordimension von 12 ist somit eine rein hypothetische Annahme. Da die Positivität des Lyapunov Exponenten jedoch von der gewählten Attraktordimensionalität unabhängig zu sein scheint, ist zur Darstellung der Sensitivitätseigenschaft der Datenreihen

[7] Der Wert des Lyapunov Exponenten nimmt hierbei mit zunehmender Attraktordimension ab, bleibt aber im positiven Bereich. Entsprechend ist eine Variation des Lyapunov Exponenten bei einer Änderung der übrigen Parameter des *Wolf/Swift/Swinney/Vastano*–Algorithmus zu beobachten, die Positivität bleibt aber auch hier erhalten.

die hier gewählte Attraktordimensionalität vertretbar[8].
Es bleibt somit festzustellen, daß die für chaotische Systeme charakteristische Eigenschaft der sensitiven Abhängigkeit von den Anfangsbedingungen für die vorliegenden Datenreihen existiert. Dieses Ergebnis ist damit äquivalent dem Ergebnis in Abschnitt 4.3 für die dort analysierte Zufallsreihe. Während sowohl die Korrelationsdimension als auch die BDS-Statistik die Existenz chaotischer Bildungsgesetze für die Zufallsreihe ablehnen, offenbart der Lyapunov Exponent ihre chaotische Struktur. Der hierdurch mögliche Nachweis eines chaotischen Bildungsgesetzes resultiert jedoch aus dem Wissen über die Existenz einer deterministischen Gesetzmäßigkeit. Der verwendete Zufallsgenerator kann auf der Basis dieses Wissens und dem ermittelten positiven Lyapunov Exponenten als chaotisch charakterisiert werden. Ein positiver Lyapunov Exponent als charakteristisches Merkmal für die Existenz eines chaotischen Bildungsgesetzes muß demnach im Zusammenhang mit dem Wissen über die Existenz einer deterministischen Gesetzmäßigkeit gesehen werden. Der Nachweis einer solchen Gesetzmäßigkeit beinhaltet die Existenz eines fraktalen Attraktor, auf dem sich die Trajektorien des Systems bewegen. Ein derartiger Attraktor konnte für die analysierten Datenreihen nicht nachgewiesen werden. Es besteht somit kein Grund, die Existenz eines deterministischen Preisbildungsgesetzes anzunehmen. Aus der Positivität des Lyapunov Exponenten kann lediglich im philosophischen Sinne auf die theoretische Existenz eines sehr hochdimensionalen chaotischen Bildungsgesetzes geschlossen werden. Hinsichtlich der finanzwirtschaftlichen Forschung ist die Existenz chaotischer Gesetzmäßigkeiten abzulehnen.

---

[8]Für die in der vorliegenden Untersuchung zugrunde gelegte Attraktordimension liegen die Werte des Lyapunov Exponenten in dem Bereich 0.03 bis 0.04. Sowohl die generelle Aussage der Existenz der Sensitivitätseigenschaft als auch die quantitative Aussage bezüglich eines Lyapunov Exponenten im Bereich von 0.03 decken sich mit den Ergebnissen von *Eckmann/Kamphorst/Ruelle/Scheinkman* [64] und *Peters* [170] für verschiedene amerikanische Aktien und Indices. Zu demselben Ergebnis gelangen *Dockner/Wöhrmann* [57] für den Deutschen Aktienindex DAX. Der von ihnen gewählte Ansatz basiert auf der Schätzung einer deterministischen Gesetzmäßigkeit mittels neuronaler Netze und der anschließenden Berechnung des Lyapunov Exponenten über die Jacobi Matrix des Systems. Vgl. zu dieser Vorgehensweise auch Abschnitt 3.1.3.3, S. 30ff. dieser Arbeit.

6.3 Darstellung der Testergebnisse

Als Ergebnis der vorstehenden Testverfahren auf Abhängigkeiten im Preisbildungsprozeß deutscher Aktien und Aktienindices kann zusammenfassend festgestellt werden, daß die in den Originalbeobachtungen nachgewiesenen Strukturen ausschließlich durch stochastische Modellansätze erklärbar sind. Die Existenz chaotischer Bildungsgesetze und damit nichtlinearer deterministischer Abhängigkeiten muß abgelehnt werden.
Die Diagnose der Originaldaten in Abschnitt 5.3 offenbart die Existenz von Abhängigkeiten in allen untersuchten Datenreihen. Die lineare und nichtlineare stochastische Filterung in den Abschnitten 5.4 und 5.5 führt zu dem Ergebnis, daß die nachgewiesenen Abhängigkeiten in den Originalbeobachtungen ausschließlich durch stochastische Modellansätze erklärt werden können und überwiegend aus der heteroskedastischen Varianz der Datenreihen resultieren. Dieses Ergebnis führt zu einer Ablehnung der Random-Walk-Hypothese für die analysierten Werte, da diese einen white noise Prozeß für die Preisänderungen unterstellt und damit die Existenz von Abhängigkeiten in allen Momenten einer Verteilung ausschließt. Die Kompatibilität einer heteroskedastischen Varianz mit der auf den Erwartungswert einer Verteilung begrenzten Martingal Eigenschaft erlaubt hingegen die Modellierung der Preisänderungen als Martingal Differenzen. Zur Überprüfung dieser Modellierungsmöglichkeit erfolgt in Abschnitt 5.6 die Umkehrung der Reihenfolge der stochastischen Filterung. Die Standardisierung der Originalbeobachtungen mittels ihrer bedingten Varianz führt zu einer nahezu vollständigen Eliminierung der vorhandenen Strukturen, woraus die Annahme der Martingal Eigenschaft für die Datenreihen resultiert. Dieses Ergebnis muß jedoch auf die analysierten Einzelwerte beschränkt werden. Die standardisierten Beobachtungen des DAX und FAZ-Index weisen zusätzlich lineare Abhängigkeiten im ersten Moment ihrer Verteilung auf. Die Erklärung für dieses Ergebnis liegt in der durch die Portfoliobildung bewirkten Aggregation der Eigenschaften der Einzelwerte. Die Existenz eines „thin trading" Effektes für einzelne Indexwerte bewirkt für diese Werte eine stark ausgeprägte Autokorrelation, was für die Indizes zu einer entsprechend intensiven durchschnittlichen Autokorrelation ihrer Einzelwerte führt. Die Ableitung einer Effizienzaussage für die analysierten Werte führt damit zu einer effizienten Preisbildung der analysierten Einzelwerte und zu einem ineffizienten Verhalten des Gesamtmark-

tes. Die Verwendung des Begriffs eines effizienten Marktes erfolgt hierbei im intuitiven Sinne einer Unabhängigkeit aktueller Kurse von vergangenen Kursen. Diese Begrenzung auf das Verhalten des Erwartungswertes ermöglicht die inhaltliche Identität der Martingal Eigenschaft mit der Effizienz des jeweiligen Wertes.

Die in Kapitel 6 erfolgte Untersuchung auf die Existenz chaotischer Strukturen kann die Existenz eines hierfür notwendigen fraktalen Attraktors nicht nachweisen. Trotz der Positivität des Lyapunov Exponenten für alle untersuchten Zeitreihen, die die für chaotische Systeme charakteristische Sensitivitätseigenschaft für die untersuchten Datenreihen bestätigt, kann damit nicht auf ein entsprechendes Bildungsgesetz geschlossen werden. Auffällig ist in diesem Zusammenhang die Analogie der Testergebnisse mit den Ergebnissen des Kapitels 4 für die dort analysierte Zufallsreihe. Auch hier kann die Existenz eines Attraktors nicht nachgewiesen werden, obwohl die Positivität des Lyapunov Exponenten auf die chaotische Struktur des zugrunde liegenden deterministischen Systems hindeutet. Die Dimensionalität dieses Systems ist jedoch derartig hoch, daß sie weder durch die Schätzung der Korrelationsdimension noch durch die Ergebnisse der BDS–Statistik entdeckt werden kann. Die Übertragung dieser Ergebnisse auf die Ergebnisse für die untersuchten Datenreihen ließe den Schluß zu, daß es sich auch hierbei um ein entsprechend hochdimensionales Bildungsgesetz handelt. Eine solche Übertragung der Interpretation scheint jedoch nicht realistisch. Zum einen deshalb, weil es im Zusammenhang mit der Preisbildung am Aktienmarkt und mit der Entstehung von Informationen, die im Preisbildungsprozeß verarbeitet werden, keinen Grund gibt, diesen Prozessen ein deterministisches Bildungsgesetz zu unterstellen. Zum anderen, weil selbst die eventuelle Existenz eines solchen Gesetzes aufgrund seiner Dimensionalität letztendlich ein zufälliges Verhalten generieren würde. Aus der Annahme einer solchen Gesetzmäßigkeit könnten keine verwertbaren Implikationen für die finanzwirtschaftliche Theorie abgeleitet werden.

Kapitel 7

Zusammenfassung

Das Ziel der vorliegenden Untersuchung ist die Beantwortung der Frage nach dem Einfluß stochastischer und deterministischer Abhängigkeiten auf den Preisbildungsprozeß am deutschen Aktienmarkt.
Hierzu wird nach einer in Kapitel 2 erfolgten inhaltlichen Darstellung des Zusammenhangs von Chaostheorie und Finanzwirtschaft in Kapitel 3 die Theorie deterministischer chaotischer Systeme dargestellt, indem nach einer Beschreibung des theoretischen Fundaments der Chaostheorie die Eigenschaften chaotischen Verhaltens an ausgewählten deterministischen Systemen aufgezeigt und erklärt werden. Darauf aufbauend enthält Kapitel 4 die Herleitung und beispielhafte Anwendung der aus chaostheoretischen Überlegungen hervorgehenden Testverfahren. Hierzu wird je eine Zeitreihe durch ein chaotisches System und durch einen Zufallsgenerator generiert. Die Anwendung der verschiedenen Testverfahren auf diese beiden Zeitreihen offenbart die Fähigkeit dieser Tests zwischen stochastischem und chaotischem Verhalten zu differenzieren. Darüber hinaus wird die aus dem chaostheoretischen Ansatz hervorgehende BDS-Statistik eingeführt, mittels derer die Existenz von linearen und nichtlinearen Strukturen in Datenreihen nachgewiesen sowie die Güte ihrer Modellierung beurteilt werden kann. Abschließend erfolgt die Darstellung des Verfahrens der Berechnung des größten Lyapunov Exponenten, das als einziger Test von einer Strukturbildung in den Daten abstrahiert und direkt auf die Existenz der für chaotische Systeme charakteristischen Sensitivitätseigenschaft abzielt.
Der empirische Teil der Untersuchung analysiert die deutschen Aktiengesellschaften Daimler Benz, BASF, RWE und VW sowie den DAX- und FAZ-

Index. Er gliedert sich in die Analyse stochastischer Strukturen in Kapitel 5 und chaotischer Strukturen in Kapitel 6. Ausgehend von dem durch die BDS–Statistik eindeutig erbrachten Nachweis existierender Abhängigkeiten in den Originalbeobachtungen aller untersuchten Werte werden zu Beginn des Kapitels 5 die linearen stochastischen Abhängigkeiten durch autoregressive Filterung eliminiert. Der Nachweis verbleibender Strukturen in den Residuen dieser Prozesse durch die BDS–Statistik führt zu einer Anpassung nichtlinearer stochastischer Prozesse für die Varianz der einzelnen Werte durch die Schätzung entsprechender GARCH–Modelle. Die Anwendung der BDS–Statistik auf die Residuen der GARCH–Prozesse nimmt die Nullhypothese von IID Beobachtungen an. Die lineare und nichtlineare stochastische Filterung hat sämtliche den Datenreihen innewohnenden Strukturen eliminiert, wobei ein dominierender Einfluß der bedingten Varianz der analysierten Datenreihen auf die Strukturbildung in den Originalbeobachtungen festzustellen ist. Dieses Ergebnis führt zu einer Ablehnung der Random–Walk–Hypothese, bei der die Preisänderungen als white noise Prozeß angenommen und damit Abhängigkeiten in allen Momenten einer Verteilung ausgeschlossen werden. Zur Überprüfung der in der finanzwirtschaftlichen Literatur verwendeten alternativen Modellierung der Preisänderungen als Martingal Differenzen wird die Reihenfolge der stochastischen Filterung vertauscht. Die Annahme der Martingal Eigenschaft reduziert die Notwendigkeit einer unkorrelierten und unabhängigen Preisbildung auf den Erwartungswert einer Verteilung. Abhängigkeiten in Momenten höherer Ordnung sind zulässig. Die Standardisierung der Originalbeobachtungen durch ihre bedingte Varianz führt zu einer nahezu vollständigen Eliminierung der Strukturen für die analysierten Einzelwerte und zu einem Verbleib kurzfristiger Abhängigkeiten im Erwartungswert für den DAX und FAZ–Index. Die Preisentwicklung der analysierten Einzelwerte ist damit effizient, wobei unter Effizienz die Unabhängigkeit aktueller Kurse von vergangenen Kursen verstanden wird. Das Gesamtmarktverhalten ist ineffizient, was aus der Aggregation der unterschiedlichen Abhängigkeiten der Einzelwerte durch die Indices resultiert.

Zur Bestätigung der ausschließlichen Existenz stochastischer Abhängigkeiten sowie zur Analyse der Existenz der chaotischen Sensitivitätseigenschaft werden in Kapitel 6 die entsprechenden chaostheoretischen Testverfahren auf die stochastisch gefilterten Residuen angewendet. Hierbei werden die Ergebnisse der BDS–Statistik durch das Verfahren der Schätzung der Korrelati-

onsdimension bestätigt. Eine auf der Existenz eines chaotischen Attraktors basierende Struktur in den Daten ist nicht erkennbar, die analysierten Residuen verhalten sich stochastisch. Eine Einschränkung erfährt dieses Ergebnis jedoch durch den abschließenden Test mittels des größten Lyapunov Exponenten. Für alle Werte ergibt sich ein positiver Lyapunov Exponent, was die für chaotische Systeme charakteristische Sensitivitätseigenschaft beweist. Aufgrund des fehlenden Nachweises einer auf deterministische Gesetzmäßigkeiten zurückzuführenden Strukturbildung in den Residuen ist die Schlußfolgerung der Existenz eines chaotischen Systems jedoch nicht möglich. Ein Einfluß niedrigdimensionaler chaotischer Gesetzmäßigkeiten auf den Preisbildungsprozeß der analysierten Werte existiert somit nicht.
Die wesentliche Implikation dieser Testergebnisse für die finanzwirtschaftliche Forschung liegt in dem dominierenden Einfluß der bedingten Varianz auf die Preisbildung aller analysierten Werte sowie in der weitgehenden Annahme der Martingal Eigenschaft für die Preisänderungen. Im Zusammenhang mit den klassischen linearen Ansätzen zur Erklärung der Preisbildung von Finanztiteln bedeutet dieses Ergebnis, daß die grundsätzliche Annahme einer effizienten Preisbildung bestätigt wird - allerdings bei gleichzeitiger Substitution der klassischen Random–Walk–Hypothese durch die Martingal Eigenschaft für die Modellierung der Preisänderungen. Die ausschließliche Konzentration der klassischen linearen Gleichgewichtsmodelle auf den Erwartungswert einer Verteilung ignoriert hingegen die Existenz einer heteroskedastischen Varianz und damit die daraus resultierende Dynamik im Preisbildungsprozeß. Aus dieser Diskrepanz zwischen empirischer Eigenschaft und theoretischer Modellierung resultiert die Notwendigkeit einer entsprechenden Modifikation der linearen statischen Erklärungsansätze. Diese muß dahingehend erfolgen, daß sowohl die Existenz als auch die Verhaltensweise der nachgewiesenen Abhängigkeiten erfaßt werden. Die hierfür geeigneten Modellansätze müssen demnach dynamisch sein, um die Existenz der Abhängigkeiten zu erfassen und eine nichtlineare Struktur aufweisen, um die Verhaltenscharakteristika im Preisbildungsprozeß zu erfassen.

Anhang A

Hausdorff–Dimension

Zur Definition der Hausdorff Dimension[1] sollen einleitend notwendige mathematische Begrifflichkeiten eingeführt werden. Sei $\mathbb{R}^n = \{x | x = (x_1, \ldots x_n), x_i \in \mathbb{R}\}$ der euklidische Raum für $n \in N$. Die euklidische Norm des Vektors $x = (x_1, \ldots, x_n) \in \mathbb{R}^n$ ist damit definiert als

$$|x| = \sqrt{x_1^2 + \ldots + x_n^2} \tag{A.1}$$

Die Messung des euklidischen Abstands in diesem Raum erfolgt durch

$$d(x, y) = \sqrt{\sum_{i=0}^{n} (x_i - y_i)^2} \tag{A.2}$$

Der Durchmesser einer Menge $U \subset \mathbb{R}^n$ ergibt sich so zu

$$diam(U) = \sup\{d(x, y) | x, y \in U\} \tag{A.3}$$

Der gedankliche Hintergrund der Hausdorff Dimension ist, daß eine beliebige abgeschlossene[2] Menge $A \subset \mathbb{R}^n$ durch andere Mengen $U \subset \mathbb{R}^n$ komplett überdeckt werden soll. Es muß also gelten:

$$A \subset \bigcup_{i=1}^{\infty} U_i \tag{A.4}$$

[1] Vgl. zur Erklärung und Herleitung der Hausdorff–Dimension *Hausdorff* [105], *Edgar* [65], S. 147ff., *Falconer* [69], S. 7ff. und [70], S. 28ff. sowie *Harrison* [106], S. 108ff.

[2] Die allgemeine Bestimmung der Hausdorff Dimension bezieht sich auf offene Mengen $A \subset \mathbb{R}^n$. Da die hieraus resultierenden Ergebnisse jedoch für eine praktische Anwendung auf abgeschlossene Teilmengen reduziert werden, sollen diese von vornherein Gegenstand der Betrachtung sein. Vgl. *Hausdorff* [105].

Damit eine solche Überdeckung komplett erfolgen kann, müssen die überdeckenden Teilmengen offen sein. Eine offene Teilmenge ist definiert als eine Menge $U \subset \mathbb{R}^n$ für die gilt, daß für jedes $x \in U$ ein ϵ-Ball $B_\epsilon(x) = \{y \in \mathbb{R}^n | d(x,y) < \epsilon\}$ mit Radius $\epsilon > 0$ und Mittelpunkt x existiert, der selbst in U liegt. Die Menge A wird also durch beliebig viele Teilmengen mit unterschiedlichen Radien ϵ überdeckt. Die Familie $\{U_1, U_2, \ldots\}$ der dafür notwendigen offenen Teilmengen wird als offene Überdeckung der Teilmenge A bezeichnet. Auf diesen Begrifflichkeiten aufbauend ist das s–dimensionale Hausdorff–Maß der Menge A definiert als

$$\mathcal{H}^s(A) = \lim_{\epsilon \to 0} \mathcal{H}^s_\epsilon(A) \tag{A.5}$$

mit

$$\mathcal{H}^s_\epsilon = \inf \left\{ \sum_{i=0}^{\infty} diam(U_i)^s \;\middle|\; \begin{array}{l} \{U_1, U_2, \ldots\} \text{bildet eine offene Überdek-} \\ \text{kung der Menge } A \text{ mit } diam(U_i) < \epsilon \end{array} \right\}$$

wobei das Infimum über alle offenen Überdeckungen der Menge A berechnet wird. Die Existenz eines Grenzwertes für $\mathcal{H}^s(A)$ geht aus der Überlegung hervor, daß mit $\epsilon \to 0$ die Anzahl der zulässigen offenen Überdeckungen abnimmt. Wie im Beispiel der britischen Küste[3] berücksichtigen die feineren Überdeckungen immer mehr Details der Menge A, so daß die Summe ihrer Durchmesser wächst. Je feiner der Maßstab wird, desto größer wird also das Infimum. Es existiert somit ein Grenzwert, der sowohl unendlich als auch endlich sein kann. Die Länge einer glatten Linie A entspricht z.B. nach dieser Definition dem Maß $\mathcal{H}^1(A)$.

Auf der Definition des Hausdorff–Maßes basierend weist Hausdorff nach, daß für jede Menge A ein Wert $D_\mathcal{H}(A)$ für den Parameter s existiert, für den $\mathcal{H}^s(A)$ zwischen ∞ und 0 springt:

$$\mathcal{H}^s(A) = \begin{cases} \infty & \text{für } s < D_\mathcal{H}(A) \\ 0 & \text{für } s > D_\mathcal{H}(A) \end{cases} \tag{A.6}$$

Die Zahl $D_\mathcal{H}(A)$ wird als Hausdorff Dimension bezeichnet und ist definiert als:

$$D_\mathcal{H}(A) = inf\{s | \mathcal{H}^s(A) = 0\} = sup\{s | \mathcal{H}^s(A) = \infty\}. \tag{A.7}$$

[3]Vgl. Abschnitt 3.1.4, S. 35ff. dieser Arbeit.

Die Herleitung der Hausdorff-Dimension basiert auf der Gültigkeit der folgenden Ungleichung[4] mit $0 < s < t$

$$\frac{\mathcal{H}_\epsilon^t(A)}{\epsilon^t} \leq \frac{\mathcal{H}_\epsilon^s(A)}{\epsilon^s}$$

$$\Leftrightarrow \quad \mathcal{H}_\epsilon^t(A) \leq \epsilon^{t-s}\mathcal{H}_\epsilon^s(A) \tag{A.8}$$

Wenn gelten soll, daß $\mathcal{H}^s(A) < \infty$ ist, also einen endlichen Wert annimmt, so folgt aus dieser Ungleichung, daß $\mathcal{H}^t(A) \leq \lim_{\epsilon \to 0} \epsilon^{t-s}\mathcal{H}_\epsilon^s(A) = 0 \cdot \mathcal{H}^s(A) = 0$. Wenn gelten soll, daß $\mathcal{H}^t(A) > 0$ ist, so folgt aus dieser Beziehung, daß $\mathcal{H}^s(A) = \infty$ ist. Dieser Zusammenhang ist besser zu erkennen durch geeignete Transformation der Ungleichung A.8 in $\mathcal{H}_\epsilon^s(A) \geq \epsilon^{s-t}\mathcal{H}_\epsilon^t(A)$. Hieraus ergibt sich $\mathcal{H}^s(A) \geq \lim_{\epsilon \to 0} \epsilon^{s-t}\mathcal{H}_\epsilon^t(A) = \infty$, da $\epsilon^{s-t} \to \infty$ strebt für $s < t$ und $\epsilon \to 0$. In Abhängigkeit vom Parameter s variiert das Hausdorff-Maß $\mathcal{H}^s(A)$ somit zwischen 0 und ∞. Der Wert für s, für den das Hausdorff-Maß A.5 zwischen 0 und ∞ springt, ist das fraktale Dimensionsmaß der Hausdorff-Dimension[5].

---

[4] Vgl. *Falconer* [70], S. 28f.

[5] Zu einer ausführlichen Darstellung fraktaler Strukturen und dem zugehörigen Dimensionsbegriff vgl. u.a. *Crilly/Earnshaw/Jones* [42], *Peitgen/Saupe* [166], *Mandelbrot* [145], *Edgar* [65] und *Devaney/Keen* [54].

Anhang B

Häufigkeitsverteilungen

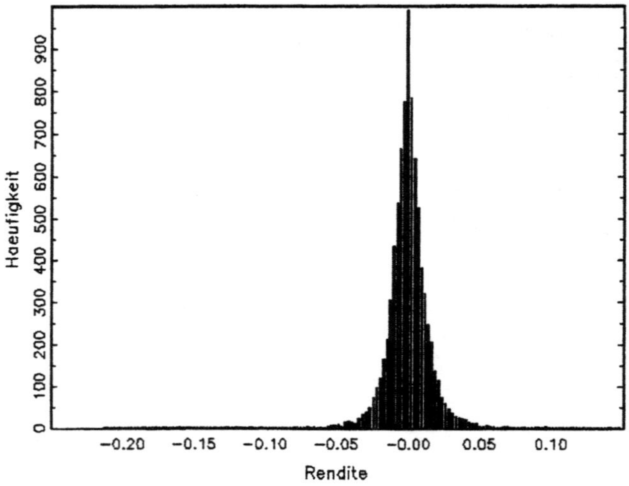

Abb. B.1: Häufigkeitsverteilung Daimler Benz

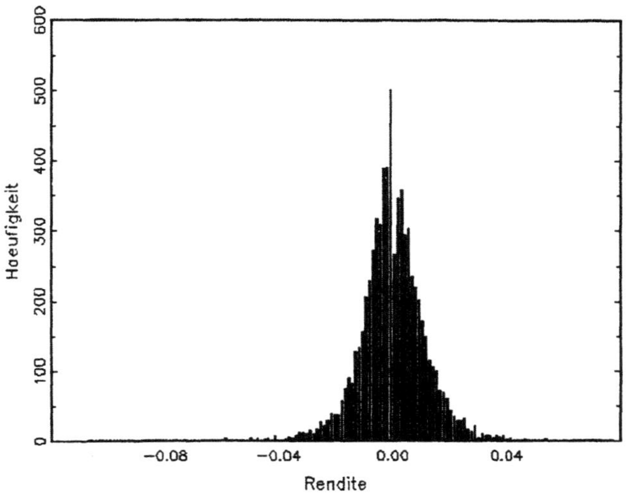

Abb. B.2: Häufigkeitsverteilung BASF

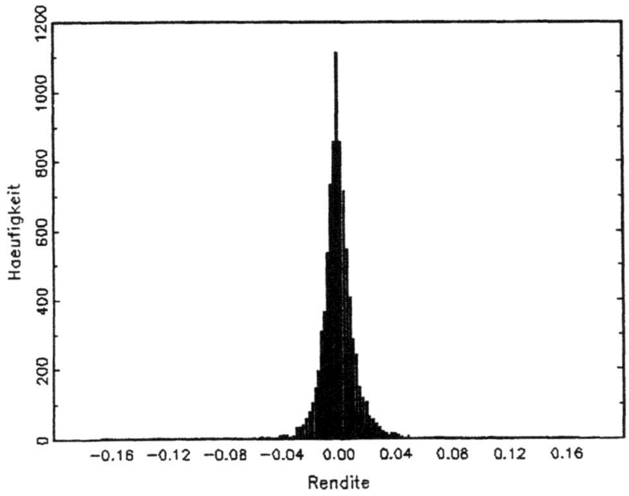

Abb. B.3: Häufigkeitsverteilung RWE

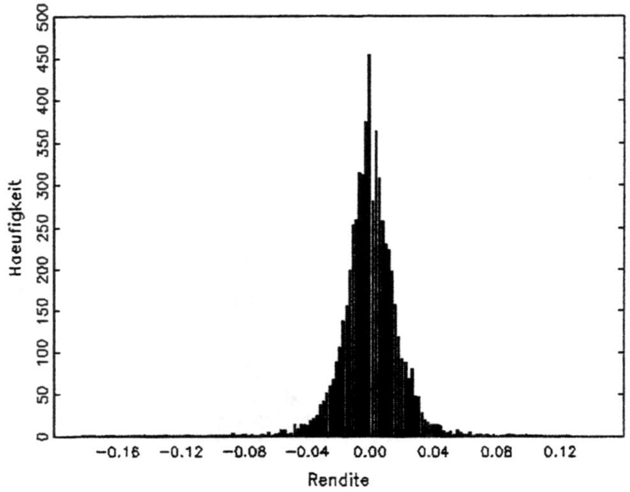

Abb. B.4: Häufigkeitsverteilung VW

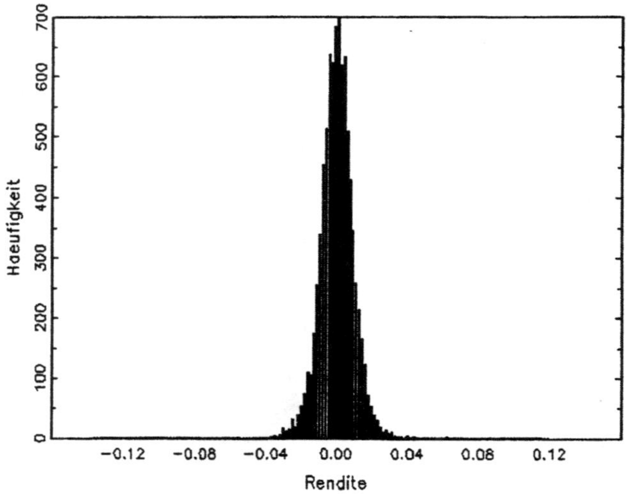

Abb. B.5: Häufigkeitsverteilung DAX

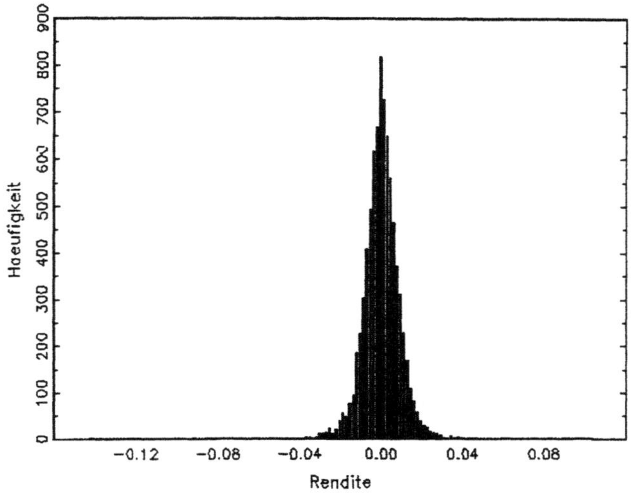

Abb. B.6: Häufigkeitsverteilung FAZ–Index

Anhang C

AR–Spezifikationen

Daimler Benz

lag	Schätzwert	t–Statistik	lag	Schätzwert	t–Statistik
0	9.85610E-05	0.60008	129	2.17046E-02	1.96649
1	6.38558E-02	5.56995	139	-2.50660E-02	-2.27056
2	-4.13100E-02	-3.59320	145	3.88643E-02	3.53160
7	3.51794E-02	3.06927	147	-2.17292E-02	-1.95045
5	-1.35676E-02	-1.18407	148	2.05457E-02	1.86402
17	2.27241E-02	1.98522	156	2.72265E-02	2.46637
22	2.72001E-02	2.37053	169	-2.35502E-02	-2.16761
24	1.18430E-02	1.02867	183	-1.97081E-02	-1.81719
42	1.69576E-02	1.48009	186	-2.13787E-02	-1.93697
46	2.73354E-02	2.37614	197	3.42306E-02	3.13627
47	1.46364E-02	1.27157	204	1.13282E-02	1.03999
54	1.65987E-02	1.44845	210	2.27270E-02	2.06296
56	-1.14866E-02	-1.00284	212	1.48652E-02	1.36289
83	1.73148E-02	1.51073	226	1.13139E-02	1.04019
91	-1.77534E-02	-1.61174	232	1.49403E-02	1.37098
105	1.42068E-02	1.29078	238	2.69999E-02	2.47475
128	-1.73538E-02	-1.57209	243	-1.29798E-02	-1.19272

lag	Schätzwert	t–Statistik	lag	Schätzwert	t–Statistik
247	-2.19392E-02	-2.01447	508	3.28240E-02	3.10966
249	-1.09621E-02	-1.00553	510	1.97270E-02	1.86939
259	-2.27827E-02	-2.09171	540	1.19343E-02	1.13409
283	1.93942E-02	1.78524	542	-2.14197E-02	-2.03145
291	1.12135E-02	1.03874	549	-2.32835E-02	-2.20921
304	-2.33899E-02	-2.17277	551	-2.45891E-02	-2.33297
306	-2.94282E-02	-2.73062	556	1.73387E-02	1.64878
312	2.78693E-02	2.59512	566	-2.09257E-02	-1.98372
316	1.77289E-02	1.65089	567	-1.74876E-02	-1.65726
333	-2.59498E-02	-2.40661	580	-1.51964E-02	-1.44682
335	-2.09793E-02	-1.94274	683	2.28613E-02	2.32957
336	2.16900E-02	2.00502	688	1.18493E-02	1.19371
337	-2.64580E-02	-2.44955	690	-1.64529E-02	-1.67122
357	-2.43712E-02	-2.26447	694	1.60695E-02	1.61910
370	1.39956E-02	1.30330	699	2.34343E-02	2.38786
379	2.93138E-02	2.74142	709	-1.17583E-02	-1.20510
400	-2.36674E-02	-2.23567	715	2.01115E-02	2.03295
423	1.94590E-02	1.83180	738	1.75126E-02	1.78951
433	2.10537E-02	1.99114	740	-2.10289E-02	-2.13640
436	-2.97359E-02	-2.79826	752	1.20665E-02	1.23307
438	-2.51127E-02	-2.37072	760	-2.18423E-02	-2.24964
441	1.52498E-02	1.44144	768	-2.28166E-02	-2.35616
442	1.73817E-02	1.64197	771	1.99091E-02	2.05330
445	2.30736E-02	2.18596	796	-1.73708E-02	-1.81524
461	1.85138E-02	1.75444	804	-1.19874E-02	-1.25429
468	2.14694E-02	2.02193	820	-1.81613E-02	-1.90354
469	-1.83212E-02	-1.72792	823	1.64280E-02	1.72210
470	-1.60157E-02	-1.51290	830	-1.18960E-02	-1.24916
471	1.37851E-02	1.30500	899	1.90226E-02	2.25916
488	-2.14498E-02	-2.03679	938	-1.92681E-02	-2.26522
497	2.48039E-02	2.35381	944	1.91392E-02	2.25873
499	2.78035E-02	2.63334	962	-2.02917E-02	-2.40677
503	-3.09115E-02	-2.92102	966	-1.94606E-02	-2.33429

BASF

lag	Schätzwert	t–Statistik	lag	Schätzwert	t–Statistik
0	4.58170E-05	0.29191	235	3.04121E-02	2.39183
1	2.91418E-02	2.31017	238	3.48937E-02	2.74928
2	-5.85255E-02	-4.64128	243	-2.58472E-02	-2.03644
7	2.48344E-02	1.96822	248	2.52029E-02	1.98778
20	-2.40149E-02	-1.90508	265	-2.19424E-02	-1.72801
30	-3.80563E-02	-3.01736	269	-2.72432E-02	-2.14687
42	2.58587E-02	2.05033	290	-3.23960E-02	-2.54509
47	2.80577E-02	2.22396	293	-2.31693E-02	-1.82248
61	3.34739E-02	2.65754	314	2.94383E-02	2.31536
77	-3.06294E-02	-2.42806	325	-2.66391E-02	-2.09208
80	-2.36582E-02	-1.87475	347	-2.15378E-02	-1.68051
92	-2.32541E-02	-1.84268	348	-3.90997E-02	-3.06082
143	-4.62294E-02	-3.65314	349	2.37141E-02	1.85066
147	-2.60047E-02	-2.05541	351	2.76522E-02	2.15857
148	1.76612E-02	1.39359	372	2.94024E-02	2.29729
150	-2.40316E-02	-1.89334	376	2.46635E-02	1.93089
155	3.30988E-02	2.61807	404	-2.95619E-02	-2.31205
166	-2.46895E-02	-1.95278	420	3.62114E-02	2.82724
175	2.27339E-02	1.79414	451	3.13768E-02	2.45571
190	2.88961E-02	2.27986	452	-2.59273E-02	-2.02801
197	2.78154E-02	2.19234	475	-2.28917E-02	-1.79482
199	2.17751E-02	1.71712	478	-3.22611E-02	-2.52566
200	1.97259E-02	1.55480	484	2.94780E-02	2.30691
208	2.81635E-02	2.21585	521	-3.49639E-02	-2.74327
211	2.20402E-02	1.73723	549	-3.08485E-02	-2.41886
217	-2.67521E-02	-2.10391	576	-2.08591E-02	-1.64155
220	-2.44977E-02	-1.93006	583	2.58144E-02	2.02494
224	-2.00867E-02	-1.58227	645	3.33411E-02	2.60226

lag	Schätzwert	t–Statistik
661	3.79487E-02	2.97320
694	2.05237E-02	1.60666
695	-3.73704E-02	-2.92364
721	2.53920E-02	1.97880
750	2.76298E-02	2.14788
788	3.85238E-02	2.98038
816	1.80767E-02	1.38784
817	-2.56276E-02	-1.97265
821	2.47795E-02	1.90519
830	-2.89104E-02	-2.21923
832	-3.47551E-02	-2.67148
838	-3.24698E-02	-2.48407
844	-3.33769E-02	-2.55948
845	-2.44747E-02	-1.87436
884	-2.05606E-02	-1.56541
934	-2.91928E-02	-2.21464
955	-2.74038E-02	-2.08148
969	2.19032E-02	1.65998

RWE

lag	Schätzwert	t–Statistik	lag	Schätzwert	t–Statistik
0	1.18493E-04	0.86524	150	-2.67664E-02	-2.34661
1	5.50604E-02	4.83704	165	-1.30910E-02	-1.15196
2	-3.09099E-02	-2.71822	172	-2.69270E-02	-2.36309
16	2.64738E-02	2.32401	173	-1.53991E-02	-1.35431
17	-2.51314E-02	-2.20217	183	-2.83546E-02	-2.49339
39	-2.07720E-02	-1.82346	190	-2.11261E-02	-1.86046
41	-2.17460E-02	-1.90490	201	2.77517E-02	2.43758
42	2.18543E-02	1.91714	202	-2.75430E-02	-2.41832
44	-2.23389E-02	-1.96304	205	-2.09922E-02	-1.84834
51	2.35670E-02	2.07199	217	-2.02586E-02	-1.78832
54	2.52466E-02	2.21435	219	-2.21749E-02	-1.95645
58	4.00442E-02	3.50895	221	2.51364E-02	2.22250
59	-1.39355E-02	-1.22309	235	3.66754E-02	3.24545
62	-2.03032E-02	-1.78203	239	-2.35303E-02	-2.07759
65	-1.66305E-02	-1.45923	248	4.33486E-02	3.82852
67	2.21945E-02	1.94670	253	2.68702E-02	2.37776
69	-1.87120E-02	-1.64427	256	-1.80404E-02	-1.59664
77	2.30536E-02	2.02189	285	2.58361E-02	2.29297
92	-2.75136E-02	-2.41281	289	-2.87589E-02	-2.55222
102	-2.47767E-02	-2.17019	292	2.18540E-02	1.94086
103	1.93593E-02	1.69511	302	2.75263E-02	2.44432
107	2.08896E-02	1.83231	306	-2.76888E-02	-2.45757
118	3.60523E-02	3.16247	310	-3.68061E-02	-3.27091
124	-2.09654E-02	-1.83834	325	-1.14038E-02	-1.01373
128	-1.88257E-02	-1.65292	327	-2.73136E-02	-2.42564
134	-1.59388E-02	-1.39735	330	2.11327E-02	1.87974
146	2.39681E-02	2.09991	340	-2.44028E-02	-2.16520

lag	Schätzwert	t–Statistik	lag	Schätzwert	t–Statistik
342	-2.10963E-02	-1.87380	717	2.85759E-02	2.65055
366	-2.59283E-02	-2.30962	723	-1.40436E-02	-1.30534
383	-2.82452E-02	-2.53202	727	-3.20807E-02	-2.98198
387	-2.28332E-02	-2.04284	733	-2.53271E-02	-2.35152
439	-2.01615E-02	-1.82090	738	1.32155E-02	1.22650
441	2.46289E-02	2.22625	740	1.25767E-02	1.16389
456	1.59147E-02	1.43724	746	-2.58345E-02	-2.39067
467	1.77082E-02	1.60300	750	2.77114E-02	2.56532
470	-2.85291E-02	-2.58085	755	2.11772E-02	1.96115
473	2.22567E-02	2.01126	758	2.23405E-02	2.06418
478	-2.69997E-02	-2.44358	798	-2.20363E-02	-2.03106
512	-1.61184E-02	-1.45596	815	-1.54331E-02	-1.40963
529	-2.69070E-02	-2.42786	816	1.92563E-02	1.76334
553	-2.02082E-02	-1.82862	887	-2.28754E-02	-2.10438
594	2.43354E-02	2.19145	913	-2.24575E-02	-2.07039
615	3.11282E-02	2.81138	935	-1.94638E-02	-1.80568
626	-2.18182E-02	-1.97309	938	-2.45964E-02	-2.28575
648	-2.47045E-02	-2.23126	947	2.74343E-02	2.55035
650	-1.51076E-02	-1.36380	969	3.15450E-02	2.92580
654	2.72939E-02	2.47178	984	-3.66541E-02	-3.39058
687	-1.51978E-02	-1.37470	994	1.69486E-02	1.56370

VW

lag	Schätzwert	t–Statistik	lag	Schätzwert	t–Statistik
0	3.17044e-04	1.32407	210	2.51313e-02	1.80093
1	6.36722e-02	4.50020	217	-3.28992e-02	-2.35210
2	-2.47051e-02	-1.74771	225	2.18705e-02	1.56031
6	-2.26414e-02	-1.60492	234	-3.37976e-02	-2.42251
8	2.10005e-02	1.48707	243	-3.47812e-02	-2.49928
11	3.29187e-02	2.33290	246	3.25022e-02	2.32953
22	3.16380e-02	2.24042	268	-2.39440e-02	-1.71757
23	3.15311e-02	2.23726	280	3.02599e-02	2.17010
26	-1.78330e-02	-1.26486	291	4.01554e-02	2.87264
32	2.85051e-02	2.02156	306	2.54422e-02	1.82085
41	1.81100e-02	1.28396	308	2.40606e-02	1.71758
42	2.52378e-02	1.78798	310	-4.93524e-02	-3.52633
48	1.42081e-02	1.00882	335	-2.74372e-02	-1.96361
50	2.88704e-02	2.04976	344	-2.59972e-02	-1.85791
51	2.55183e-02	1.80877	357	-2.38319e-02	-1.71141
66	-2.00539e-02	-1.43089	360	2.59107e-02	1.85561
69	-2.64691e-02	-1.88490	382	-3.36176e-02	-2.41416
76	-2.07652e-02	-1.47822	401	-1.41912e-02	-1.02098
83	-2.69818e-02	-1.92163	428	1.69560e-02	1.21693
85	-2.58765e-02	-1.84467	429	-3.10842e-02	-2.23095
123	3.39476e-02	2.41582	435	-2.61110e-02	-1.87826
147	-2.76557e-02	-1.97761	438	-2.50628e-02	-1.79893
159	3.40564e-02	2.43895	455	-3.34719e-02	-2.40038
160	-2.05744e-02	-1.47298	456	2.84221e-02	2.03691
165	-3.34338e-02	-2.39606	467	3.71263e-02	2.66452
184	2.41913e-02	1.74002	471	2.42024e-02	1.73899
188	3.78527e-02	2.72045	475	-1.65815e-02	-1.19151
194	1.69936e-02	1.21994	491	-2.14304e-02	-1.54014

lag	Schätzwert	t–Statistik
513	-3.23751e-02	-2.32495
538	-2.94195e-02	-2.11557
558	-2.37895e-02	-1.70969
562	3.99986e-02	2.87683
584	-4.09010e-02	-2.94506
661	3.67007e-02	2.63340
719	-5.29228e-02	-3.78307
720	5.47346e-02	3.89353
763	-3.20398e-02	-2.28088
774	-2.72213e-02	-1.93257
880	2.87329e-02	2.02980
882	2.66990e-02	1.88026
892	-2.98083e-02	-2.12813
919	-3.20734e-02	-2.68567
932	4.40753e-02	3.80693
949	-1.97371e-02	-1.70896
966	-1.67712e-02	-1.45647
970	2.19331e-02	1.90810
975	2.71174e-02	2.42621
978	1.29667e-02	1.15759
991	-1.21510e-02	-1.10120

DAX

lag	Schätzwert	t–Statistik	lag	Schätzwert	t–Statistik
0	3.26068E-04	2.53062	185	-2.27000E-02	-2.01335
1	7.55301E-02	6.68562	192	1.46958E-02	1.29971
2	-5.56116E-02	-4.90283	197	2.90727E-02	2.57104
6	-2.89871E-02	-2.56320	199	2.42521E-02	2.14609
7	5.60631E-02	4.96303	209	3.41700E-02	3.02982
9	1.57949E-02	1.39649	217	-2.03348E-02	-1.80363
16	2.31032E-02	2.04762	230	2.07734E-02	1.83646
30	-2.02744E-02	-1.79235	232	2.08661E-02	1.83937
31	-3.20992E-02	-2.84166	238	3.17022E-02	2.80420
42	3.85239E-02	3.41250	243	-1.90454E-02	-1.68834
44	-2.93548E-02	-2.59163	248	1.93247E-02	1.71203
45	3.13509E-02	2.77108	271	-1.84983E-02	-1.64800
47	2.27318E-02	2.01197	277	2.35451E-02	2.09647
66	-3.50548E-02	-3.10559	282	-1.71741E-02	-1.53085
67	2.26381E-02	1.99961	298	-2.03829E-02	-1.82875
69	-2.01831E-02	-1.78230	300	2.50917E-02	2.24576
77	1.66308E-02	1.47026	310	-4.37241E-02	-3.91975
79	2.52834E-02	2.23857	312	1.80627E-02	1.61689
82	2.28381E-02	2.02079	335	-2.51292E-02	-2.25139
92	-2.78409E-02	-2.46240	348	-3.04991E-02	-2.72920
100	-2.00449E-02	-1.77068	359	2.28799E-02	2.05332
145	1.83978E-02	1.62715	379	2.61223E-02	2.34547
147	-4.16153E-02	-3.67286	392	2.48689E-02	2.27060
148	3.06531E-02	2.70807	405	-2.48479E-02	-2.26611
153	2.06359E-02	1.82454	407	-2.79401E-02	-2.55748
160	-2.52706E-02	-2.24086	420	2.00924E-02	1.83926
165	-3.04604E-02	-2.70162	432	2.23435E-02	2.04946
174	-2.17542E-02	-1.93039	435	-1.37153E-02	-1.25462

lag	Schätzwert	t–Statistik	lag	Schätzwert	t–Statistik
447	1.60887E-02	1.46362	694	2.76622E-02	2.52077
448	-2.00977E-02	-1.83287	696	1.95730E-02	1.79421
450	1.69591E-02	1.55383	706	-1.62931E-02	-1.49421
453	-2.25086E-02	-2.05695	711	-2.29645E-02	-2.10387
454	-1.66862E-02	-1.52126	713	-2.38172E-02	-2.17407
456	2.62663E-02	2.40206	715	1.88998E-02	1.72626
467	3.79987E-02	3.48363	721	2.70168E-02	2.46566
475	-2.08751E-02	-1.90703	723	-2.03145E-02	-1.85450
476	1.52765E-02	1.39205	736	-3.48724E-02	-3.19105
478	-2.36518E-02	-2.16388	752	3.42727E-02	3.11294
484	2.93296E-02	2.68008	782	-2.12227E-02	-1.92806
503	-1.83599E-02	-1.68374	810	-2.48493E-02	-2.24092
524	2.60908E-02	2.38764	811	3.58149E-02	3.23032
530	1.58806E-02	1.45364	836	-2.52072E-02	-2.27115
545	-1.82986E-02	-1.67465	840	2.18802E-02	1.96570
580	-2.95936E-02	-2.72426	898	1.94994E-02	1.75903
584	-2.02763E-02	-1.87041	909	2.18137E-02	1.96686
609	-2.86526E-02	-2.63294	918	2.19792E-02	1.97969
642	2.07735E-02	1.91329	930	-2.09323E-02	-1.87822
681	-1.85823E-02	-1.70216	939	-1.52463E-02	-1.36973
683	3.21484E-02	2.94105	953	2.70229E-02	2.42061
685	2.42951E-02	2.21784	969	3.05112E-02	2.73840
687	2.23793E-02	2.04429	991	-3.63762E-02	-3.25522

FAZ–Index

lag	Schätzwert	t–Statistik	lag	Schätzwert	t–Statistik
0	1.67152E-04	1.53292	193	-1.60461E-02	-1.37719
1	1.05863E-01	9.09432	197	2.35733E-02	2.02280
2	-5.05489E-02	-4.33178	203	2.06533E-02	1.77650
3	2.57311E-02	2.20559	233	-1.52316E-02	-1.30876
7	4.34413E-02	3.74360	235	2.19730E-02	1.88974
8	1.82029E-02	1.56722	259	-2.99849E-02	-2.58361
10	1.71266E-02	1.47744	276	4.76568E-02	4.09080
16	2.83480E-02	2.44462	280	-2.67783E-02	-2.29819
17	2.45921E-02	2.11400	285	2.69732E-02	2.30981
30	-3.48527E-02	-3.01528	286	4.04221E-02	3.44760
42	3.04733E-02	2.62898	319	-3.14163E-02	-2.67948
44	-2.96789E-02	-2.55924	320	3.28601E-02	2.79765
47	2.77279E-02	2.39320	334	-1.66645E-02	-1.42396
52	-2.17713E-02	-1.87839	348	-3.69737E-02	-3.16760
54	2.40308E-02	2.07019	372	2.14080E-02	1.82778
58	2.49797E-02	2.15085	379	2.99446E-02	2.55807
69	-2.06237E-02	-1.77918	397	-1.83804E-02	-1.57088
71	1.97849E-02	1.70176	405	-3.74093E-02	-3.17660
81	1.95435E-02	1.68530	406	-2.01843E-02	-1.71451
92	-3.14682E-02	-2.71560	408	2.84640E-02	2.41908
111	-2.64371E-02	-2.26339	409	-2.91683E-02	-2.47283
112	2.72140E-02	2.32760	430	3.22748E-02	2.75896
116	1.91279E-02	1.64934	472	2.35715E-02	2.01587
129	2.63519E-02	2.26547	480	-2.71727E-02	-2.32624
133	2.63401E-02	2.26705	483	3.61902E-02	3.08901
155	2.11901E-02	1.82696	486	2.47020E-02	2.11194
168	2.80420E-02	2.41535	513	-2.85351E-02	-2.44210
172	-2.40979E-02	-2.07634	542	-3.15084E-02	-2.69486

lag	Schätzwert	t–Statistik
572	2.59592E-02	2.21618
579	-1.56128E-02	-1.33930
598	-2.91303E-02	-2.48850
601	-2.83315E-02	-2.42305
612	-2.54439E-02	-2.17503
614	1.92224E-02	1.64213
623	-2.18868E-02	-1.87772
643	2.57362E-02	2.21080
652	2.27343E-02	1.96461
669	2.05279E-02	1.78275
674	2.83461E-02	2.46315
680	-2.59851E-02	-2.25338
724	1.92577E-02	1.66851
728	-2.56653E-02	-2.23248
731	2.69840E-02	2.35690
735	-2.31285E-02	-2.02107
751	3.00420E-02	2.63239
764	-1.79961E-02	-1.57901
792	3.03632E-02	2.66179
812	-2.53069E-02	-2.19878
818	-2.95627E-02	-2.56206
863	-2.58775E-02	-2.22443
904	2.52274E-02	2.16459
918	2.58568E-02	2.22004
932	-2.18652E-02	-1.87640

Literaturverzeichnis

[1] **Akgiray, Vedat**: „Conditional Heteroscedasticity in Time Series of Stock Returns: Evidence and Forecasts", in: Journal of Business 1, Vol. 62, 1989, S. 55–80

[2] **Akgiray, Vedat/ Booth, Geoffrey G./ Loistl, Otto**: „Stable Laws are Inappropriate for Describing German Stock Returns", in: Allgemeines Statistisches Archiv 73, 1989, S. 115–121

[3] **Akgiray, Vedat/ Booth, Geoffrey G./ Loistl, Otto**: „Statistical Models of German Stock Returns", in: Journal of Economics 1, Vol. 50, 1989, S. 17–33

[4] **Akgiray, Vedat/ Booth, Geoffrey G./ Loistl, Otto**: „German Stock Market's Resiliency to World–Wide Panics", in: Zeitschrift für Betriebswirtschaft, 1989, S. 968–978

[5] **Andersen, Philip W./ Arrow, Kenneth J./ Pines, David (Hrsg.)**: „The Economy as an Evolving Complex System", Santa Fe Institute, Addison–Wesley Publishing, 1988

[6] **Ariel, Robert A.**: „A Monthly Effect in Stock Returns", in: Journal of Financial Economics 18, North Holland, 1987, S.161–174

[7] **Bai–Lin, Hao**: „Chaos II", 2. edition, World Scientific Publishing, Singapur, 1990

[8] **Bajo–Rubio, O./ Fernandez–Rodriguez, F./ Sosvilla–Rivero, S.**: „Chaotic Behavior in Exchange Rate Series: First Results for the Peseta – U.S. Dollar Case", in: Economics Letters 39, 1992, S. 207–211

[9] **Baker, G. L./ Gollub, J. P.**: „Chaotic Dynamics: An Introduction", Cambridge University Press, Cambridge, 1990

[10] **Banks, J./ Brooks, J./ Chairns, G./ Davis, G./ Stacey, P.**: „On Devaney's definition of chaos", in: American Mathematical Monthly , Vol. 99.4, 1992, S. 332–334

[11] **Barenblatt, G.I./ Iooss, G./ Joseph, D.D. (Hrsg.)**: „Nonlinear Dynamics and Turbulence", Pitman Publishing, Massachusetts, 1983

[12] **Barnett, William A./ Berndt, Ernst R./ White, Halbert (Hrsg.)**: „Dynamic Econometric Modeling – Proceedings of the Third International Symposium in Economic Theory and Econometrics", Cambridge University Press, Cambridge, 1988

[13] **Barnett, William A./ Geweke, John/ Shell, Karl (Hrsg.)**: „Economic Complexity: Chaos, Sunspots, Bubbles, and Nonlinearity – Proceedings of the Fourth International Symposium in Economic Theory and Econometrics", Cambridge University Press, Cambridge, 1989

[14] **Bartlett, M. S.**: „Chance or Chaos?", in: Journal of Royal Statistic Society A, Part 3, 1990, S. 321–347

[15] **Baumol William J./ Benhabib, Jess**: „Chaos: Significance, Mechanism, and Economic Applications", in: Journal of Economic Perspectives 1, Vol. 3, 1989, S. 77–105

[16] **Benettin, G.L./ Galgani, L./ Giorgilli, A./ Strelcyn, J.–M.**: „Lyapunov characteristic exponents for smooth dynamical systems and for Hamiltonian systems; a method for computing all of them. Part 1: Theory, Part 2: Numerical application", Meccanica 15, Vol. 9, 1980, S. 21

[17] **Blank, Steven C.**: „Chaos in Future Markets? A Nonlinear Dynamical Analysis", in: The Journal of Future Markets 6, Vol. 11, 1991, S. 711–728

[18] **Bollerslev, T.**: „Generalized Autoregressive Conditional Heteroskedasticity", in: Journal of Econometrics 31, 1986, S. 307–327

[19] **Bollerslev, T.**: „A Conditional Heteroskedastic Time Series Model for Speculative Prices and Rates of Return", in: Review of Economics and Statistics 69, 1987, S. 542–547

[20] **Box, George E.P./ Pierce, P.A.**: „Distribution of Residual Autocorrelations in Autoregressive Moving Average Time Series Modells, in: Journal of the American Statistical Association, 65, 1970, S. 1509–1526

[21] **Box, George E.P./ Jenkins, Gwilym M.**: „Time Series Analysis – forecasting and control", Revised Edition, Holden–Day Inc., San Francisco, 1976

[22] **Briggs, John/ Peat, David F.**: „Die Entdeckung des Chaos", Büchergilde Gutenberg, München, 1990

[23] **Brock, William A.**: „Distinguishing Random and Deterministic Systems: Abridged Version", in: Journal of Economic Theory 40, 1986, S. 168–195

[24] **Brock, William A.**: „Nonlinearity and complex dynamics in economics and finance", in: Andersen/Arrow/Pines (Hrsg.) [5], 1988, S. 77–97

[25] **Brock, William A.**: „Causality, Chaos, Explanation and Prediction in Economics and Finance", Working Paper No. 387, Social Systems Research Institute, University of Wisconsin–Madison, 1991

[26] **Brock, William A.**: „Pathways to Randomness in the Economy: Emergent Nonlinearity and Chaos in Economics and Finance", Vordruck für Estudios Economicos, 1992

[27] **Brock, William A./ Baek, E.**: „Some Theory of Statistical Inference for Nonlinear Science", in: Review of Economic Studies 58, 1991, S. 697–716

[28] **Brock, William A./ Chamberlain, Gary**: „Spectral Analysis Cannot Tell A Macro–Econometrician Whether His Time Series Came From A Stochastic Economy Or A Deterministic Economy", Working Paper, Social Systems Research Institute, University of Wisconsin, 1984

[29] **Brock, William A./ Dechert, W. D.**: „A General Class of Specification Tests: The Scalar Case", Working Paper, University of Wisconsin, 1988

[30] **Brock, William A./ Dechert, W. D.**: „Theorems on distinguishing deterministic from random systems", in: Barnett/Berndt/White (Hrsg.) [12], 1988, S. 247-265

[31] **Brock, William A./ Malliaris, A. G.**: „Differential Equations, Stability and Chaos in Dynamic Economies", North Holland, Amsterdam, 1989

[32] **Brock, William A./ Sayers C.**: „Is the Business Cycle Characterized by Deterministic Chaos?", in: Journal of Monetary Economics 22, 1988, S. 71–90

[33] **Brock, William A./ Dechert, W. D./ Scheinkman, José A.**: „A Test for Independence Based on the Correlation Dimension", University of Wisconsin, Madison, University of Houston, and University of Chicago, 1987

[34] **Brock, William A./ Hsieh, David A./ LeBaron, Blake**: „Nonlinear Dynamics, Chaos, and Instability: Statistical Theory and Economic Evidence", MIT Press, Massachusetts, 1992

[35] **Brock, William A./ Lakonishok, Josef/ LeBaron, Blake**: „Simple Technical Trading Rules and the Stochastic Properties of Stock Returns", in: The Journal of Finance 5, Vol. 47, 1992, S. 1731–1764

[36] **Butler, G.J./ Pianigiani, G.**: „Periodic Points and Chaotic Functions in the Unit Intervall", in: Bulletin of the Australien Mathematical Society 18, 1978, S. 255–265

[37] **Campbell, David/ Rose, Harvey (Hrsg.)**: „Order in Chaos", North–Holland, Amsterdam, 1983

[38] **Chiarella, Carl**: „The Elements of a Nonlinear Theory of Economic Dynamics", Springer–Verlag, New York, 1990

[39] **Chiarella, Carl**: „The Dynamics of Speculative Behaviour", in: Feichtinger/Hartl (Hrsg.) [79], 1992, S. 101–123

[40] **Cootner, Paul H. (Hrsg.)**: „The Random Character of Stock Market Prices", Cambridge, Massachusetts, M.I.T. Press, 1964

[41] **Cootner, Paul H.**: „Stock Prices: Random vs. Systematic Changes", in: Cootner (Hrsg.) [40], 1964, S. 231–252

[42] **Crilly, A.J./ Earnshaw, R.A./ Jones, H. (Hrsg.)**: „Fractals and Chaos", Springer–Verlag, New York, 1991

[43] **Cvitanovic, Predrag (Hrsg.)**: „Universality in Chaos", 2. edition, Hilger, Bristol, 1989

[44] **D'Agostino, Ralph B./ Stephens, Michael A. (Hrsg.)**: „Goodness–of–Fit Techniques", Marcel Dekker Inc., New York, 1986

[45] **Day, Richard H./ Huang, W.**: „Bulls, Bears, and Market Sheep", in: Journal of Economic Behavior and Organization 14, 1990, S. 299–329

[46] **Day, Richard H.**: „Nonlinear Dynamics & Evolutionary Economics", in: Day/Chen (Hrsg.) [47], 1993, S. 18–42

[47] **Day, Richard H./ Chen, Ping (Hrsg.)**: „Nonlinear Dynamics & Evolutionary Economics", Oxford University Press, New York, 1993

[48] **DeCoster, Gregory P./ Labys, Walter C./ Mitchell, Douglas W.**: „Evidence of Chaos in Commodity Future Prices", in: The Journal of Future Markets 3, Vol. 12, 1992, S. 291–305

[49] **Dechert, W.D.**: „BDS – A program to calculate the statistics of the Grassberger/Procaccia correlation dimension", Version 8.2, Department of Economics, University of Houston, Texas, 1987/88

[50] **Dechert, W.D./ Gencay, R.**: „Lyapunov exponents as a nonparametric diagnostic for stability analysis", in: Journal of Applied Econometrics 7, 1992, S. 41–60

[51] **DeGrauwe, P./ Dewachter, H./ Embrechts, M.**: „Exchange Rate Theory: Chaotic Models of Foreign Exchange Markets", Blackwell Publishers, Oxford, 1993

[52] **Devaney, Robert L.**: „Introduction to Chaotic Dynamical Systems", Menlo Park: Benjamin/Cummings, 1986

[53] **Devaney, Robert L.**: „Chaos, Fractals and Dynamics: Computer Experiments in Mathematics", Addison–Wesley, Menlo Park – California, 1990

[54] **Devaney, Robert L./ Keen, Linda (Hrsg.)**: „Chaos and Fractals: The Mathematics Behind the Computer Graphics", Proceedings of Symposia in Applied Mathematics, Vol. 39, 1989

[55] **Diebold, F. X.**: „Testing for serial correlation in the presence of ARCH", in: Proceedings of the 1986 Meeting of the Business and Economics Statistics Section, American Statistical Association, 1986, S. 323–328

[56] **Diebold, F. X./ Nason, J. A.**: „Nonparametric Exchange Rate Prediction?", in: Journal of International Economics 28, 1990, S. 315–332

[57] **Dockner, E.J./ Wöhrmann, Peter**: „Die Instabilität des Deutschen Aktienmarktes: Eine Schätzung des größten Ljapunov Exponenten mittels neuronaler Netze", Working Paper, Betriebswirtschaftszentrum der Universität Wien, 1995

[58] **Dockner, E.J./ Van Long, N./ Sorger, G.**: „Comparison of Markov Equilibria in a Class of Capital Accumulation Games", erscheint in: Journal of Economic Dynamics and Control

[59] **Dockner, E.J./ Elsner, J./ Geyer, A./ Prskawetz, A.**: „Deterministische versus stochastische Modellierung österreichischer Finanzmarktdaten", in: Uhlir (Hrsg.) [213], 1994

[60] **Dwyer, Gerald P./ Hafer, R.W. (Hrsg.)**: „The Stock Market: Bubbles, Volatility, and Chaos", Kluwer Academic Publishers, Boston, 1988

[61] **Eckmann, J.–P.**: „Roads to Turbulence in Dissipative Dynamical Systems", in: Review of Modern Physics, Vol. 53, 1981, S. 643–654

[62] **Eckmann, J.–P./ Ruelle, D.**: „Ergodic Theory of Chaos and Strange Attractors", in: Review of Modern Physics 3, Part 1, Vol. 57, 1985, S. 617–655

[63] **Eckmann, J.–P./ Kamphorst, S./ Ruelle, D.**: „Recurrence Plots of Dynamical Systems", Departement de Physique Theorique, Universite de Geneve, and IHES, F–91440 Bures–sur–Yvette, 1986

[64] **Eckmann, J.–P./ Kamphorst, S./ Ruelle, D./ Scheinkman, Josè**: „Lyapunov Exponents for Stock Returns", in: Andersen/Arrow/Pines (Hrsg.) [5], 1988, S. 301–304

[65] **Edgar, Gerald A.**: „Measure, Topology and Fractal Geometry", Springer–Verlag, New York, 1990

[66] **Efron, Bradley**: „The Jackknife, the Bootstrap and other Resampling Plans", J.W. Arrowsmith Ltd., Bristol, 1982

[67] **Engle, R.**: „Autoregressive Conditional Heteroscedasticity with Estimates of the Variance of United Kingdom Inflations", in: Econometrica 50, 1982, S. 987–1007

[68] **Engle, R./Kraft D.F.**: „Multiperiod forecast error variances of inflation estimated from ARCH models", in: Zellner (Hrsg.) [217], 1983, S. 293–302

[69] **Falconer, Kenneth J.**: „The Geometry of Fractal Sets", Cambridge University Press, Cambridge, 1985

[70] **Falconer, Kenneth J.**: „Fractal Geometry", Reprint, Wiley & sons, New York, 1993

[71] **Fama, Eugene F.**: „The Behavior of Stock Market Prices", in: The Journal of Business, Vol. 38, 1965, S. 34–105

[72] **Fama, Eugene F.**: „Random Walks in Stock Market Prices", in: Taylor (Hrsg.) [209], 1970, S. 188–193

[73] **Fama, Eugene F.**: „Efficient Capital Markets: A Review of Theory and Empirical Work", in: The Journal of Finance, Vol. 25, 1970, S. 383–417

[74] **Fama, Eugene F.**: „Efficient Capital Markets: II", in: The Journal of Finance 5, Vol. 46, 1991, S. 1575–1617

[75] **Fama, Eugene F./ Fisher, Lawrence/ Jensen, Michael C./ Roll, Richard**: „The Adjustment of Stock Prices to New Information", in: International Economic Review 1, Vol. 10, 1969, S. 1–21

[76] **Fama, Eugene F./ French, Kenneth R.**: „Permanent and Temporary Components of Stock Prices", in: Journal of Political Economy 96(2), 1988, S. 246–273

[77] **Fama, Eugene F./ French, Kenneth R.**: „The Cross–Section of Expected Stock Returns", in: The Journal of Finance 2, Vol. 47, 1992, S. 427–465

[78] **Farmer, J. Doyne/ Ott, Edward/ Yorke, James A.**: „The Dimension of Chaotic Attractors", in: Physica 7D, 1983, S. 153–180

[79] **Feichtinger, G./Hartl, R.F. (Hrsg.)**: „Annals of Operations Research", Vol. 37, Baltzer, Basel, 1992

[80] **Feigenbaum, Mitchell J.**: „Universal Behavior in nonlinear systems", in: Campbell/Rose (Hrsg.) [37], 1983, S. 16–39

[81] **Frank, Murray/ Stengos, Thanasis**: „Chaotic Dynamics in Economic Time–Series", in: Journal of Economic Surveys 2, Vol. 2, 1988, S. 103–133

[82] **Frank, Murray/ Stengos, Thanasis**: „Some Evidence Concerning Macroeconomic Chaos", in: Journal of Monetary Economics 22, 1988, S. 423–438

[83] **Frank, Murray/ Stengos, Thanasis**: „Measuring the Strangeness of Gold and Silver Rates of Return", in: Review of Economic Studies 56, 1989, S. 553–567

[84] **Frank, Murray/ Stengos, Thanasis/ Gencay, Ramazan**: „International Chaos?", in: European Economic Review 32, 1988, S. 1569–1584

[85] **Frantzmann, Hans–Jörg**: „Der Montagseffekt am deutschen Aktienmarkt", in: Zeitschrift für Betriebswirtschaft, Jahrgang 57, 1987, S. 611–635

[86] **French, Kenneth R.**: „Stock Returns and the Weekend Effect", in: Journal of Financial Economics 8, 1980, S. 55–69

[87] **Geyer, Alois**: „Information, Erwartung und Risiko", VVF, München, 1992

[88] **Geyer, Alois**: „Wie reagiert der Wiener Aktienmarkt auf weltweite Kurseinbrüche?", in: Zeitschrift für Betriebswirtschaft, Jahrgang 62, 1992, S. 1187–1206

[89] **Ghezzi, L.L.**: „Bifurcations in a Stock Market Model", in: Systems & Control Letters 19, 1992, S. 371–378

[90] **Gleick, James**: „Chaos: Making a New Science", Viking Press, New York, NY, 1987

[91] **Goldberg, Michael D./ Schulmeister, Stephan**: „Technical Analysis and Stock Market Efficiency", Discussion Paper, Wissenschaftszentrum Berlin, 1988

[92] **Granger, Clive W. J.**: „What the Random Walk Model does NOT say", in: Taylor (Hrsg.) [209], 1970, S. 185–187

[93] **Granger, Clive W. J./ Morgenstern, Oskar**: „Predictability of Stock Market Prices", Lexington, Massachusetts, 1970

[94] **Granger, Clive W. J./ Newbold, Paul**: „Forecasting Economic Time Series", Academic Press, New York, 1977

[95] **Granger, Clive W. J./ Andersen, A.**: „An Introduction to Bilinear Time Series Models", Vandenhoeck und Ruprecht, Göttingen, 1978

[96] **Grassberger, Peter/ Procaccia, Itamar**: „Measuring the Strangeness of Strange Attractors", in: Physica, Vol. 9D, 1983, S. 189–208

[97] **Grassberger, Peter/ Procaccia, Itamar/ Ben–Mizrachi, Avraham**: „Characterization of experimental (noisy) strange attractors", in: Physical Review A 2, Vol. 29, 1984, S. 975–977

[98] **Gritzmann, P./ Hettich, R./ Horst, R./ Sachs, E. (Hrsg.)**: „Operations Research '91", Physica-Verlag, Heidelberg, 1991

[99] **Großmann, S./ Thomae, S.**: „Invariant distributions and stationary correlation functions of one-dimensional discrete processes", in: Zeitschrift für Naturforschung, Vol. 32, 1977, S. 1353–1363

[100] **Grotemeyer, K.P.**: „Topologie", Bibliographisches Institut, Mannheim, 1969

[101] **Haken, H.**: „Advanced Synergetics", Springer-Verlag, Heidelberg, 1983

[102] **Hamilton, James D.**: „Time Series Analysis", Princeton University Press, New Jersey, 1994

[103] **Harvey, Andrew C.**: „Forecasting, structural time series models and the Kalman filter", Cambridge University Press, New York, 1990

[104] **Haugen, R./ Talmor, E./ Torous, W.**: „The Effect of Volatility Changes on the Level of Stock Prices and Subsequent Expected Returns", in: Journal of Finance 3, Vol. 46, 1991, S. 985–1007

[105] **Hausdorff, Felix**: „Dimension und äußeres Maß", in: Mathematische Annalen, Bd. 79, 1919, S. 157–179

[106] **Harrison, Jenny** : „An Introduction to Fractals", in: Devaney, Robert L./ Keen, Linda (Hrsg.): „Chaos and Fractals: The Mathematics Behind the Computer Graphics", 1989, S.107–126

[107] **Heil, Johann**: „Einführung in die Ökonometrie", 3. Auflage, Oldenbourg-Verlag, München, 1989

[108] **Hinich, Melvin J.**: „Testing for Gaussianity and Linearity of a Stationary Time Series", in: Journal of Time Series Analysis Vol. 3, Nr. 3, 1982, S. 169–176

[109] **Hofbauer, Josef/ Sigmund, Karl**: „The Theory of Evolution and Dynamical Systems", Cambridge University Press, Cambridge, 1988

[110] **Hsieh, David A.**: „The Statistical Properties of Daily Foreign Exchange Rates: 1974–1983", in: Journal of International Economics 24, 1988, S. 129–145

[111] **Hsieh, David A.**: „Modeling Heteroscedasticity in Daily Foreign-Exchange Rates", in: Journal of Business and Economic Statistics 3, Vol. 7, 1989, S. 307–317

[112] **Hsieh, David A.**: „Testing for Nonlinear Dependence in Daily Foreign Exchange Rates", in: Journal of Business 3, Vol. 62, 1989, S. 339–368

[113] **Hsieh, David A.**: „Chaos and Nonlinear Dynamics: Application to Financial Markets", in: The Journal of Finance 5, Vol. 46, 1991, S. 1839–1877

[114] **Jegadeesh, Narasimhan**: „Evidence of Predictable Behavior of Security Returns", in: The Journal of Finance 3, Vol. 45, 1990, S. 881–898

[115] **Kaashoek, J.F./ van Dijk, H.K.**: „A neural network applied to the calculation of Lyapunov Exponents", in: Econometric Reviews 13(1), 1994, S. 123–137

[116] **Kocak, Hüseyin**: „Differential and Difference Equations through Computer Experiments", Springer–Verlag, New York, 1989

[117] **Krämer, W./ Runde, R.**: „Testing for autocorrelation among common stock returns", in: Statistical Papers 32, 1991, S. 311–320

[118] **Krämer, W./ Runde, R.**: „Wochentagseffekte am deutschen Aktienmarkt – Wie robust ist der t–Test bei unendlicher Varianz?", in: Allgemeines Statistisches Archiv, Bd. 76, 1992, S. 226–239

[119] **Krämer, W./ Runde, R.**: „Kalendereffekte auf Kapitalmärkten – Eine empirische Untersuchung für deutsche Aktien und den DAX", in: Zeitschrift für betriebswirtschaftliche Forschung, Sonderheft 31, 1993, S. 87–98

[120] **Kugler, Peter**: „Nonlinear Dependence of Exchange Rate Changes and International Interest Rate Differentials: an Empirical Investigation", Discussion Paper, Volkswirtschaftliches Institut der Universität Bern, Bern, 1991

[121] **Kugler, Peter/ Lenz, Carlos**: „Chaos, ARCH and the Foreign Exchange Market: Empirical Results from Weekly Data", Volkswirtschaftliches Institut der Universität Bern, Bern, 1990

[122] **Kugler, Peter/ Kräger, Horst**: „Non-Linearities in Foreign Exchange Markets: a Different Perspective", Discussion Paper, Volkswirtschaftliches Institut der Universität Bern, Bern, 1991

[123] **Kunick, Albrecht/ Steeb, W.-H.**: „Chaos in dynamischen Systemen", Wissenschaftsverlag - Bibliographisches Institut, Mannheim, 1986

[124] **Lam, L./ Naroditsky, V. (Hrsg.)**: „Modelling Complex Phenomena", Springer-Verlag, New York, 1992

[125] **Lamoureux, Christopher G./ Lastrapes, William D.**: „Heteroskedasticity in Stock Return Data: Volume versus GARCH Effects", in: The Journal of Finance 1, Vol. 45, 1990, S. 221-229

[126] **Larsen, C./ Lam, L.**: „Chaos and the foreign exchange market", in: Lam/Naroditsky (Hrsg.) [124], 1992

[127] **LeBaron, Blake**: „Simulation Tests of the Joint Distribution of Stock Returns", University of Chicago, 1987

[128] **LeBaron, Blake**: „Some Relations between Volatility and Serial Correlation in Stock Market Returns", Social Systems Research Institute, University of Wisconsin, 1990

[129] **LeRoy, Stephen F.**: „Efficient Capital Markets and Martingales", in: Journal of Economic Literature 4, Vol. 27, 1989, S. 1583-1621

[130] **Li, Tien-Yien/ Yorke, James A.**: „Period Three Implies Chaos", in: The American Mathematical Monthly 6, Vol. 82, 1975, S. 985-992

[131] **Lintner, John**: „The Valuation of Risk Assets and the Selection of Risky Invesments in Stock Portfolios and Capital Budgets", in: The Review of Economics and Statistics, Vol. 47, 1965, S. 13-37

[132] **Liu, T./ Granger, Clive W.J./ Heller, P.W.**: „Using the correlation exponent to decide whether a time series is chaotic", in: Journal of Applied Econometrics 7, 1992, S. 25-39

[133] **Ljung, G.M./ Box, Gerald E.P.**: „On a Measure of Lack of Fit in Time Series Models", in: Biometrika, Vol. 66, 1978, S. 67-72

[134] **Löderbusch, Bernhard**: „Modelle zur Aktienkursprognose auf der Basis der Box/Jenkins–Verfahren", Dissertation, Wissenschaftsverlag, Krefeld, 1985

[135] **Loistl, Otto/ Betz, Iro**: „Chaostheorie: zur Theorie nichtlinearer dynamischer Systeme", Oldenbourg–Verlag, Wien, 1993

[136] **Lorenz, E.N.**: „Deterministic non–periodic flow", in: Journal of Atmosphere Science 20, 1963, S. 130–141

[137] **Lorenz, Hans–Walter**: „Nonlinear Dynamical Economics and Chaotic Motion", Springer–Verlag, New York, 1993

[138] **Lucas, Robert E.**: „Asset Prices in an Exchange Economy", in: Econometrica 6, Vol. 46, 1978, S. 1429–1445

[139] **Lux, Thomas**: „Endogenous Noise in Speculative Markets", Volkswirtschaftliche Diskussionsbeiträge, Nr. 68, Universität Bamberg, 1994

[140] **Lux, Thomas**: „Complex Dynamics in Speculative Markets: A Survey of the Evidence and Some Implications for Theoretical Analysis", Volkswirtschaftliche Diskussionsbeiträge, Nr. 67, Universität Bamberg, 1994

[141] **MacEachern, Steven N./ Berliner, L. Mark**: „Aperiodic Chaotic Orbits", in: The American Mathematical Monthly 3, Vol. 100, 1993, S. 237–241

[142] **Malkiel, Burton G.**: „A Random Walk Down Wall Street", W.W. Norton & Company, New York, 1973

[143] **Mandelbrot, Benoit B.**: „The Variation of Certain Speculative Prices", in: Journal of Business 36, 1963, S. 392–417

[144] **Mandelbrot, Benoit B.**: „How Long is the Coast of Britain?", in: Science, Vol. 156, 1967, S. 636–638

[145] **Mandelbrot, Benoit B.**: „The Fractal Geometry of Nature", Freeman, New York, 1982

[146] **May, Robert M.**: „Simple Mathematical Models with very Complicated Dynamics", in: Nature, Vol. 261, 1976, S. 459–467

[147] **Mayfield, E. Scott/ Mizrach, Bruce**: „On Determing the Dimension of Real–Time Stock Price Data", Working Paper, The Wharton School, Philadelphia, 1991

[148] **Mayfield, E. Scott/ Mizrach, Bruce**: „Nonparametric estimation of the correlation exponent", Working Paper, The Wharton School, Philadelphia, 1991

[149] **McLeod, A.I./ Li, W.K.**: „Diagnostic Checking ARMA Time Series Models Using Squared–Residual Autocorrelations", in: Journal of Time Series Analysis Vol.4, Nr. 4, 1983, S. 269–273

[150] **Medio, A.**: „Chaotic Dynamics: Theory and Applications to Economics", University Press, Cambridge, 1992

[151] **Merton, Robert C.**: „An Intertemporal Capital Asset Pricing Model", in: Econometrica 5, Vol. 41, 1973

[152] **Mills, Terence C.**: „The Econometric Modelling of Financial Time Series", Cambridge University Press, Cambridge, 1993

[153] **Mills, Terence C.**: „Time Series Techniques for Economists", Cambridge University Press, Cambridge, 1994

[154] **Mirkowski, Philip**: „From Mandelbrot to Chaos in Economic Theory", in: Southern Economic Journal, N2, Vol. 57, 1990, S. 289–307

[155] **Möller, Hans–Peter**: „Die Informationseffizienz des deutschen Aktienmarktes", in: Schmalenbachs Zeitschrift für betriebswirtschaftliche Forschung, Jahrgang 37, 1985, S. 500–518

[156] **Moon, Francis C.**: „Chaotic and Fractal Dynamics", Wiley & Sons, New York, 1992

[157] **Mossin**: „Equilibrium in a Capital Asset Market", in: Econometrica 4, Vol. 34, 1966, S. 768–783

[158] **Nelson, D.**: „ARCH Models as Diffusion Approximations", in: Journal of Econometrics 45, 1990, S. 7–38

[159] **Nelson, D.**: „Conditional Heteroskedasticity in Asset Returns: A New Approach", in: Econometrica 59, 1991, S. 347–370

[160] **Nelson, D./ Plosser, Charles I.**: „Trends and Random Walks in Macroeconomic Time Series", in: Journal of Monetary Economics 10, 1982, S. 139–162

[161] **Noakes, Lyle**: „The Takens Embedding Theorem", in: International Journal of Bifurcation and Chaos 2, Vol. 1, 1991, S. 867–872

[162] **Oertmann, Peter**: „Firm–Size–Effekt am deutschen Aktienmarkt", in: Zeitschrift für betriebswirtschaftliche Forschung, 1994, S. 229–259

[163] **Oseledec, V. J.**: „A multiplicative ergodic theorem. Lyapunov characteristic numbers for dynamical systems.", in: Transactions of the Moscow Mathematical Society, Vol. 19, 1968, S. 197–231

[164] **Parker, T.S./ Chua, L.O.**: „Practical Numerical Algorithms for Chaotic Systems", Springer–Verlag, New York, 1989

[165] **Peitgen, Heinz–Otto**: „Fantastic deterministic fractals", in: Peitgen/Saupe (Hrsg.) [166], 1988, S. 169–218

[166] **Peitgen, Heinz–Otto/ Saupe, Dietmar (Hrsg.)**: „The Science of Fractal Images", Springer–Verlag, New York, 1988

[167] **Peitgen, Heinz–Otto/ Jürgens, Hartmut/ Saupe, Dietmar**: „Chaos and Fractals – New Frontiers of Science", Springer–Verlag, New York, 1992

[168] **Perridon, Louis/ Steiner, Manfred**: „Finanzwirtschaft der Unternehmung", 7. Auflage Vahlen–Verlag, München, 1993

[169] **Pesaran, Hashem M./ Potter, Simon M.**: „Nonlinear Dynamics, Chaos and Econometrics", John Wiley & Sons Ltd., Cichester, 1993

[170] **Peters, Edgar E.**: „Chaos and Order in the Capital Markets", John Wiley and Sons, New York, 1991

[171] **Prigogine, Ilya/ Stengers, Isabelle**: „Dialog mit der Natur", 4. Auflage, R. Piper & Co. Verlag, München, 1983

[172] **Prigogine, Ilya/ Stengers, Isabelle**: „Order out of Chaos", Bantam Books, New York, 1984

[173] **Prskawetz, Alexia**: „Nichtlineare Demoökonomie", Dissertation, Technische Universität Wien, 1992

[174] **Raffée, Hans**: „Grundprobleme der Betriebswirtschaftslehre", Vandenhoeck & Ruprecht, Göttingen, 1974

[175] **Ramsey, James B./ Sayers Chera L./ Rothman, Philip**: „The Statistical Properties of Dimension Calculations using small Data Sets: Some Economic Applications", in: International Economic Review 4, Vol. 31, 1990, S. 991-1020

[176] **Rasband, S. Neil**: „Chaotic Dynamics of Nonlinear Systems", Wiley & Sons, New York, 1990

[177] **Reiner, R.M./ Ginter, M./ Schnabl, H.**: „Some remarks on forecasting of stock returns", in: Gritzmann/Hettich/Horst/Sachs (Hrsg.) [98], 1991, S. 286–289

[178] **Reiss, Winfried**: „Random Walk Hypothese und deutscher Aktienmarkt: eine empirische Untersuchung", Dissertation, Berlin, 1974

[179] **Reszat, Beate**: „Cycles, Chaos and Exchange Rates", 7th Annual Conference of the Pennsylvania Economic Association, Indiana, 1992

[180] **Reszat, Beate**: „Zur Systemdynamik chaotischer Devisenmärkte", in: Kredit und Kapital, Heft 4, 1993, S. 516–532

[181] **Rojas, Raúl**: „Chaos als neues naturwissenschaftliches Paradigma", in: Prokla 88 – Chaos und Selbstorganisation, 22. Jahrgang, Rotbuch Verlag, 1992, S. 374–387

[182] **Roll, Richard**: „Vas is Das? The turn–of–the–year effect and the return premia of small firms", in: Journal of Portfolio Management 9, 1983, S. 18–28

[183] **Ross, Stephen A.**: „The Arbitrage Theory of Capital Asset Pricing", in: Journal of Economic Theory, Vol. 13, 1976, S. 341–360

[184] **Rozeff, Michael S./ Kinney, William R. Jr.**: „Capital Market Seasonality: The Case of Stock Returns", in: Journal of Financial Economics 3, 1976, S. 379–402

[185] **Ruelle, David**: „Strange Attractors", in: Mathematical Intelligencer 2, 1980, S. 126–137

[186] **Ruelle, David**: „Can Nonlinear Dynamics Help Economists?", in: Andersen, Philip W./ Arrow, Kenneth J./ Pines, David (Hrsg.) [5], 1988, S. 195–204

[187] **Ruelle, David**: „Deterministic chaos: the science and the fiction", in: Proceedings of the Royal Society of London 427A, 1990, S. 241–248

[188] **Sakai, H./ Tokumaru, H.**: „Autocorrelations of a Certain Chaos", in: IEEE Transactions on Acoustics, Speech and Signal Processing 1, No. 5, 1980, S. 588–590

[189] **Sarkovskii**: „Coexistence of Cycles of a Continuous Map of a Line into Itself", in: Ukrainian Mathematica Journal 16, 1964, S. 61–71

[190] **Satchell, Steve/ Timmermann, Allan**: „Daily Returns in European Stock Markets: Predictability, Non–linearity and Transaction Costs", University of London, 1992

[191] **Sauer, Andreas**: „Die Bereinigung von Aktienkursen", Arbeitspapier der Universität Karlsruhe – Institut für Entscheidungstheorie und Unternehmensforschung, 1991

[192] **Savit, Robert**: „When Random is Not Random: An Introduction to Chaos in Market Prices", in: The Journal of Future Markets 3, Vol. 8, 1988 , S. 271–290

[193] **Scheinkman, José A.**: „Nonlinearities in Economic Dynamics", in: The Economic Journal 400, Vol. 100, 1990, S. 33–48

[194] **Scheinkman, José A./ LeBaron, Blake**: „Nonlinear Dynamics and Stock Returns", in: Journal of Business 3, Vol. 62, 1989, S. 311–337

[195] **Scheinkman, José A./ LeBaron, Blake**: „Nonlinear Dynamics and GNP Data", in: Barnett/Geweke/Shell (Hrsg.) [13], 1989, S. 213–227

[196] **Schwaiger, Walter**: „Abhängigkeiten in Aktienmarktzeitreihen: Eine Zusammenführung von Empirie und Theorie sowie daraus resultierende Effizienzüberlegungen", in: Steiner (Hrsg.) [204], 1993, S. 277–292

[197] **Schwaiger, Walter**: „Stochastische Abhängigkeiten in Aktienmarktzeitreihen: Eine gleichgewichtstheoretische Erklärung", Dissertation, Deutscher Universitätsverlag, Wiesbaden, 1994

[198] **Schwert, William G./ Seguin, Paul J.**: „Heteroskedasticity in Stock Returns", in: The Journal of Finance 4, Vol. 45, 1990, S. 1129–1155

[199] **Sharpe, William F.**: „Simplified Modell of Portfolio Analysis", in: Management Science, Vol. 9, 1963, S. 277–293

[200] **Sharpe, William F.**: „Capital Asset Prices: A Theory of Market Equilibrium under Conditions of Risk", in: The Journal of Finance, Vol. 19, 1964, S. 424–442

[201] **Shiller, Robert J.**: „Stock prices and social dynamics", in: Brookings Papers on Economic Activity 2, 1984, S. 457–510

[202] **Smith**: „Intrinsic limits on dimension calculations", in: Physics Letters 133A, 1988, S. 283–288

[203] **Steeb, Willi–Hans**: „A handbook of terms used in chaos and quantum chaos", Wissenschafts-Verlag, Wien, 1991

[204] **Steiner, Peter (Hrsg.)**: „Banking and Finance - Tagungsband des 2. Workshops der Austrian Working Group on Banking and Finance", Bank Verlag, Wien, 1993

[205] **Stewart, Ian**: „Chaos: Does God Play Dice?", Oxford, Blackwell, 1989

[206] **Sugihara, George/ May, Robert M.**: „Nonlinear forecasting as a way of distinguishing chaos from measurement error in time series", in: Nature, Vol. 344, 1990, S. 734–741

[207] **Summers, Lawrence H.**: „Does the stock market rationally reflect fundamental values?", in: The Journal of Finance 3, Vol. 41, 1986, S. 591–601

[208] **Taken, F.**: „Distinguishing Deterministic and Random Systems", in: Barenblatt/Iooss/ Joseph (Hrsg.) [11], 1983, S. 314–333

[209] **Taylor, Basil (Hrsg.)**: „Investment Analysis and Portfolio Management", St. Martin's Press, New York, 1970

[210] **Thompson, J.M.T./ Stewart, H.B.**: „Nonlinear Dynamics and Chaos", Wiley& sons, New York, 1986

[211] **Tsay, R.S.**: „Nonlinearity tests for time series", in: Biometrika 73/2, 1986, S. 461–466

[212] **Uhlir, Helmut**: „Überprüfung der Random–Walk–Hypothese auf dem österreichischen Aktienmarkt", Dissertation, Wien, 1979

[213] **Uhlir, Helmut (Hrsg.)**: „Beiträge zu Kapitalmarktfragen", Band 3, Bank–Verlag, Wien, 1994

[214] **Wiggins, Stephen**: „Global Bifurcations and Chaos", Springer–Verlag, New York, 1988

[215] **Wolf, Alan/ Swift, Jack B./ Swinney, Harry L./ Vastano John A.**: „Determing Lyapunov Exponents from a Time Series", in: Physica 16D, 1985, S. 285–317

[216] **Yang, Seung–Ryong/ Brorsen, B. Wade**: „Nonlinear Dynamics of Daily Cash Prices", in: American–Journal–of–Agricultural–Economics 3, Vol.74, 1992, S. 706–715

[217] **Zellner (Hrsg.)**: „Applied Time Series Analysis of Economic Data", 1983

Software

[218] **BDS**: Dechert, Davis W., Department of Economics, University of Houston, Houston, Texas, USA

[219] **DMC – Dynamical System Analysis**: Gallo, G, in : *Medio* [150], 1989

[220] **LaTex**: Lamport, Leslie: Addison–Wesley Publishing Company, Menlo Park, 1986

[221] **Fractint**: Public (Software) Library, PO Box 35705, Houston, TX 77235-5705, USA

[222] **Gauss**: Aptech Systems, Inc., Maple Valley, Washington

[223] **Phaser**: Kocak, Hüseyin: Springer–Verlag, New York, 1988

[224] **RATS – Regression Analysis of Time Series**: VAR Econometrics, 1800 Sherman Ave., Evanston, IL 60201, USA

GPSR Compliance

The European Union's (EU) General Product Safety Regulation (GPSR) is a set of rules that requires consumer products to be safe and our obligations to ensure this.

If you have any concerns about our products, you can contact us on ProductSafety@springernature.com

In case Publisher is established outside the EU, the EU authorized representative is:

Springer Nature Customer Service Center GmbH
Europaplatz 3
69115 Heidelberg, Germany

Batch number: 10815974

Printed by Printforce, the Netherlands